Staats- und völkerrechtliche Abhandlungen.

Begründet
von
Dr. Georg Jellinek und **Dr. Georg Meyer,**
herausgegeben
von

Dr. Georg Jellinek,
Professor der Rechte in Heidelberg,
Dr. Gerhard Anschütz,
Professor der Rechte in Berlin,
und
Dr. Fritz Fleiner,
Professor der Rechte in Heidelberg.

Siebenter Band.

Leipzig,
Verlag von Duncker & Humblot.
1910.

Inhaltsverzeichnis.

Staats-
und
völkerrechtliche Abhandlungen.

Begründet
von
Dr. Georg Jellinek und **Dr. Georg Meyer,**

herausgegeben
von
Dr. Georg Jellinek und **Dr. Gerhard Anschütz,**
Professoren der Rechte in Heidelberg.

VII. 1. Auswärtige Gewalt und Kolonialgewalt in den Vereinigten Staaten von Amerika. Von Dr. Erich Kaufmann.

Leipzig,
Verlag von Duncker & Humblot.
1908.

Auswärtige Gewalt und Kolonialgewalt in den Vereinigten Staaten von Amerika.

Eine rechtsvergleichende Studie
über die Grundlagen des amerikanischen und
deutschen Verfassungsrechts

von

Dr. Erich Kaufmann.

Leipzig,
Verlag von Duncker & Humblot.
1908.

Altenburg
Pierersche Hofbuchdruckerei
Stephan Geibel & Co.

Dem Andenken meines Vaters

des Justizrats

Felix Kaufmann

in Berlin

widme ich diese Schrift.

Noch Weihnachten durfte ich ihm das eben vollendete Manuskript vorlesen.

Vorwort.

Die vorliegende Arbeit stellt eine Kreuzung dar zwischen meinen eigenen Studien über das Wesen und Werden der modernen Staatsidee und den Anregungen, die ich den seminaristischen Übungen des ersten Roosevelt-Professors Mr. John William Burgess im Wintersemester 1906/07 zu danken habe.

Während die deutsche Staatslehre des 19. Jahrhunderts ebenso wie die deutschen Verfassungen ihren geistigen Nährboden in dem gewaltigen Gedankenumschwung haben, der sich in den ersten Jahrzehnten des vergangenen Jahrhunderts in Philosophie und Leben vollzog, und ihre Impulse von jenem antirationalistischen und antirevolutionären Restaurationszeitalter mit seinen historischen, oft historistischen Tendenzen empfangen haben, wurzelt die Verfassung der Vereinigten Staaten ganz in den rationalistischen, naturrechtlichen und oft individualistischen Gedankenkreisen des 18. Jahrhunderts. Aus diesem Tatbestande müssen sich notwendig juristisch wie allgemein geistesgeschichtlich höchst interessante Parallelen ergeben, die für einige wichtige Probleme des Staatsrechts herauszustellen der Zweck der folgenden Blätter sein soll.

Es handelt sich um die verfassungsrechtlichen Grundlagen für die Weltpolitik, in die das neue Deutsche Reich und die Vereinigten Staaten von Amerika als letzte Mächte eingetreten sind: um die auswärtige Gewalt und die Kolonialgewalt. Die Verfassungen beider Länder, insbesondere aber die um fast hundert Jahre ältere der Union, haben diese Entwicklung der Dinge nicht voraussehen können. Gerade hierin liegt das eigentlich Problematische und Interessante an den von uns zu erörternden Fragen: wir haben unsere Verfassungstexte zu interpretieren im Hinblick auf und für Lebensverhältnisse, an welche die Verfassungsgesetzgeber nicht gedacht haben, nicht haben denken können. Wir werden uns auf keine prinzipiellen Erörterungen über das Wesen der juristischen Begriffe und die Kunst ihrer Auslegung einlassen, aber es soll hier nicht verschwiegen werden, daß eine bestimmte Ansicht über diese Fragen allen unseren Ausführungen zugrunde liegt, und daß es uns nicht zuletzt auf eine Durchführung und Bewährung dieser Ansichten im Gegensatze zu den heute modern gewordenen und so laut verkündeten Prinzipien einer „freirechtlichen Bewegung“ ankam.

Die Ansichten und die Konstruktionen dieser neuen weltpolitischen Verhältnisse, die wir kennen lernen, und mit denen wir uns auseinander zu setzen haben werden, sind zum großen Teil kaum mehr als tastende Versuche, voll von Widersprüchen, Anklängen an zu überwindende ältere Doktrinen und allerhand begrifflichen Kompromissen. Wer keinen Sinn für das langsame und allmähliche Reifen neuer Ideen hat und nicht versteht unter mancherlei Unkraut den wachsenden Keim herauszufinden und sich seiner zu freuen, bevor er sich zu seiner Eigenart entwickelt hat, wird manches ihm Unerfreuliche in der folgenden Arbeit finden. Wem aber dieser Sinn nicht abgeht, der wird es gewiß angebracht finden, daß sich unsere Erörterungen um die Gerichtsentscheidungen des „Supreme Court“ in den sogenannten „Inselfällen“ wie um einen festen Kristallisationspunkt gruppieren. Wir knüpfen so nicht nur an Rechtsfragen an, die mitten aus dem Leben selbst erwachsen sind, sondern auch an eine lebendig und reich, fast überreich sprudelnde Quelle von Meinungen und Gegenmeinungen, wie sie sich uns als Berufungsschriften, Gegenargumente, Urteilsbegründungen und Minoritätsvoten in der offiziellen Entscheidungssammlung darbieten. Hoffentlich ist es mir gelungen, trotz dieser verwirrenden Fülle auch die streng sachlichen systematischen Deduktionen mit der nötigen Präzision zur Darstellung zu bringen.

Denn auf den Ertrag an sachlichen Ergebnissen soll es doch in letzter Linie ankommen. Aber nicht nur an den Ergebnissen in unseren Spezialproblemen, sondern auch in der kritischen Vergleichung der beiden grundlegenden Staatsauffassungen, auf denen die Verfassungen und die Jurisprudenz der Vereinigten Staaten und Deutschlands beruhen. Wir sind der Meinung, daß beide Teile hierin viel voneinander lernen können: die Volkssouveränitätslehre der Amerikaner hat mit manchen ihrer Einwendungen gegen die bei uns noch immer herrschende „Staatslehre des monarchischen Prinzips" recht; aber wir werden zugleich zu zeigen haben, daß ihre letzten Grundlagen nichts sind als der konträre Gegensatz zu jener, daß sie also auch nur den anderen Endpunkt derselben geraden Linie darstellt, auf der jene liegt, daß sie lediglich eine Staatslehre des monarchischen Prinzips mit negativem Vorzeichen ist, nicht etwa deren Überwindung, wie sie irrtümlich wähnt. Unsere Auseinandersetzung der beiden Staatslehren[1] will also zugleich ein Beitrag sein zur Geschichte und Weiterbildung der konstitutionellen Doktrin, ein weiterer Schritt auf dem Wege, dessen Ziel eine Überwindung sowohl des Rationalismus als auch des historistischen Empirismus der Jurisprudenz in einem Kritizismus ist. — Dies dürfte das Tiefste sein, was uns ein „Austausch" amerikanischer und deutscher staatsrechtlicher Gedanken zu geben vermag; und hieran zu ihrem bescheidenen Teile mitzuwirken das letzte Ziel, das sich die folgende Arbeit gesetzt hat.

[1] Hiermit knüpft diese Schrift als Ergänzung an meine Arbeit über die „Staatslehre des monarchischen Prinzips" an.

Ich bin den sich auf meinem Wege darbietenden Problemen nicht ausgewichen, sondern habe erörtert, was mir in den Rahmen des Ganzen zu passen schien, ohne zu beanspruchen, die behandelten Fragen nach jeder Richtung hin oder auch ihre Literatur erschöpft zu haben. Es würde meiner Absicht genügen, wenn meine Ausführungen über die Entwicklung der konstitutionellen Theorie, den Gebietsbegriff, die Abgrenzung von Staats- und Völkerrecht, die Konstruktion der Kolonialgewalt, die Freiheitsrechte usf. wenigstens als Beiträge zu einer monographischen Behandlung dieser interessanten Fragen in Betracht kämen.

Das amerikanische Material danke ich der Roosevelt-Bibliothek der Universität Berlin, der Bibliothek des deutschen Reichstages und der des Juristischen und Staatswissenschaftlichen Seminars in Heidelberg, dessen Mitglied ich bereits vor Jahren als Student war; und endlich hat mir Herr Professor Jellinek in freundlichster Weise einige Bücher aus seiner Privatbibliothek zur Verfügung gestellt. — Der Ausschnitt aus der amerikanischen Literatur, der dem Ausländer so zugänglich war, mußte aber trotz dieser wertvollen Hilfsmittel naturgemäß ein mehr oder minder zufälliger bleiben: hoffentlich enthält er für den einheimischen Kenner keine zu störenden Lücken.

Berlin, im Dezember 1907.

Erich Kaufmann.

Inhaltsübersicht.

Abkürzungen.

10 Stat. 300 = The Statutes at Large of the United States of America Vol. 10 p. 300.
180 U. S. 130 = United States Reports (cases adjuged in the Supreme Court) Vol. 180 p. 130.
Rev. Stat. 150 = Revised Statutes of the United States passed at the 1st session of the forty-third Congress 1873/4 (Washington 1878) p. 150.

A. Einleitung.

I.

Die neuen Probleme der imperialistischen Politik.

1. Die Zeiten, in denen weite Kreise die Vereinigten Staaten von Amerika als das Musterland eines friedfertigen, jeder ehrgeizigen Expansions- und Weltpolitik abholden, unter dem Schutze seiner freien, demokratischen Verfassung zufriedenen und nur an der Lösung seiner inneren wirtschaftlichen und kulturellen Aufgaben arbeitenden Staates ansahen, werden wohl seit dem spanischen Kriege vorüber sein. Eine solche Ansicht dürfte jedoch niemals zutreffend gewesen sein; denn wer etwas näher die Geschichte der Union seit ihrer Unabhängigkeitserklärung betrachtet, der muß mit Staunen gerade das gewaltige Expansionsstreben bewundern, das schon von Anfang an in den Vereinigten Staaten lebte und vorwärts drängte. Schon bei der Gründung des Bundesstaates besaßen die Einzelstaaten Virginia, Nordcarolina und Georgia im Westen weite Territorien bis zum Mississipi, die an Größe dem Gesamtkomplex der eigentlichen Staaten gleichkamen, und die bei der Konstitutierung des Bundes oder bald danach auf diesen übertragen wurden. Die Union selber erwarb dann nach und nach das gesamte Westgebiet bis zum Stillen Ozean: Louisiana (1803), Florida (1819), Texas (1845 und 1850), Kalifornien und Neu-Mexiko (1848 und 1853)[1]. Das ursprüngliche Gebiet wurde so mehr als verzehnfacht![2]

[1] Vgl. die einzelnen Erwerbsakte bei William Macdonald, Select documents illustrative of the history of the U. S. Vol. II (1776—1861), S. 161 f., 213 f., 344 f., 365 f., 390 f.

[2] Münsterberg, Die Amerikaner (1904), Bd. I, S. 77.

Aber auch hier fand das Expansionsstreben der Union keine Grenze. 1868 wurde im Norden des Kontinentes die Halbinsel Alaska von Rußland gekauft[1]; und in der neuesten Zeit haben die Vereinigten Staaten auch überseeische Besitzungen erworben: 1898 Hawaii, Guam, Porto Rico, die Philippinen, weitgehende Rechte in Cuba und 1900 Tutuila[2]. Mit diesen Neuerwerbungen sind den Vereinigten Staaten nicht nur große politische Probleme gestellt, sondern es sind damit zugleich auch neue, wichtige und prinzipielle Rechtsfragen aufgerollt worden.

Bei dem bisherigen Ländererwerb im Westen hatte man es im wesentlichen mit großen, der Besiedelung noch bedürftigen Gebietsteilen zu tun: die harmlosen Jägerstämme der Indianer, die sie spärlich und weit zerstreut bewohnten, wurden zunächst ziemlich schonungslos auszurotten versucht und konnten dann durch Verträge auf immer kleinere „Reservationen“ beschränkt und durch eine zielbewußte Politik immer mehr zur Landwirtschaft und zur Kultur erzogen werden[3]. Nun aber erwarb man bevölkerte Gebiete, deren Ureinwohner der Zivilisation nicht willig Eingang gestatten wollten, und die einer „kolonialen“ Regierung im Sinne der europäischen Politik bedurften, wenn sie dem Mutterlande Gewinn bringen sollten. Hatte man bisher ziemlich unbefangen und naiv die Verfassungsnormen und die wichtigsten Gesetze auf die neuerworbenen Siedelungsgebiete im Westen, auch bevor sie als gleichberechtigte Staaten aufgenommen waren, allmählich und von Fall zu Fall aus-

---

[1] Macdonald a. a. O., Vol. III, S. 175 f., 15 Stat. 539 f.

[2] Vgl. hierzu Köbner, Kolonialpolitik und Kolonialrecht in Elsters Wörterbuch der Volkswirtschaft (2. Aufl.), Bd. II, S. 203, 206. Die deutschen Angaben über den Erwerb von Hawaii schwanken; tatsächlich wurde es „erworben“ durch Kongreßakt vom 7. Juli 1898 (30 Stat. 750 f.) und „organisiert“ durch Kongreßakt vom 30. April 1900 (31 Stat. 141 f.). Für die anderen Erwerbungen vgl. 30 Stat. 1754 f., 31 Stat. 1878 f.

[3] Münsterberg a. a. O., Bd. I, S. 259 f.; Bryce, American Commonwealth, Bd. II, S. 209.

gedehnt, ohne die hierin eingeschlossenen Rechtsfragen an der Wurzel zu fassen und zu entscheiden, so war dieser juristisch unbekümmerte Weg bei den überseeischen Besitzungen nicht mehr gangbar, denn eine Anwendung zahlreicher demokratisch-freiheitlicher Verfassungsnormen war auf diesem „Kolonial-“Gebiet schlechthin ausgeschlossen. Nun mußte sich daher mit aller Schärfe und Präzision die Rechtsfrage erheben und gebieterisch eine grundsätzliche Antwort erheischen, ob ein solches „koloniales“ Vorgehen des „government“, das sich nicht an alle verfassungsmäßigen Schranken gebunden erachtet, denn überhaupt auf Grund der Verfassung für rechtlich zulässig erachtet werden könne, ob die „imperialistische“ Politik der „Republikaner“, welche von den „Demokraten“ heftig bekämpft wurde, denn überhaupt auf dem Boden der Verfassung ruhe.

2. Bei der eigenartigen Rechtsstellung, die die Justiz im Verhältnis zur Legislative nach dem Verfassungsrecht der Vereinigten Staaten einnimmt[1], spielen sich die Diskussionen über diese wichtigen politischen Fragen nicht nur im Kongreß ab, bei den Beratungen über den Etat oder über die koloniale Gesetzgebung, sondern das eigentlich letzte und entscheidende Wort hat der Supreme Court der Vereinigten Staaten zu sprechen — nicht über die abstrakte Rechtsfrage nach der Verfassungsmäßigkeit eines Gesetzes, sondern nur gelegentlich der auf Grund dieses Gesetzes zur Entscheidung kommenden konkreten Prozesse. Aber da alle unteren Instanzen und der Supreme Court selbst an diese Entscheidung gebunden sind, so ist jedes einmal für unkonstitutionell erklärte Gesetz praktisch außer Kurs gesetzt.

Die bisher im Besitze der Union befindlichen, noch

[1] Vgl. hierzu Amos S. Hershey, Die Kontrolle der Gesetzgebung in den Vereinigten Staaten und deren Gliedern (Heidelberg 1894), S. 26 f.; sowie The Federalist, a Commentary of the Constitution of the U. S. by Hamilton, Jay and Madison (Philadelphia 1871), S. 577 f.

nicht staatlichen Gebiete, die sogenannten Territorien, hatten zwar schon zu unbedeutenderen Prozessen geführt, und die einschlägigen Rechtsfragen waren sogar schon gelegentlich des Louisiana-Handels 1803 im Schoße der Exekutive und im Kongreß erörtert worden. Aber bisher hatte es sich immer nur um einen vorübergehenden Zustand gehandelt: die Territorialgebiete sollten alle nach erlangter Reife in die Reihe der gleichberechtigten, aktiven Glieder der Union als Staaten aufgenommen werden; ihr Dasein als Territorien war nur als Noviziat gedacht, das sie vorbereiten sollte zur vollen Würde des staatlichen Lebens. Die bisherige Praxis der Exekutive und der Legislative, wie auch die Entscheidungen des Supreme Court, waren wegen der geringen und nur vorübergehenden Bedeutung dieser Fragen nicht immer widerspruchslos und miteinander vereinbar. Bei den modernsten „kolonialen" Erwerbungen aber handelte es sich um einen auf die Dauer berechneten Zustand. Diese überseeischen Besitzungen mußten auf unabsehbare Zeit bloß passives Objekt der Vereinigten Staaten bleiben: der nächste Zweck der Kolonialpolitik konnte nicht die Erziehung zum staatlichen Subjekt sein, sondern es mußte vorerst auf die wirtschaftliche Erschließung und größtmöglichste Nutzbarmachung für das Mutterland ankommen[1]. Dieses Novum mußte die alten, etwas lässig behandelten Rechtsfragen zu

---

[1] Vgl. hierzu Carman F. Randolph, The law and policy of annexation New York 1901: „according to the spirit of the Constitution, the subjection of annexed territory to exclusive federal control is generally an abnormal and temporary stage, preceeding a normal and permanent condition of statehood". (S. 8). Das neue Vorgehen der Union bezeichnet er als „first significant refusal to contemplate statehood as the destiny of annexed territory"; „we have broken with tradition" — ruft er aus (S. 10). — Diese Besonderheit der neuen Erwerbungen zeigt sich schon äußerlich darin, daß man in den bisherigen Zessionsverträgen die künftige Übertragung aller amerikanischen Rechte und Freiheiten auf die neuen Gebiete stets ausdrücklich versprochen hatte (vgl. bei Macdonald l. c. die Art. III des Louisiana-, Art. VI des Florida-, Art. IX des Neu-Mexiko- und Art. III des Alaska-Vertrages), während der Art. IX Abs. 2 des Pariser Friedens von 1898 ohne jede Ver-

einer ganz neuen politischen Bedeutung erheben; hing doch letztlich von der Entscheidung des Gerichtshofes Sein oder Nichtsein der imperialistischen Weltpolitik ab.

3. Die Einzelprozesse, welche dem Supreme Court Veranlassung geben sollten, zu diesen Problemen Stellung zu nehmen, ließen nicht lange auf sich warten. Zuerst waren es zoll- und handelsrechtliche Fragen bezüglich Porto Ricos, Hawaiis und der Philippinen, und dann auch Fragen über die Rechtsstellung der Bewohner dieser Kolonien, die das Obergericht zu beantworten hatte.

Die Daten, die für diese Prozesse in Betracht kommen, sind kurz diese:

Im Juni 1898 besetzten die Truppen der Union die Insel Porto Rico, welche bereits im Oktober von den spanischen Truppen geräumt wurde; und die Insel wurde von dem Präsidenten als Oberbefehlshaber der Truppen auf Grund einer occupatio bellica regiert. Am 10. Dezember 1898 wurde in Paris der Friede zwischen Spanien und der Union geschlossen, welcher die Zession von Porto Rico und von den Philippinen, letztere gegen eine Summe von 20 Mill. Dollars, aussprach [1]. Dieser Vertrag wurde am 10. April 1899 ratifiziert und vom Präsidenten der Vereinigten Staaten verkündet, nachdem bereits durch einen Appropriationsakt vom 2. März 1899 [2] die zur Ausführung des Vertrages erforderlichen 20 Millionen bewilligt waren. Sodann wurde durch ein Gesetz vom 10. April 1890, „An Act temporarily to provide revenues and a civil government for Porto Rico and for other purposes“ [3], den sogenannten Foraker Act, eine Regelung der portorikanischen Verhältnisse vorgenommen. Auf den Philippinen dauerten die Unruhen und Aufstände nach dem Friedensschluß fort:

heißung ganz farblos sagt: „The civil rights and political status of the native inhabitants of the territories hereby ceded, shall be determined by the Congress.“

[1] 30 Stat. 1754 f.

[2] 30 Stat. 993.

[3] 31 Stat. 77 f.

hier mußte daher der Präsident als Oberbefehlshaber der Truppen gelegentlich des Armee-Etatgesetzes vom 2. März 1901[1] mit weiteren außerordentlichen Gewalten ausgestattet werden und erst durch ein Gesetz vom 1. Juli 1902: „An Act temporarily to provide the administration of the affairs of civil government in the Philippine Islands and for other purposes“[2], den sogenannten Spooner Act, wurden die Rechtsverhältnisse der Philippinen in prinzipieller Weise geregelt.

Der Erwerb von Hawaii hatte sich in einer hiervon abweichenden Weise vollzogen. Die Annexion war langer Hand vorbereitet; es fehlte jedoch die zur Ratifikation eines Aufnahmevertrages erforderliche Zweidrittelmehrheit im Senate, so daß man sich entschloß, den bereits beim Erwerbe von Texas befolgten Weg eines rezipierenden Gesetzes, das nur einer einfachen Majorität in beiden Häusern bedurfte, einzuschlagen[3]: so kam die „Joint Resolution to provide for annexing the Hawaiian Island to the United States“[4] vom 7. Juli 1898 zustande. Und durch Gesetz vom 30. April 1900, „An Act to provide a government for the territory of Hawaii“ wurde Hawaii als sogenanntes „organisiertes Territorium“ konstituiert[5].

Wir haben es demnach mit drei verschiedenen Stadien zu tun, in denen das Verhältnis der neuerworbenen Inseln zu den Vereinigten Staaten zu Zweifeln Veranlassung geben kann: die Zeit der „military occupation“, die bis zur Ratifikation des Friedens- und Abtretungsvertrages dauert; die Zeit der fortdauernden Präsidentschaftsverwaltung von der Ratifikation bis zur gesetzlichen Einrichtung einer ersten Regierungsgewalt; endlich die Zeit nach diesen organisieren-

---

[1] An Act making appropriation for the support of the army for the fiscal year ending June thirteenth 1902: 30 Stat. 910.

[2] 32 Stat. 691 f.

[3] Vgl. Revue internationale de droit public Vol. VI (1899), p. 323—327; Randolph a. a. O. S. 6, 7.

[4] 30 Stat. 750, 751.

[5] 31 Stat. 141 f.

den Gesetzen, die Zeit des vollendeten Erwerbes und der eigentlichen Kolonialgewalt.

Mit den ersten beiden Stadien befassen sich die Prozesse Dooley v. United States[1] und Armstrong v. United States[2]: Die Präsidentschaftsregierung hat, sowohl während der occupatio bellica als auch nach der Ratifikation des Pariser Friedens, auf Grund eines vom Präsidenten während der „military occupation“ erlassenen Kriegstarifes Zölle auf Waren erhoben, die aus der Union in den portorikanischen Hafen San Juan importiert worden sind. Dooley und Armstrong fordern Zurückzahlung dieser Beträge Das Gericht entscheidet, daß die vor der Ratifikation erhobenen Beträge zu Recht und mit einer Majorität von fünf gegen vier Richter, daß die nachher erhobenen zu Unrecht gefordert und daher zurückzuzahlen seien.

Nur mit dem zweiten Stadium hat es der Prozeß De Lima v. Bidwell[3] zu tun: hier handelt es sich um Zölle die der „collector“ Bidwell in New-York auf Grund des Tarifgesetzes vom 24. Juli 1897, des sogenannten Dingley Act, von Waren erhoben hat, welche von Porto Rico in die Vereinigten Staaten importiert werden sollten. Auch hier sprach das Gericht mit derselben Majorität die Unzuläßigkeit der Erhebung und die Pflicht zur Rückzahlung aus. Der De Lima-Fall wird in der Sammlung der Entscheidungen als erster der Inselfälle gegeben: er ist als einleitender Fall gedacht. Während im Dooley-Fall außer der „Opinion of the Court“, unter häufiger Bezugnahme auf die De Lima-Entscheidung, nur noch eine kurze „Dissenting Opinion“ abgedruckt ist und der Armstrong-Fall einfach auf die Entscheidungsgründe des Dooley-Prozesses verweist, beginnt der De Lima-Fall mit einer ausführlichen Begründung der Anträge des Berufungsklägers („Argument for plaintiff in error“); es folgen die Exposés

---

[1] 182 U. S. 222—243.
[2] 182 U. S. 243—244.
[3] 182 U. S. 1—220.

des *Attorney General* und des *Sollicitor General*, des General-Staatsanwaltes der Union und seines Gehilfen, für den Beklagten Bidwell („Argument for the United States“). Dann erst kommt die „Opinion of the Court“ zu Worte, der noch eine eingehende Darlegung des Minoritätsvotums, der „Dissenting Opinion“, folgt.

In den Prozessen Goetze v. United States und Crossmann v. United States[1] handelt es sich um Waren, die von Porto Rico bezw. Honolulu in Hawaii nach den Vereinigten Staaten importiert waren. In beiden Fällen wurden die Kläger abgewiesen, da sie in erster Instanz nicht den „Board of General Appraisers“ hätten angehen dürfen, sondern wie De Lima den Supreme Court of the State New-York.

Mit dem zweiten Stadium befaßt sich auch der sogenannte Prozeß „Fourteen diamond rings Emil Pepke v. United States“[2]; es handelt sich jedoch hier um die Philippinen. Ein vom Kriegsschauplatz heimkehrender Soldat Emil Pepke bringt von dort 14 Diamantringe mit, die verzollt worden sind. Pepke fordert Rückzahlung dieses Zolles. Das Gericht gelangt unter Berufung auf die De Lima-Entscheidung dazu, das Begehren des Klägers für begründet zu erachten.

Mit dem dritten Stadium haben es die sechs anderen Inselfälle zu tun. Am ausführlichsten ist hier der Prozeß Downes v. Bidwell[3] in der Entscheidungssammlung wiedergegeben: er bildet zugleich die Grundlage für die weiteren Entscheidungen. Es sind portorikanische Waren in New-York auf Grund der im Foraker Act aufgestellten Sätze verzollt worden, so daß es sich hier um die Verfassungsmäßigkeit des Foraker Act, des für die Kolonialregierung in Porto Rico grundlegenden Gesetzes, handelt. Wiederum fällt die prinzipiell wichtige Entscheidung mit der knappen Majorität von fünf gegen vier Stimmen: und zwar sind die

---

[1] 182 U. S. 221, 222.
[2] 183 U. S. 176—185.
[3] 182 U. S. 244—391.

vier im De Lima-Fall in der Minorität befindlichen Richter jetzt dadurch zur Majorität gekommen, daß der Justice Brown hier im Resultat, wenn auch mit abweichender Begründung, mit ihnen gleich, für die Verfassungsmäßigkeit des Gesetzes und die Zulässigkeit der Zollerhebung stimmt. Die „United States Reports“ geben uns die „Opinion of the Court“, die „Concurring Opinion“ und die „Dissenting Opinion.“

Von geringerer Bedeutung sind die beiden Prozesse Huus v. New-York and Porto Rico Steamership Company [1] und der zweite Fall Dooley v. United States [2]. Der Pilot Huus in New-York hat einem Kapitän der beklagten Gesellschaft seine Dienste angeboten; und es fragt sich lediglich, ob der Verkehr zwischen Porto Rico und New-York unter den Begriff der Küstenschiffahrt im Sinne der „statutes of New-York regulating pilotage“ fällt oder nicht. Der zweite Dooley-Fall ist ebenso das Gegenstück zum Downes-Fall, wie der erste zum De Lima-Fall.

Die drei letzten Prozesse behandeln das Problem der Rechtsstellung der Bewohner in den drei Kolonien.

In Hawaii hat Onaki Mankichi einen Mord begangen; die gegen ihn eingeleitete Untersuchung ist nach den Gesetzen der hawaiischen Republik unter Nichtanwendung der Jury-Vorschriften der Verfassung der Vereinigten Staaten erfolgt. Die hier zur Entscheidung stehende Frage, ob die Kolonialregierung an die Jury-Bestimmungen der Verfassung gebunden ist, war von dem „United States District Court“ bejaht und demgemäß die Freilassung von Mankichi angeordnet worden. Gegen diese Entscheidung legt der Attorney General of the Territory Hawaii Berufung beim Supreme Court ein, der den Prozeß Hawaii v. Mankichi mit der gleichen Majorität, wie den Downes-Fall dahin entscheidet, daß die Jury-Bestimmungen der Verfassung auf Hawaii keine Anwendung finden [3].

---

[1] 182 U. S. 392—397.
[2] 183 U. S. 151—176.
[3] 190 U. S. 197—249.

Um Porto Rico handelt es sich im Prozeß Gonzales v. Williams[1]. Isabella Gonzales wurde von dem „Immigration Commissioner" Williams in New-York angehalten, und es wurde ihr auf Grund des Einwanderungsgesetzes von 1891 der Eintritt in die Union verboten. Der Supreme Court, der von Isabella Gonzales angerufen wird, entscheidet dahin, daß ein Portoricaner nicht als „alien immigrant" im Sinne des fraglichen Gesetzes angesehen werden dürfe, und daß der Klägerin somit die Einwanderung in die Union nicht verweigert werden könne.

Der letzte Prozeß Dorr v. United States[2] spielt in den Philippinen. Ihm liegt folgender Tatbestand zu Grunde. Der „Commissioner" Legarda in Manila war in einem Strafprozeß Hauptbelastungszeuge gewesen; daraufhin haben Dorr und O'Brien in ihrer Zeitung „Manila Freedom" Beleidigungen gegen ihn veröffentlicht und unter anderem Ausdrücke wie „traitor, seducer and perjurer", „Wife would have killed him" gebraucht. Wegen dieser Äußerungen, in denen keine bloße Wiedergabe gerichtlicher Verhandlungen gesehen werden konnte, hat ihn ein auf Grund des Spooner Act errichtetes Gericht nach einem Gesetz verurteilt, welches der Präsident der Vereinigten Staaten wiederum auf Grund des Spooner Act für die Philippinen erlassen hatte. Die Kläger bestreiten die Verfassungsmäßigkeit dieser Gesetze, werden aber vom Supreme Court mit einer Majorität von acht gegen einen Richter abgewiesen: neben der von Justice Day entwickelten „Opinion of the Court" legt Peckham seine in der Begründung und Harlan seine auch im Resultat abweichende Meinung dar.

4. Es ist eine Fülle von Ansichten, von grundsätzlichen Standpunkten, von Interpretationsmethoden und Konstruktionsversuchen, welche die Sammlung der Ent-

---

1 192 U. S. 1—16.
2 195 U. S. 138—158.

scheidungen in diesen „Inselfällen" an uns vorbeiziehen läßt. Die früheren Gerichtsentscheidungen und die bisherige Regierungspraxis, welche die Unionsgerichte berücksichtigen und ihrem Spruche zugrunde legen müssen, werden von ihnen auf die verschiedenste Weise herangezogen und verwertet: dem einen erscheint bei derselben Entscheidung das ausschlaggebend und präjudizierlich zu sein, worin der andere wieder nur ein unverbindliches „obiter dictum" zu sehen vermag. Es ist ein höchst buntes und auf den ersten Blick, insbesondere für ein an deutsche Gerichtsentscheidungen gewöhntes Auge fast verwirrend zu nennendes Bild, das sich uns bietet. Bei eingehenderem Studium und vorurteilslosem Nachdenken werden wir jedoch zugeben müssen, daß sich in diesen Entscheidungen eine Fülle von Leben und Unmittelbarkeit, eine geistige und juristische Durcharbeitung des Stoffes von den verschiedensten Grundansichten aus, ein eindringliches Zurückgehen auf die letzten Prinzipienfragen, eine unbefangene Formulierung dieser Gegensätze und ein stolzes Appellieren an die hinter diesen stehenden, im amerikanischen Volke lebendigen Rechtsanschauungen offenbart, die uns auf eine hohe rechtliche und politische Begabung und Erzogenheit des Unionsvolkes schließen läßt.

So sehr wir daher auch bei unseren kritischen und rechtsvergleichenden Erörterungen der „Inselfälle" die sachlichen Probleme systematisch herauszuarbeiten versuchen wollen, so soll doch diese bunte Fülle nicht gänzlich verdrängt werden, sondern daneben möglichst zur Geltung kommen. Wir werden häufig die Richter selbst zu Worte kommen lassen, schon um die Eigenart ihrer Argumentationen und ihrer Ausdrucksweise zur Anschauung zu bringen. Es wird dies auch darum notwendig sein, weil unsere Entscheidungen in allen zur Diskussion stehenden Fragen der imperialistischen Politik mit den Traditionen einer nicht-kolonialen und noch nicht in die völkerrechtlichen Beziehungen der Weltpolitik verwebten Vergangenheit zu ringen haben, und weil sie bei der wesentlich auf Präjudizien aufbauenden Art der amerikanischen Rechtsprechung das eigentlich Neue an den aufzustellenden Prinzipien nicht mit allzu großer Schroffheit zu proklamieren wagen dürfen.

II.

Übersicht über die Argumentationen der Inselfälle.

1. Die Fragestellung, von der im De Lima-Fall sowohl der Kläger als auch die Opinion of the Court bei ihren Argumentationen ausgehen, lautet so: War Porto Rico zur fraglichen Zeit, also zwischen der Ratifikation des Friedensvertrages und dem Inkrafttreten des Foraker Act Inland oder Ausland, „demostic or foreign country?" — Ist es Inland, so argumentiert der Kläger, dann gilt damit auch für Porto Rico das allgemeine Zolltarifgesetz, der „Dingley Act"[1]: es können daher erstens Waren, die von Porto Rico nach dem Festland gebracht werden, nicht mehr nach dem Tarif dieses Gesetzes verzollt werden, weil sich dieser ja nur auf Einfuhr aus dem „Auslande" bezieht; und da dann ferner die Gleichmäßigkeitsklausel der Verfassung, die „uniformity clause"[2] Platz greifen muß, welche vorschreibt, daß „all duties shall be uniform throughout the United States", so kann auch aus diesem Grunde der Präsident für Porto Rico keine vom Dingley Act abweichenden Zölle vorschreiben. Die Zollerhebung des beklagten „collector" Bidwell ist also jedenfalls zu Unrecht erfolgt. Seine Beweisführung sucht demnach zu erhärten, daß Porto Rico tatsächlich unmittelbar mit der Ratifikation des Vertrages „Inland" geworden ist.

[1] 30 Stat. 151 f.: „An act to provide revenue for the Government and to encourage the industry of the United States: Be it enacted ... That on the passage of this Act, unless otherwise specially provided for in this act, there are levied, collected, and paid upon all articles imported from foreign countries ... the rates of duty ... prescribed ..."

[2] Art. I sect. 8 clause 1st der Verfassung.

Er stützt sich hierfür zunächst auf die der amerikanischen Staatslehre eigentümliche, der Doktrin des europäischen Konstitutionalismus entgegengesetzte Theorie, daß die volle, auch staatsrechtliche Gültigkeit aller Staatsverträge, inklusive der Gebietsverträge, unabhängig ist von der Zustimmung der Legislative, des Kongresses, also unmittelbar mit der Ratifikation eintritt. Als ein Vertreter der strikten spezifisch amerikanischen Staatsauffassung erweist sich der Kläger sodann vor allem auch mit seiner These, daß unmittelbar mit diesem perfekt gewordenen Gebietserwerb die gesamte Verfassung ipso iure und ohne besondere Einführung in dem neuen Gebiete notwendig Platz greifen muß: denn das Wesen des amerikanischen Konstitutionalismus bestehe darin, daß das von der Verfassung geschaffene „government" nur mit „aufgezählten" und durch „Immunitäten" „begrenzten" Befugnissen ausgestattet sei, und das jede „absolute" und von den verfassungsmäßig vorgeschriebenen „Restriktionen" und „Limitationen" freie Gewalt seiner Natur widerspreche. Daher hebe auch die in der „uniformity clause" ausgedrückte Limitation des Steuer- und Zollrechtes unmittelbar alle ihr widerstreitenden Normen auf, die der Präsident kraft seines „military power" während des Krieges in Porto Rico eingeführt hätte.

Diese Beweisführung von De Lima dient zugleich zur Begründung des Klagebegehrens von Downes: denn wenn die Verfassung mit ihrer „uniformity clause" sofort mit der Ratifikation des Zessionsvertrages Platz greift, dann darf natürlich ebensowenig ein späteres Unionsgesetz dem Dingley Act widersprechen: und der Foraker Act, der besondere Zölle auf bestimmte Waren, die von Porto Rico ins Mutterland eingeführt werden, vorschreibt, muß in bezug auf diese Bestimmungen verfassungswidrig und nichtig sein.

Diesen Ausführungen der Kläger stellen sich die des Attorney und des Sollicitor General gegenüber. Sie zeigen überall bedeutsame Ansätze zu einer

Überwindung der strikten amerikanischen Staatslehre, ohne jedoch die Kraft und den Mut zu einer grundsätzlichen und widerspruchslosen Auseinandersetzung mit ihr zu haben: ein lebhaftes Gefühl für die Notwendigkeit und für die Bedürfnisse einer Weltpolitik ist das treibende Agens in ihnen. So rütteln sie an der unzulänglichen amerikanischen Vertragstheorie; und suchen zu beweisen, daß sich die Immunitäten der Verfassung nur auf die Staaten selbst, die — „united States in Congress assembled" beziehen, während dem Kongreß bei der Beherrschung der Territorien eine von den Restriktionen der Verfassung nicht betroffene, unbeschränkte Kompetenz zustehe, die ihn auch zu einer kolonialen Regierung fähig mache. Ja, die Fragestellung selbst des Klägers, die strikte Alternative, ob „Inland" oder „Ausland" scheint ihnen irreführend zu sein: im völkerrechtlichen Sinne habe Porto Rico mit der Ratifikation wohl aufgehört „Ausland" zu sein; aber damit sei nicht bewiesen, daß es nun auch sofort, in jedem Sinne und für alle Gesetze „Inland" geworden. Sie bestreiten daher, daß der Dingley Act und die „uniformity clause" ohne weiteres in dem Territorium Porto Rico in Kraft getreten seien, und halten weder die während der Präsidentschaftsregierung erhobenen Zölle noch den Foraker Act für ungültig.

Von der Notwendigkeit einer Weltpolitik sind auch die Richter Withe, Gray, Shiras und Mc. Kenna (Dissenting Opinion im De Lima-Falle und Concurring Opinion im Downes-Falle) überzeugt. Jedoch versuchen sie nicht wie die Vertreter der Vereinigten Staaten die Grundlagen für diese Politik in neuen Prinzipien: sie halten die Forderungen der Weltpolitik mit den Grundsätzen der strengen amerikanischen Staatsauffassung für vereinbar. Auch sie halten die klägerische Alternative zwischen Inland und Ausland für unzureichend, und versuchen — in geschickter, aber nicht haltbarer Weise — das von den Vertretern der Vereinigten

Staaten angedeutete Zwischenstadium durch die begriffliche Unterscheidung von wirklicher „Inkorporation“ und bloßem Eigentumserwerb juristisch zu konstruieren: für diesen soll die alt-amerikanische Vertragslehre genügen, für jene dagegen eine Mitwirkung des Kongresses erforderlich sein. In entsprechender Weise versuchen sie bezüglich der „Immunitäten“ durch eine — wie darzulegen sein wird: nicht durchführbare — Scheidung unter den Immunitäten die amerikanische Lehre von der unbedingt notwendigen „Begrenzung“ jedes konstitutionellen „government“ mit den Forderungen einer freier dastehenden, aber immerhin noch „beschränkten“ Regierungsgewalt — auf den nicht-inkorporierten Gebieten — zu vereinen. Im Resultat stimmen sie trotz dieser völlig abweichenden Begründung mit Attorney und Sollicitor überein.

In allen Porto Rico-Fällen ist es der Richter Brown, welcher die Opinion of the Court vorträgt. Er steht in der Immunitäten- und Kolonialfrage wesentlich auf dem gleichen Standpunkt wie die Vertreter der Vereinigten Staaten. Er kommt daher auch im Downes-Falle zu einer Abweisung des Klägers, und bildet hier mit den Richtern White und Genossen die Majorität. Da er aber in der Vertragslehre deren „Inkorporationstheorie“ nicht mitmacht, so hat er sie im De Lima-Falle gegen sich, und stimmt hier mit den Richtern Fuller, Harlan, Brewer, Peckham, die im wesentlichen die alt-amerikanischen Auffassungen der Kläger teilen, zusammen. Er nimmt mit diesen — im Gegensatz auch zu den Vertretern der Union — an, daß Porto Rico unmittelbar von der Ratifikation an ohne Eingreifen des Kongresses „Inland“ geworden, daß damit die vom Dingley Act für Einfuhr aus dem „Auslande“ vorgeschriebenen Zollsätze auf Porto Rico keine Anwendung mehr finden können. Der prinzipielle Meinungsgegensatz zwischen ihm und den Richtern Fuller und Genossen bezüglich der Frage der Geltung der Immunitäten in den Territorien tritt im De Lima-Fall nicht zu Tage, weil Brown in höchst geschickter Weise hier die ganze Immunitätenfrage ausschaltet und das klägerische Begehren lediglich auf Grund des Dingley Act, ohne Rücksicht auf dessen Argumentationen über die „uniformity clause" für begründet hält.

2. Im Dooley- und Armstrong-Falle besteht bezüglich der zwischen Ratifikation und Foraker Act in San Juan auf Porto Rico erhobenen Zölle dieselbe Meinungsverschiedenheit innerhalb des Gerichtshofes wie im De Lima-Fall. Die Frage nach der Rechtsmäßigkeit der während der „military occupation" vor der Ratifikation erhobenen Zölle wird von Supreme Court einstimmig bejaht, da kein Zweifel darüber bestehe, daß der Präsident bei seinem „war-power" an die Immunitäten nicht gebunden sei, und daß die bloße militärische Besetzung nicht den „Inland-"charakter des okkupierten Gebietes begründe. Die Richter White und Genossen nehmen noch einmal Gelegenheit, ihre von der Majorität abweichende Konstruktion des Vertragsrechts und der Anwendung der Verfassung und der Gesetze auf neuerworbene Gebiete vorzutragen und mit weiteren Gründen zu stützen.

Der Goetze-, Crossmann- und Huus-Fall scheiden für unsere künftigen Erörterungen ganz aus, da ihnen keinerlei prinzipielle Bedeutung zukommt. Der „Fourteen diamond Rings Case" beschränkt sich auf die Diskussion der Frage ob die Rechtsstellung der Philippinen sich von der Porto Ricos unterscheidet: denn bei der Verneinung dieser Frage liegt der Fall ebenso wie der De Lima-Fall. Der Appropriationsakt vom 2. März 1899 schaltet für die Philippinen das ganze Problem der Kongreßmitwirkung aus, das bezüglich Porto Ricos mangels eines entsprechenden Gesetzes Schwierigkeiten bereiten mußte. „The treaty was ratified; Congress appropriated the money; the ratification was proclaimed. The treaty-making power, the executive power, the legislative power concurred in the completion of the transaction“ [1] — sagt Chief Justice Fuller bei der Darlegung der Opinion of the Court. Etwaige Besonderheiten könnten bei den Philippinen nur daraus entspringen, daß mit dem Friedensschluß keineswegs Ruhe und Frieden wie auf Porto Rico eingetreten sind, sowie aus dem Beschlusse des Senates, die Philippinen nicht zu inkorporieren, sondern ihnen lediglich eine Verfassung zu geben, nach der sie ein wohlgeordnetes, ihnen selbst und der Union nutzbringendes Leben zu führen vermöchten. Beide Umstände aber sind ohne Einfluß auf die Rechtsstellung der Inseln. Jene Unruhen und Aufstände vermögen nicht die Inseln zum Auslande zu machen, wie sie auch vor der Zession die spanische Souveränität nicht aufgehoben hätten [2]. Und der Senatsbeschluß sei gänzlich ohne Bedeutung: zunächst seien es nicht zwei Drittel der Senatoren, die ihm zugestimmt hätten, wie es für eine Amendierung des Ratifikationsbeschlusses notwendig gewesen wäre; sodann hätte überhaupt die Union ohne Zustimmung des anderen Gegenkontrahenten an dem Inhalte des Vertrages, der eine zweifellose Zession enthält, nichts ändern können; und endlich ist es mangels Zustimmung des Repräsentantenhauses überhaupt zu keiner „Joint Resolution“ gekommen [3]. Es liegt nichts vor — sagt der konkurrierende Richter Brown — als die unverbindliche individuelle Meinungsäußerung der zustimmenden Senatoren [4].

Der zweite Dooley-Fall hat es wieder mit Porto Rico zu tun. Der die Opinion of the Court entwickelnde Richter Brown argumentiert etwa so. Artikel I Sektion 9 Absatz 5: „no taxe nor duty shall be laid on articles exported from any State“ — scheint die Verfassungsmäßigkeit der Bestimmungen des Foraker Act auszuschließen, welche einen Zoll auf Waren vorschreiben, die von den Staaten

[1] 183 U. S. 179.
[2] 183 U. S. 181.
[3] 183 U. S. 180, 182—183.
[4] 183 U. S. 184.

der Union nach Porto Rico exportiert werden; denn die tatsächliche Erhebung des Zolles bei der Einfuhr in San Juan statt bei der Ausfuhr aus New York sei eine rein technische Frage ohne Belang für die Sache. — Aber: die Begriffe Export und Import beziehen sich in der Verfassung nur auf Ausfuhr in das „Ausland“ und Einfuhr aus dem „Auslande“, wie der Supreme Court mehrfach, insbesondere bezüglich des Artikel I Sektion 10 Absatz 2 im Falle Wodreff v. Perham entschieden habe. Porto Rico aber sei seit der Ratifikation nicht mehr Ausland, folglich könne das Ausfuhrzollverbot der Sektion 9 hier keine Anwendung finden[1]. Damit ist auch dieser Fall auf den Downes-Prozeß zurückgeführt: denn jetzt fragt es sich nur noch, ob die uniformity clause die Zollerhebung zuläßt; und dies ist im Downes-Fall bereits entschieden worden[2].

Zu dem entgegengesetzten Resultat gelangen Fuller und Genossen als Dissenting Opinion. Auch hier beruht ihre Argumentation in erster Linie darauf, daß auch die nur von den Staaten sprechenden Verfassungsnormen doch die Territorien mit umfaßten, und daß daher die Interpretation der Majorität nicht nur gegen die uniformity clause[3] verstoße, sondern auch gegen den Absatz 5 der Sektion 9. Diese solle der Kompetenz des Kongresses „to regulate commerce“ Schranken auferlegen; diese Kompetenz aber beziehe sich nach dem Wortlaut der Verfassung nicht nur auf Handel „with foreign nations“, sondern auch „among the several States“; und als „interstate commerce“ müsse auch der Handel zwischen Staaten und Territorien angesehen werden[4].

3. Die Gegensätze des Downes-Falles kehren fast unverändert wieder bei Hawaii v. Mankichi. Die Besonderheit dieses Falles beruht auf der von den spanischen

---

[1] 183 U. S. 153—155.
[2] 183 U. S. 157.
[3] 183 U. S. 168, 171.
[4] 183 U. S. 171—175.

Erwerbungen abweichenden Art der Annexion der Republik Hawaii. Die „Newland Resolution“ hatte die Fortgeltung der bisherigen hawaiischen Gesetze bis zur endgültigen Regelung der hawaiischen Verhältnisse angeordnet und hierfür bestimmt: „The municipal laws of the Hawaiian Islands . . . not inconsistent with this Joint Resolution, nor contrary to the Constitution of the United States shall remain in force, until the Congress of the United States shall otherwise determine“ [1]. Diese ausdrückliche Vorschrift, daß die in Hawaii geltenden Gesetze der Unionsverfassung nicht zuwiderlaufen dürfen, macht die spezifische Schwierigkeit dieses Prozesses aus: läßt sie von der Verfassung abweichende Juryvorschriften in Hawaii zu?

Mankichi und Fuller und Genossen stehen auch hier auf dem strikten Standpunkte, daß unmittelbar mit dem Erwerbe von Hawaii alle Verfassungsnormen einschließlich der Jurybestimmungen in Kraft getreten seien, und daß es daher kein Deuteln und Drehen an der eigentlich selbstverständlichen Klausel der Joint Resolution geben dürfe. — Der Attorney of the Territory und der Richter Brown halten dafür, daß diese Klausel nur die „fundamentalen“ Verfassungsnormen ausgedehnt habe, daß zu diesen aber die Jurybestimmungen nicht gehörten. — Und White und Genossen operieren auch hier mit ihrem Grundsatz der „Applikabilität“.

Der Gonzales-Fall bietet wiederum wegen seiner Beschränkung auf die Interpretation des Einwanderungsgesetzes keine prinzipiell wichtigen Probleme. Und der Dorr-Fall bestätigt noch einmal in grundsätzlicher Weise die bisherigen Entscheidungen des Supreme Court, welche eine Kolonialherrschaft für zulässig erklären. Durch einige Änderungen in der Zusammensetzung des Gerichtshofes ist die bisherige Concurring Opinion in die unbedingte Majorität gekommen. Der die Opinion of the Court ent-

---

[1] 30 Stat. 751.

wickelnde Richter Day steht auf dem gleichen Standpunkt wie White und argumentiert mit dem Begriffe der Anwendbarkeit. — Der Richter Peckham, der bisher zur Dissenting Opinion gehört hat, erklärt nunmehr ausdrücklich seine Zustimmung: er sei zwar gegen die Downes- und Mankichi-Entscheidung, gebe aber zu, daß dieser Fall ebenso liege wie jene, er unterstütze daher nunmehr die Majorität des Gerichtshofes [1]. Nur der Richter Harlan, der die Entscheidung für völlig verfehlt und verhängnisvoll hält, kann es nicht über sich gewinnen, ihr sein Jawort zu geben: er nennt sie „utterly revolting to my mind"; die Interpretation der Verfassung, auf der sie beruhe, „plays havoc with the old-fashioned ideas of the fathers" [2].

III.

Die systematischen Probleme.

1. Unsere kurze vorläufige Charakteristik der verschiedenen in der Diskussion und den Entscheidungen der Inselfälle hervortretenden Standpunkte und Probleme zeigt, daß es wesentlich auf zwei große Fragen ankommt.

Zunächst die Konstruktion der völkerrechtlichen Verträge, insbesondere der gebietserwerbenden Verträge. Tritt mit dem vollendeten Abschluß und der völkerrechtlichen Ratifikation sofort auch die volle innerstaatsrechtliche Wirkung in jedem Falle ohne weiteres Eingreifen der Legislative, des Kongresses, unmittelbar ein? Nimmt hier ein gebietserwerbender Vertrag eine besondere Stellung ein, und ist hierbei wiederum ein „kolonialer" Gebietserwerb von einem wirklich „inkorporierenden" zu scheiden und verschieden rechtlich zu behandeln? Was ist überhaupt die Rechtsstellung eines Gebietes, bevor die Gesetzgebung ihm eine Organisation gegeben hat?

[1] 195 U. S. 153, 154.
[2] 195 U. S. 156.

Es leuchtet ohne weiteres ein, daß alle diese Probleme in der künftigen Politik der Vereinigten Staaten eine hervorragende Stellung einnehmen werden, je mehr die Union sich von ihrer Politik der Isolierung und der bloßen Abwehr europäischer Eingriffe abwenden und selbst aktiv in die Weltpolitik eingreifen wird. „God and man have linked the nations together" hat Präsident Mac Kinley noch kurz vor seinem Tode in programmatischer Weise geäußert. Und er, der den protektionistischen Dingley Act zum Schutze der nationalen Industrie zustande gebracht hatte, fuhr fort: „The period of exclusiveness is passed. The expansion of our trade and commerce is the pressing problem. Commercial wars are unprofitable. A policy of good will and friendly trade relations will prevent reprisals. Reciprocity treaties are in harmony with the spirit of the time; measures of retaliation are not" [1]. — So wird es denn nicht nur für die Union von größter Wichtigkeit sein, volle Klarheit über die noch immer heftig umstrittenen Kompetenzen des Kongresses zu besitzen, wenn man bisher autonom geregelte Verhältnisse durch vertragliche Bindungen normieren will. Sondern es wird auch für ihre völkerrechtlichen Gegenkontrahenten von Bedeutung sein, zu wissen, inwieweit der Kongreß, wenn er selbst nicht an der Gültigkeit des Vertrages mitgearbeitet hat, sich an dessen Klauseln für gebunden erachten wird.

Das zweite Problem ist das der verfassungsrechtlichen Grundlagen der Kolonialgewalt. Es fällt für die Vereinigten Staaten zusammen mit der großen Frage nach der Bedeutung und Geltung der Grund- und Freiheitsrechte. Wenn die gesamte Verfassung mit allen ihren Restriktionen der Regierung ohne weiteres und unbedingt in jedem neuerworbenen Gebiet Platz greift, dann ist es nicht möglich Kolonialpolitik zu treiben. Hat

---

[1] Charles Henry Butler The treaty-making power of the United States (New York 1902, 2 Bände) Bd. II S. 402.

aber nicht vielmehr der Kongreß nach freiem souveränem Ermessen hierüber zu bestimmen, und ist nicht die ihm von der Verfassung verliehene Territorialgewalt eine souveräne und von den Immunitäten der amerikanischen Bürger befreite Gewalt? Dies Problem schneidet tief ein in das stolze Freiheitsbewußtsein der Vereinigten Staaten: denn man hat sich daran gewöhnt, eine immunitätenfreie Regierungsgewalt nur in den besonderen Verhältnissen eines Krieges für zulässig zu halten und eine Friedensherrschaft mit der an alle Grund- und Freiheitsrechte gebundenen spezifisch amerikanischen konstitutionellen Staatsgewalt gleichzusetzen. Sollte sich diese Anschauung als die allein mögliche herausstellen, so würden die großen Strömungen zugunsten eines Verkaufes der Philippinen[1] die Oberhand gewinnen müssen, die inaugurierte Politik der Union am Stillen Ozean würde lahm gelegt und die gesamte politische Lage auch der europäischen Staaten weitgehend beeinflußt.

2. Es sind also ebenso politisch wichtige wie staatsrechtlich bedeutsame Fragen, die unser Thema bilden. Wir werden sehen, daß sich in die Stellungnahme der amerikanischen Jurisprudenz zu unseren Problemen die politische Parteirichtung der einzelnen Vertreter, je nachdem sie demokratisch und staatenrechtlerisch oder republikanisch und zentralistisch gesonnen sind, hineinzumischen pflegt. Nur aus diesem Grunde sei hier ausdrücklich die selbstverständliche Bemerkung gemacht, daß unsere folgenden Ausführungen von allen praktisch-politischen Leidenschaften und Wünschen frei und von rein objektiv-wissenschaftlichen Bestrebungen diktiert sind. Unser Interesse ist ein lediglich theoretisch und zwar vornehmlich rechtsvergleichend orientiertes: denn wir sind der Meinung, daß solche Studien der Erkenntnis der modernen Staatsidee gute Dienste zu leisten vermögen. Eine rechtsvergleichende Betrachtung wird uns überdies unmittelbar durch die Argumentationen

---

[1] Randolph a. a. O. S. 144 f.

der Inselfälle selbst nahegelegt: denn Hinweise auf die europäischen konstitutionellen Anschauungen gehören nicht zu den Seltenheiten. Wir werden zu diesen vergleichenden, bald ablehnenden, bald zur analogen Anwendung auffordernden Ausführungen Stellung zu nehmen haben und die wirklich bestehenden Verschiedenheiten und Gemeinsamkeiten zu formulieren versuchen, um zu interessanten Aufschlüssen über die Gegensätzlichkeit europäischer und amerikanischer Rechtsanschauungen, aber auch über deren wachsende Verwandtschaft zu gelangen.

Ist doch auch die konstitutionelle Doktrin, die sich im 17. und 18. Jahrhundert ausgebildet hat, der gemeinsame Boden, in dem der moderne Staat bei uns wie jenseits des Ozeans wurzelt. Es müssen sich daher dieselben konstitutionellen Notwendigkeiten trotz aller Verschiedenheit der Entwicklung hier wie dort immer wieder offenbaren, auch trotz des Bruches, den die deutsche Staatslehre in der ersten Hälfte des 19. Jahrhunderts mit den Anschauungen der vergangenen Jahrhunderte zu vollziehen versuchte. Wir werden mehrfach Gelegenheit nehmen müssen, auf diese gemeinsamen Grundlagen zurückzugehen, da eine Interpretation unserer Verfassungstexte nicht möglich sein dürfte ohne ein tieferes historisches Verständnis für die Zwecke und Ziele, die den Verfassungsgesetzgebern vorschwebten, und damit für die Welt- und Staatsauffassung, in denen sie lebten.

Besondere Vergleichspunkte müssen sich für unser Reichsrecht und das Recht der Union aus der bundesstaatlichen Natur beider Länder ergeben: hat doch Amerika mit der Schaffung des ersten modernen Bundesstaates für Europa ein Vorbild geschaffen, das als großartige Gegengabe für die ihm von Europa bescherte konstitutionelle Theorie auch auf den Bau des deutschen Reiches trotz aller Abweichungen seinen großen Einfluß ausgeübt hat.

Ferner mußte die Tatsache, daß sowohl wir als auch die Union erst jetzt in die Reihe der kolonisierenden Nationen eingetreten sind, zu besonderen Analogien Veranlassung geben. Die juristische Konstruktion der neuen Verhältnisse befindet sich in beiden Wissenschaften zum Teil noch in dem interessanten Stadium von — auch wiederum häufig parallel verlaufenden — Versuchen, deren Darstellung für den Historiker des Staatsrechts überaus lehrreich ist. Aber auch hier muß neben allen Ähnlichkeiten die Verschiedenheit der Problemstellung und der Lösung scharf herausgearbeitet und historisch begriffen werden.

Im Mittelpunkt der Inselfälle stehen die Diskussionen und die Entscheidungen in den Prozessen De Lima v. Bidwell und Downes v. Bidwell; an sie wird sich daher auch unsere Darstellung der Inselfälle im wesentlichen anschließen, während die in den anderen Prozessen geäußerten Meinungen, nur soweit sie noch besondere Argumente enthalten, an diese angegliedert werden sollen. Die Erörterung und Darlegung unserer beiden Probleme wird sich dementsprechend in einem Dreitakt zu vollziehen haben: zuerst die Fixierung des Problems und der Fragestellung, sodann die Lösungsversuche der Inselfälle und endlich deren Kritik und die positive Beantwortung der gestellten Fragen.

B. Staatsvertrag und Gebietserwerb.

I.

Das Problem des Staatsvertrages.

1. Die Kompetenz der Exekutive zum Abschluß völkerrechtlicher Verträge und die Kompetenz der Volksvertretungen bei einer bestimmten Gruppe solcher Verträge in irgend welcher Form mitzuwirken, ist nach den meisten Verfassungsurkunden nicht in klarer, jeden Zweifel ausschließender Weise geregelt; offenbar, weil die Zeit, in denen unsere Verfassungen entstanden, noch nicht das volle Verständnis für die weittragende Bedeutung dieses Rechtsgebietes besaß, die es in unseren Tagen des internationalen Verkehrs und der Weltpolitik gewonnen hat.

Ernst von Meier weist in seiner vortrefflichen Monographie über den „Abschluß von Staatsverträgen" darauf hin, daß sich im ganzen 18. Jahrhundert, ja noch in dem ersten Viertel des 19. Jahrhunderts der Inhalt völkerrechtlicher Verträge wesentlich auf Krieg und Frieden beschränkte: Allianzen, Subsidienverträge, Abmachungen über Durchmärsche, Besatzungen, Einquartierungen usw. waren fast der ausschließliche Gegenstand des internationalen Verkehrs [1]. Eine völkerrechtliche Regelung der inneren Verhältnisse verschiedener Staaten gehörte zu den seltensten Ausnahmen und betraf höchstens Einzelheiten in den Handelsbeziehungen.

---

[1] E. v. Meier, Der Abschluß von Staatsverträgen, S. 18—20. Vgl. auch Jellinek, Gesetz und Verordnung, S. 177 Anm. 1.

Diesem Tatbestand entspricht auch die Stellung, welche die beginnende konstitutionelle Doktrin dem völkerrechtlichen Vertragsrechte einräumte. — Gegenüber der inneren Verwaltung, die sie in erster Linie interessierte, ging ihr Bestreben vor allem dahin, den Begriff des Gesetzes als alles im Voraus regelnder Norm zum unverrückbaren Angelpunkt zu machen, um so die innere Verwaltungstätigkeit selbst auf eine bloße „Vollziehung“ oder „Ausführung“ des im Gesetze bereits potentiell Vorgesehenen einzuschränken [1]. Diese Tendenz mußte der auswärtigen Verwaltung gegenüber versagen. Denn diese stand nicht nur in ausschließendem inhaltlichen Gegensatze zur inneren Verwaltung, da sie es ja bei dem damaligen Stande der internationalen Beziehungen noch nicht mit Gegenständen zu tun hatte, welche die inneren Landesgesetze berühren; sondern sie mußte auch in ihrem formellen, konstitutionellen Verhältnisse zum Gesetz eine entgegengesetzte Stellung einnehmen, da die Handlungen der auswärtigen Gewalt von den vorher unberechenbaren Komplikationen der Weltgeschichte abhängen und daher einer vorhergehenden einschränkenden Regelung durch allgemeine Gesetze spotten müssen.

2. Diese Momente sind es dann auch, die deutlich insbesondere bei John Locke in die Erscheinung treten. Auf seine Gewaltenlehre, welche von dem größten Einflusse auf die gesamte Folgezeit geworden ist, müssen wir daher zum Verständnis der konstitutionellen Entwicklung in ihren einzelnen Stadien in Kürze eingehen [2].

Auch für Locke ist die gesetzgebende Gewalt, „the legislative power“, die höchste Staatsfunktion, „the

[1] Vgl. statt aller Jellinek a. a. O. S. 47/8 (Betonung des formellen Gesetzesbegriffes); S. 58/9 (Begriff der Exekutive bei den Monarchomachen); S. 62/3 (bei Hooker und Sidney).

[2] Wir geben unsere Auffassung der Lockeschen Gewaltenlehre ohne jede Polemik und Kritik. Der Kenner wird selbst sehen, worin sie mit den üblichen Darstellungen übereinstimmt, was sie besonders unterstreichen zu müssen glaubt, und worin sie im einzelnen abweicht.

supreme power of the commonwealth", — wie er nicht müde wird immer wieder zu betonen[1]. Ihr gegenüber wird die Gewalt, der die innere Verwaltung obliegt, zur bloßen Vollziehung, zum „executive power, which should see for the execution of the laws which are made and remain in force"[2]. Und neben diesen beiden Gewalten gibt es noch eine dritte „in every commonwealth which one may call natural"[3], die auswärtige Gewalt, „the federative power". Mit aller Deutlichkeit wird dann auch von Locke jener doppelte Gegensatz zwischen dem executive und federative power herausgearbeitet, den wir als notwendig erkannt haben beim damaligen Stande der auswärtigen Beziehungen und beim Ausgehen vom konstitutionellen Gesetzesbegriff. Während die Exekutive die inneren Landesgesetze („municipal laws") auszuführen hat, liegt der Föderative die Wahrnehmung der staatlichen Interessen nach außen, den anderen Staaten des Menschengeschlechts gegenüber ob[4]. Und zweitens: während die Exekutive nur das im Gesetz bereits Vorgesehene zu vollziehen hat, steht die Föderative dem Gesetz frei gegenüber: „it is much less to be directed by antecedent, standing, positive laws than the executive . . . The laws that concern subjects one amongst another, being to direct their actions, may well enough procede them. But what is to be done in reference to foreigners, depending much upon their actions and the variation of designs and interests, must be left in great part to the prudence of those, who have this power committed tho them, to be managed by the best of their skill. for the advantage of the commonwealth"[5].

[1] Locke, Two treatises of government, passim in den §§ 134 f. und 149 f.

[2] § 144 sowie 147: „comprehending the execution of the municipal laws of the society within its self".

[3] § 145.

[4] § 146: war and peace, leagues and alliances and all the transactions with all the powers and communities without the commonwealth". — § 147: „the management of the security and interest of the public without".

[5] § 147.

Es konnte aber dem politisch fein geschulten und von jedem Doktrinarismus weit entfernten Blick Lockes nicht entgehen, daß auch im Innern solche unvorhersehbaren und daher durch vorhergehende Gesetze nicht regelbaren Umstände eintreten, die ein staatliches Handeln erfordern. Eine neue vierte Gewalt neben der Legislative als im Innern alles im Voraus durch „promulgated, established laws" regelnder Gewalt („ruling power")[1], der Exekutive als diese Landesgesetze ausführender Gewalt, und der Föderative als nach außen gesetzesfrei handelnder Gewalt kann nicht aufgestellt werden, ohne das ganze Prinzip, auf dem diese konstitutionelle Einteilung beruht, aufzuheben: sie ist in sich vollständig und erschöpfend. So bleibt Locke nichts übrig, als dies gesetzesfreie Handeln im Innern garnicht einzugliedern in diese sachliche Einteilung der konstitutionellen Gewalten, sondern es lediglich an eine der vorhandenen Personen im Staate anzuknüpfen. Und wie er schon executive und federative power trotz ihrer konstitutionell-sachlichen Entgegengesetztheit derselben Person im Staate zugewiesen hatte, weil beide Gewalten der bewaffneten Macht bedürfen und diese nicht zwei verschiedene Oberbefehlshaber besitzen darf[2], so wird auch dies gesetzesfreie Handeln, das er „prerogative" nennt[3], derselben Person, dem Monarchen übertragen, und wiederum nur deshalb, weil er es ist, der die bewaffnete Macht des Staates in der Hand hat[4].

Nirgends wird diese Prärogative von Locke als eine vierte Gewalt neben den anderen behandelt: er spricht wohl

---

[1] Vgl. §§ 136, 137, 142.
[2] § 148.
[3] § 158: „prerogative being nothing but a power in the hands of the prince, to provide for the public good, in such cases, which depending upon unforeseen and uncertain occurrences, certain and unalterable laws could not safely direct"; — ähnlich § 159, 160; und kurz 166: „prerogative is nothing but the power of doing public good without a rule".
[4] § 159.

von legislative, executive, federative „power", niemals aber von einem „prerogative power". Ebensowenig aber wird diese innere gesetzesfreie Tätigkeit zur Exekutive gerechnet; deren Begriff ist gerade im entgegengesetzten Sinne festgelegt: sie ist nur, ebenso wie es ja auch bei der wesensverschiedenen („really distinct") Föderative der Fall ist, rein personell mit dem Inhaber der Exekutive verbunden; Locke formuliert ganz ausdrücklich, die Prärogative sei zu überlassen „to him that has the executive power in its hands"[1]; mit der Exekutive als solcher hat sie nichts zu tun. Trotzdem die exekutierende Person nach gesetzesfreiem Ermessen die legislative Versammlung beruft und auflöst, wird daher auch die exekutive Gewalt niemals der gesetzgebenden gegenüber die höhere („superior to it")[2]. Je nach dem Gesichtspunkt, den man bei dem doppelten Gegensatz zwischen Exekutive und Föderative betont, gehört die Prärogative bald mehr zu dieser, da sie zum Gesetze dieselbe Stellung einnimmt, bald mehr zu jener, da auch sie die inneren Angelegenheiten betrifft, — das beste Zeichen dafür, daß sie in diese ganze Einteilung nicht hineinpaßt und auf einem anderen Prinzip beruht.

Welcher Art aber ist das Prinzip und wie kann es neben dem konstitutionellen Prinzip, das der Dreigewaltenlehre zu Grunde liegt, bestehen?

Das Recht der Prärogative, ohne gesetzliche Regel für das Wohl des Ganzen zu sorgen, hat von jeher bestanden. Ja, in der Kindheit der Staaten hat es wenig Regeln und Gesetze gegeben; die Fürsten haben wie Väter für ihre Völker nach gesetzesfreiem Ermessen gesorgt. „The government was almost all prerogative"[3]. — Insbesondere auch in England „prerogative was always largest in the hands of our wisest and best princes". Es

---

[1] Im § 159 zweimal.
[2] § 156.
[3] § 162.

gab auch nichts gegen diese Verfassung einzuwenden, da die edlen Fürsten ja dem Grunde und Endzweck aller Gesetze, dem allgemeinen Wohl entsprechend regierten: solche gottähnlichen Fürsten waren berechtigt die absolute Monarchie als beste Staatsform anzusprechen, denn Gott selbst beherrscht das All als absoluter Monarch[1]. — Erst allmählich ist es nötig geworden, durch immer neue, von den Repräsentanten des Gesamtvolkes erlassene allgemeine Gesetze die ursprünglich weite Latitüde der Prärogative einzuschränken: und mit diesem konstitutionellen Gesetzesbegriff ist wiederum die Einteilung der Gewalten gegeben.

Die Prärogative spielt also in Lockes Staatslehre die Rolle eines für ihn zum Verständnis jedes staatlichen Lebens notwendigen historischen Prinzipes. Und die rationale Dreigewaltenlehre hat nur die Funktion, die Prinzipien anzugeben, nach denen der Staat, der uns tatsächlich ursprünglich als Monarchie mit weitester Prärogative gegeben ist, zu einem wohl-konstituierten gestaltet werden soll. Für den Engländer Locke, dem es an feinem Gefühl für die Mannigfaltigkeit des rational unbeherrschbaren Lebens nicht mangelte, konnte die rationale Gewaltenlehre für sich allein niemals die Fülle des staatlichen Lebens erschöpfen: es muß außer diesem rationalen Prinzip noch ein empirisch Gegebenes da sein, an dem dies sich betätigen kann, das es lediglich normiert und formt.

Diese Konstruktion der Lockeschen Lehre scheint mir auch allein seiner philosophischen Grundposition zu entsprechen. Ohne des näheren hierauf einzugehen, sei nur kurz auf seine Entgegensetzung von „sensation“ und „reflexion“ und auf das Verhältnis der „intuitiven“ und „demonstrativen“ Methode hingewiesen[2]. Unsere Auffassung befindet sich ferner im vollsten Einklang mit seiner historischen und politischen Stellung. Er will die Berechtigung des Thrones

---

[1] §§ 165, 166.

[2] Windelband, Gesch. d. Philos., 4. Aufl., S. 377, 378; Gesch. d. neueren Philos., Bd. I S. 256.

Wilhelms III. begründen und die Vortrefflichkeit der neuen Verfassung dartun; und er will dabei zugleich diese Verfassung mit der vorrevolutionären englischen Geschichte in Verbindung bringen: König Wilhelm ist ihm „our great restorer“ [1]. So erscheint denn in der Tat, wie Ranke gesagt hat, die Monarchie Wilhelms, die auf Grund parlamentarischer Beschlüsse zustande kam, in der Staatslehre Lockes zugleich als Fortsetzung der alten [2].

3. Dem doktrinären und rein rationalistischen Denken, wie es dem französischen Konstitutionalismus des 18. Jahrhunderts eigen war, wäre ein Stehenbleiben bei zwei Prinzipien eine Unmöglichkeit gewesen; es konnte vor allem kein historisches Prinzip neben einem rationalen dulden. Das 18. Jahrhundert mußte eher geneigt sein, dem wirklichen Leben des Staates begrifflich Zwang anzutun, als hierbei Ruhe zu finden. — Diesen Weg sehen wir in der Tat Montesquieu gehen.

Der Ausgangspunkt seiner Gewaltenlehre ist vollkommen der gleiche wie bei Locke. „Il y a dans chaque État — so beginnt er das berühmte Kapitel VI des XI. Buches seines „Esprit des lois“ — trois sortes de pouvoirs: la puissance législative, la puissance exécutrice des choses qui dépendent du droit des gens, et la puissance exécutrice de celles qui dépendent du droit civil“. Die Lockeschen drei Gewalten finden sich hier unverkennbar wieder. Aber trotz dieses dem Wortlaut nach gleichen Ausgangspunktes kommt es Montesquieu doch in seiner konstitutionellen Gewaltenlehre auf ganz andere, Locke noch unbekannte Gesichtspunkte an, die er jedoch, wie man nicht gut wird bestreiten können, gänzlich unvermittelt und ohne jede Begründung einführt, um schließlich den ursprünglichen Lockeschen Etiketten ganz neue Inhalte unterzuschieben,

---

[1] Vgl. die „Preface“ zu den „Treatises“.

[2] v. Ranke, Zur Geschichte der Doktrin von den drei Staatsgewalten in „Werke“, Bd. 24 (Abhandlungen) S. 260.

— Gesichtspunkte freilich von höchster Fruchtbarkeit, denen die Dreigewaltenlehre erst ihre Berühmtheit verdankt.

Dem englischen Recht ist die in Frankreich bereits seit dem 18. Jahrhundert geläufige scharfe Scheidung von Justiz und Verwaltung fremd. Noch heute kennt es kein besonders ausgebildetes Verwaltungsrecht neben dem von den (ordentlichen) Gerichten angewendeten Justizrecht[1]; selbst die Handhabung der Polizei, die auf dem Kontinent zu den am typischsten ausgebildeten spezifischen „Verwaltungsakten" Veranlassung gegeben hat, liegt dort heute noch in den Händen von richterlichen und richterlich (meist kontradiktorisch) verfahrenden Behörden[2]. Erst recht spielte sich zur Zeit Lockes die innere Staatstätigkeit vornehmlich in der Rechtsform bloßer Rechtsanwendung, „jurisdiction", ab. Auch was die persönliche Rechtsstellung der Richter anbelangt, so war sie von der der anderen Beamten nicht geschieden: auch sie konnten von der Krone nach Belieben und ohne Verfahren ihres Amtes enthoben werden[3]. Locke empfand daher kein Bedürfnis, für die innere Staatstätigkeit zwei verschiedene Arten des Verhältnisses zum Gesetze zu unterscheiden: seine Exekutive umfaßt das, was wir heute — und zwar seit Montesquieu — in Justiz und Verwaltung zu sondern gewohnt sind.

Im Gegensatz hierzu hatte sich in Frankreich eine starke, nicht an die Form der „jurisdiction" gebundene Verwaltungstätigkeit ausgebildet, und es war der Grundsatz der Unabhängigkeit der Gerichte im Rechtsbewußtsein festgewurzelt[4]. Im übrigen war im Jahre 1701 auch in England wenigstens die persönliche Sonderstellung der Richter, ihre Unabsetzbarkeit „during good behaviour" und ihre

---

[1] Hatschek, Englisches Staatsrecht, Bd. II S. 659/60, 668/9.
[2] Hatschek a. a. O., Bd. II S. 522.
[3] Hatschek a. a. O., Bd. I S. 538.
[4] Otto Mayer, Justiz und Verwaltung, S. 10f.; Koch, Beiträge zur Geschichte der politischen Ideen, Bd. I. S. 176.

festen Gehaltsansprüche gesetzlich zur Anerkennung gelangt [1]. Montesquieu kommt daher für die innere Staatstätigkeit nicht mehr mit der einen Kategorie des executive power aus. Die Legislative bleibt natürlich auch ihm der unverrückbare Angelpunkt: aber er empfindet, daß die eigentlich verwaltende und die rechtsprechende Tätigkeit zu dem konstitutionellen Gesetzesbegriff in einem verschiedenen Verhältnis stehen. Die Richter sind ihm nur „la bouche qui prononce les paroles de la loi, des êtres inanimés qui n'en peuvent modérer ni la force ni la rigueur", während die Verwaltung, wenn auch sie nichts ist als „l'exécution de la volonté générale", es doch mit einem wirklichen den Inhalt des Gesetzes ausführenden Handeln zu tun hat.

Infolge dieser Gesichtspunkte verschiebt sich das Lockesche Schema vollkommen. Die puissance exécutrice des choses qui dépendent du droit civil wird sofort als puissance de juger definiert und als solche weiter behandelt; — wodurch freilich ihr ursprünglicher Name, auf dem doch ihre systematische Stellung innerhalb der drei Gewalten beruht, einfach unverständlich wird. Noch schlechter ergeht es der puissance exécutrice des choses qui dépendent du droit des gens. Ihr wird nicht nur die Berechtigung ihres ursprünglichen Namens geraubt, indem sie es als „puissance exécutrice" schlechthin sowohl mit den auswärtigen als auch, und zwar vorzugsweise, mit den inneren Angelegenheiten zu tun hat; was um so auffallender ist, als ihre erste Definition sie noch rein als auswärtige Gewalt bestimmt [2]. Sondern

---

1 Hatschek a. a. O. Bd. I S. 538/9; vgl. auch den Amerikaner Goodnow, Politics and administration (1900), der auf die Bedeutung dieses Gesetzes für die Lehre Montesquieus hinweist (S. 11/2); sowie Kent, Commentaries on American law (10th edition, 1860), Vol. I S. 317 f.

2 „Par la seconde il fait la paix ou la guerre, envoie ou reçoit des ambassades, établit la sûreté, prévient les invasions". Oder soll man in dem „établit la sûreté" schon eine Andeutung der inneren Aufgaben sehen?!

auf sie paßt auch die neu erhaltene Bezeichnung keineswegs, denn sie wird nach außen und nach innen mit Angelegenheiten befaßt, die sich nicht auf eine bloße „exécution de la volonté générale" beschränken, die Locke gerade deshalb von dem „executive power" ausgeschlossen und der Föderativgewalt und der Prärogative zugewiesen hatte. Das Merkwürdigste an alledem aber bleibt, daß diese Propositionen auch ohne den Schein einer Begründung oder nur näheren Ausführung aufgestellt werden[1].

Leidtragender bei dieser rationalistischen Auflösung aller nicht-legislativen Staatsfunktionen in eine von den „seelenlosen Wesen" der Richter besorgte Justiz und in eine bloße Ausführung des im Gesetze bereits Vorgesehenen, ist natürlich der Staat selber, der zu völliger Passivität und Leblosigkeit verurteilt wird. Ganz besonders schlecht aber ist es unserer auswärtigen Gewalt ergangen, da das freie Verhältnis, in dem sie notwendig zum Gesetze steht, in diesem rationalistischen Schema keine Stätte hat. Da war die Lehre Rousseaus, welche die auswärtigen Angelegenheiten der Legislative überwies, weitaus besser begründet und konsequenter[2].

4. In diesem Stadium der Verschiebungen und der inneren Unausgeglichenheit befand sich die konstitutionelle Doktrin, als die Vereinigten Staaten an das Werk ihres Verfassungsbaues gingen. Zunächst und vor allem wurde die Montesquieusche Trennung der Justiz und Verwaltung strikt durchgeführt und die Verwaltung als bloße Exekutive und Gesetzesvollzug konstituiert. Selbst allgemeine Ausführungsverordnungen sollen nach der Unionsverfassung von der Legislative ausgehen[3]; und einer Verschlingung der

---

[1] Treffend auch von dem Amerikaner Dunning, A history of political theories, Vol. II (1905) S. 412 f., hervorgehoben.

[2] Jellinek, Gesetz und Verordnung, S. 182/3.

[3] Art. 1 sect. 8 last clause: „The Congress shall have the power ... to make all laws which shall be necessary and proper to carry into execution all powers vested by the Constitution in the government

gesamten Exekutive durch die Gesetzgebung wird nach Montesquieuschem Rezept lediglich durch das ingeniöse Veto des Präsidenten gesteuert, zu dem die Konstitution die „faculté d'empêcher" ausgestaltet[1]. Und es ist weiter für die enge Auffassung der Exekutive bezeichnend, daß selbst die Ernennung von Gesandten und anderen höheren Beamten, bei der ein weiter Spielraum freien Ermessens in der wichtigen Personalfrage besteht, nicht dem Präsidenten schlechthin zugesprochen, sondern daß dieser hierbei an die Zustimmung des Senates gebunden wird[2].

Schwierigkeiten besonderer Art mußten daher bezüglich der auswärtigen Angelegenheiten entstehen. Die sorglose und jeder Begründung entbehrende Methode Montesquieus, sie einfach der Exekutive zuzuteilen, war bei der Auffassung von dieser Gewalt unmöglich. Andererseits hatte sich die umständliche Regelung der Konföderationsartikel, die die Legislative für zuständig erklärt hatten, nicht bewährt[3]. Man fand, daß diese Gewalt weder ganz zur vollziehenden noch ganz zur gesetzgebenden Gewalt gehörte. So blieb nichts übrig, als sie als eine aus Legislative und Exekutive „gemischte", besondere Gewalt zu konstruieren: man gab sie dem Präsidenten, band diesen aber an die Zustimmung einer Zweidrittelmehrheit des Senates[4].

---

of the United States or in any department or officer thereof." Vgl. dazu J. W. Burgeß, Political science and comparative constitutional law, Vol. II S. 166.

[1] Vgl. die treffenden Ausführungen hierüber bei Burgeß a.a.O. Vol. II S. 255. Dazu den bekannten Satz Montesquieus: „Si la puissance exécutrice n'a pas le droit d'arrêter les entreprises du corps législatif, celui-ci sera despotique; car comme il pourra se donner tout le pouvoir qu'il peut imaginer, il anéantira toutes les autres puissances"; sowie Federalist a. a. O. S. 583 f. und Hershey a. a. O. S. 7 f., 13 f.

[2] Art. II sect. 2 cl. 2.

[3] Vgl. Bryce a. a. O. Bd. I S. 692.

[4] „The essence of legislation is to prescribe laws or regulations for society; while the execution of those laws and regulations and the employment of the common strength ... seem to comprice all the functions of the executive magistrate. The power of making treaties is plainly rather the one nor the other. It relates

In dieser Konstruktion des treaty-making power als gemischte Gewalt, die man nur aus der Geschichte der konstitutionellen Doktrin verstehen kann, — und das mag die Ausführlichkeit unserer Erörterungen rechtfertigen! — liegt die eine der spezifischen Schwierigkeiten, die das Problem der auswärtigen Gewalt in den Vereinigten Staaten in sich schließt. Ist das treaty-making power wirklich eine eigene, selbständige und koordinierte Gewalt neben dem law-making power? Bedeutet die in ihr liegende „Mischung" von Legislative und Exekutive, daß sie es mit Gegenständen zu tun hat, die bald zur Legislative, bald zur Exekutive gehören? Können also völkerrechtliche Verträge, welche zugleich die inneren Landesgesetze berühren, durch sie allein, unter Ausschluß der Legislative, abgeschlossen und wirksam werden — oder nicht?

Das zweite Spezifikum, das die Beantwortung dieser Frage für die Union zu einer besonders schwierigen macht, liegt in der Norm des Artikels VI Sektion II der Konstitution: „This Constitution, and the laws of the United States, which shall be made in pursuance thereof; and all the treaties made, or which shall be made, under the authority of the United States, shall be the supreme law of the land; and the judges shall be bound thereby, anything in the Constitution or laws of any State

---

neither to the execution of subsisting laws, nor the enactment of news one; and still less does it relate to the exertion of the common strength . . . Treaties are not rules prescribed by the sovereign to his subject; but agreements between sovereign and sovereign. The treaty-making power seems therefore to form a distinct department, and to belong neither to the legislative nor the executive, though it may be said to partake to the qualities common to each." So Story (Commentaries on the Constitution, 5th edition by Bigelow, 1891 S. 1519) im Anschluß an Hamilton im Federalist von 1788 (a. a. O. S. 527 f.); vgl. auch Tucker, The Constitution of the United States (ed. by H. St. G. Tucker 1899) S. 721. — Die Hervorhebung der alten Lockeschen Gesichtspunkte auch im Federalist XXIII: „impossible to foresee or define the extent and variety of national exigencies". (Vgl. Butler a. a. O. Bd. I. S. 379).

to the contrary notwithstanding". Eine entsprechende Norm findet sich in keiner anderen Verfassung. Daher hat es in diesen wohl streitig werden können, in welcher Form eine Mitwirkung der Legislative zur Gültigkeit gewisser völkerrechtlicher Verträge zu erfolgen hat; über das Ob aber kann weder bei dem englischen noch bei dem belgischen System, die Ernst von Meier und Jellinek unterscheiden[1], ein Zweifel obwalten. Muß die zitierte Verfassungsbestimmung in dem Sinne einer Koordination von Legislativgewalt und Vertragsgewalt ausgelegt werden? oder ergibt das Ganze der Verfassung und der Zusammenhang, in dem jene Norm sich befindet, eine andere Interpretation?

Es sind Fragen von eminenter Bedeutung, die von der Lösung dieser Probleme abhängen. Wenn es auch bisher in der Geschichte der Union wohl zu Erörterungen hierüber, aber noch zu keinen ernsten Konflikten gekommen ist, so leuchtet doch ohne weiteres ein, daß solche bei der wachsenden Bedeutung internationaler Beziehungen leicht eintreten können. Ist das Repräsentantenhaus rechtlich gehalten Geldsummen zu bewilligen, die zur Ausführung von Vertragsbestimmungen notwendig sind; oder steht ihm hierbei volle legislative Freiheit zu? darf der Kongreß Gesetze erlassen, die im Widerspruch stehen zu Vertragsnormen, bei deren Zustandekommen er ja nicht mitgewirkt hat? und hebt ein solches Gesetz den widersprechenden Vertrag auf? Darf ein Zolltarif, der im Repräsentantenhause nicht die erforderliche Majorität findet, dadurch zum „Gesetz des Landes" gemacht werden, daß sich zwei Drittel der Senatoren und ein völkerrechtlicher Gegenkontrahent finden? Kann mit dieser Methode überhaupt eine Regelung wichtiger innerer Angelegenheiten unter Umgehung des Repräsentantenhauses, ein Weltwechselrecht u. a. m. zustande kommen?

Bevor wir uns in die Erörterung dieser schwerwiegenden

---

[1] v. Meier a. a. O. S. 103 f.; Jellinek a. a. O. S. 345 f.

Fragen einlassen, haben wir uns noch auf die besonderen Probleme zu besinnen, die ein gebietserwerbender Vertrag in sich schließt.

II.

Das Problem des Gebietserwerbes.

1. Während bei dem Problem der Staatsverträge eine gewisse Übereinstimmung im Rechte aller Staaten außer dem der nordamerikanischen Union konstatiert werden konnte, herrscht in der Lehre von den Gebietsveränderungen insbesondere vom Gebietserwerb noch eine allgemeine Ungeklärtheit, die aus dem noch immer nicht prinzipiell durchgeführten Wechsel in den Anschauungen über das Wesen des Gebietes und seine Bedeutung für den Staatsbegriff folgt: denn von dieser Rechtsstellung des Gebietes allein hängt die Interpretation und die Gewinnung der Normen ab, die für Gebietsveränderungen gelten.

Den antiken sowie den naturrechtlichen Anschauungen war der Staat wesentlich eine Personenvereinigung und das Gebietsmoment spielte für seinen Begriff keine Rolle [1]; während umgekehrt die feudalen und patrimonialen Anschauungen des Mittelalters gerade dies Moment als entscheidend betonten. Und es ist bis heute der modernen Staatsidee gerade in dieser Frage noch nicht gelungen, alle atavistischen Vorstellungen abzustreifen und zu einem Neubau zu gelangen; Vorstellungen aus der Patrimonialzeit, aus dem Staate der „landesherrlichen Hoheitsrechte", aus den naturrechtlichen Gedankenreihen und moderne Begriffe liegen hier noch immer ungeschieden und unvereinbar nebeneinander.

Für diese innere Unausgeglichenheit ist es bezeichnend, daß wir allein in den deutschen Einzelstaatsverfassungen,

---

[1] Vgl. Jellinek, Allgemeine Staatslehre (2. Aufl.), S. 382, 391; sowie die interessanten Bemerkungen bei Constantin Frantz, Naturlehre des Staates (1870), S. 95 f.

die im Staatsvertragsproblem doch nur unbedeutendere Verschiedenheiten aufweisen, fünf verschiedene Hauptlösungen in der Frage der Gebietsveränderungen finden, innerhalb deren es wieder kleinere Verschiedenheiten gibt. Die erste Gruppe verlangt ausdrücklich für jede Gebietsveränderung ein Gesetz[1]; die zweite spricht nur vom Gebietsverlust, für den ständische Zustimmung gefordert wird[2]; die dritte unterscheidet ausdrücklich zwischen Verlust und Erwerb und erklärt bei diesem ausdrücklich den Monarchen für zuständig[3]; die vierte betont nur die Unteilbarkeit des Staatsgebietes[4]; und die fünfte endlich schweigt ganz von Gebietsveränderungen[5]. — In dieser Lage befindet sich auch die Verfassung der Vereinigten Staaten. — Es ist klar, daß hierin eine Fülle von Interpretationsschwierigkeiten liegt. Wie ist das gänzliche, wie das teilweise Schweigen, wie das besondere Betonen des Gebietsverlustes auszulegen? ist hierbei Analogie oder argumentum a contrario anzuwenden? Eine Lösung dieser Probleme wird man nur finden können, wenn man zurückgeht auf das Wesen des Gebietes, auf seine Bedeutung für den Staatsbegriff und die Funktion, die es im modernen Staate zu erfüllen hat. Und eine Theorie über das Gebiet wird erst dann für bewährt angesehen werden können, wenn ihr die Konstruktion der deutschen Einzelstaatsverfassungen befriedigend geglückt ist.

2. Wenn der patrimoniale und feudale Staat vom Recht am Gebiet sprach, so meinte er damit nicht nur das Recht am Grund und Boden selbst, sondern er umfaßte damit zu-

---

[1] Preuß. Verf. Art. 2; Reuß j. L. § 4; Schaumb.-Lippe Art. 1.

[2] Sachsen § 2; Oldenburg Art. 3; S.-Weimar § 4 Zf. 7; S.-Altenburg § 2; Anhalt § 19; Waldeck § 2; Reuß ä. L. § 2; Hamburg Art. 2.

[3] Württemberg §§ 2, 85.

[4] Bayern Art. 3 § 1; Baden § 3; Braunschweig § 1; Schwarzb.-Sondersnausen § 1.

[5] Hessen, S.-Koburg-Gotha, Schwarzb.-Rudolst., Lippe, Bremen, Lübeck.

gleich die Gesamtheit der Herrschaftsrechte über den Boden und alles, was sich darauf befand. Das Gebiet war nur die Verdinglichung dieser, nicht etwa nur als Sachenrechte gemeinten Befugnisse. Und im „Staate der landesherrlichen Hoheitsrechte" bedeutete die Gebietshoheit einen Komplex von materiellen Hoheitsrechten und von Betätigungen der Staatsgewalt, die den Grund und Boden zum Objekte haben: vom Recht auf herrenlose Sachen und der Expropriationsbefugnis bis zu dem Recht der Gebietsveräußerung und des Gebietserwerbes, als ein Inbegriff von Gerechtsamen, die der Landesherr ohne Mitwirkung der Landstände auszuüben berechtigt war.

Mit der Auflösung dieser patrimonialen, sowohl öffentlich- als auch privatrechtliche Elemente umfassenden Begriffe und ihrer Ersetzung durch rein publizistische Vorstellungen, wie sie sich zum Teil schon in den Städten des ausgehenden Mittelalters, sodann aber unter dem Einflusse des Naturrechtes vollzog, mußte es in der Auffassung aller dieser Verhältnisse zu einer durchgreifenden Änderung kommen. Die Betonung des personalen Herrschaftsmomentes, die wir durchgehends schon im Naturrecht finden, war es, die dann auch in der deutschen Staatsrechtswissenschaft des 19. Jahrhunderts die wahrhaft öffentlich-rechtlichen Begriffe entbinden half. Hier wie auf so vielen anderen Gebieten, war es zuerst Gerber, der es in Konsequenz seiner vertieften Auffassung vom Wesen der „Staatsgewalt" für unrichtig erklärte, den Begriff der Gebietshoheit „mit einem eigentümlichen materiellen Inhalte auszustatten und etwa durch Maßregeln der Staatsgewalt bestimmen zu wollen, welche den Grund und Boden zum praktischen Objekte haben". Er sah ein, daß das Gebiet nichts weiter für den modernen Staatsbegriff bedeuten könne als „die örtliche Ausdehnung der Wirkung der Staatsgewalt", als „das allgemeine und formelle Moment der Örtlichkeit" in der rechtlichen Bestimmung der Staatsgewalt[1]. Da Gerber aber dennoch zur Charakterisierung dieses Verhältnisses an dem Ausdruck eines „staatsrechtlichen Sachenrechtes" festhielt, so ist es nicht ausgeblieben, daß eine große Anzahl der Schriftsteller, die auf seinen Schultern stehen, nun doch wieder versuchte, den Inhalt dieses „Sachenrechtes" zu entwickeln. Trotz aller ausdrücklichen Ablehnung patrimonialer Gedanken und trotz aller Betonung der publizistischen und personalen Herrschaftsmomente kommen sie so doch zu einem eigentümlichen und in sich widerspruchsvollen Dualismus von Ablehnung einer spezifischen Gebietshoheit und Entwicklung von deren eigentümlichem Inhalt[2]. Man täuscht sich durch die im Privatrecht übliche, aber auf ganz anderen begrifflichen Voraussetzungen beruhende Unterscheidung von persönlichen und dinglichen Rechten über die im Staatsrecht bestehende Unmöglichkeit, dem Raum, der doch nichts sein soll als das zu jeder Art Staatstätigkeit gehörende formelle Moment der Örtlichkeit, eine juristische Eigenbedeutung zu vindizieren gegenüber der Herrschaft des Staates innerhalb dieses Raumes.

Eine derartige begriffliche Sonderung aber war gerade der Patrimonialtheorie niemals eingefallen: sie hatte nur den Grund und Boden als die eigentliche Quelle der gesamten und unteilbaren Herrschaftsbefugnisse über Land und Leute angesehen, ohne je die Herrschaft über das Land von der über die Leute begrifflich scheiden zu wollen. Ein Besitz des Gebietes ohne eine bestimmte Art der Beherrschung der auf ihm lebenden Personen oder eine begriffliche Trennung und verschiedene rechtliche Behandlung beider hatte ihr vollkommen fern gelegen: in Bezug

---

[1] Gerber, Grundzüge des deutschen Staatsrechts, S. 62, 63. Vgl. übrigens die bedeutsame Äußerung von Portalis in seinen Motiven zum Code Napoléon bei Heimburger, Erwerb der Gebietshoheit (1888), S. 19/20 Anm. 2.

[2] Typisch ist hierfür insbesondere Laband: vgl. sein Staatsrecht des deutschen Reiches Bd. I S. 173 f. und das kleine Reichsstaatsrecht S. 35, 36. Dazu die treffenden Bemerkungen von Jellinek, Allgem. Staatsl., S. 386 Anm. 1.

auf die Einheitlichkeit der staatsrechtlichen Anschauung steht also jene dualistisch vermittelnde Theorie hinter der patrimonialen Auffassung des Mittelalters zurück.

3. Die Verfassung der Vereinigten Staaten hat zu allen diesen Fragen explicite gar keine Stellung genommen; ja, sie befindet sich gerade in der Frage der Rechtsstellung des Gebietes in einem ganz besonders schwierigen Zustande. Es kann nicht einmal von einem einheitlichen Standpunkte die Rede sein. Auf der einen Seite wird, soweit die Vereinigten Staaten als auf Staaten aufbauender Bundesstaat in Frage stehen, der naturrechtlichen Grundlage der Verfassung entsprechend, des Gebiets überhaupt nicht Erwähnung getan: der Bundesstaat wird lediglich als Personenvereinigung unter einer mit beschränkten Befugnissen ausgestatteten und den Individuen eine allen staatlichen Einwirkungen entzogene Freiheitssphäre lassenden Regierung aufgefaßt. Auf der anderen Seite aber werden die nicht staatlich organisierten Unionsländer, die „Territorien", rein patrimonial konstruiert: „the Congress shall have power — so heißt es — to dispose of and make all needfull rules and regulations respecting the territory or other property belonging to the United States[1]". Die Territorien sind „Eigentum" der als Personenvereinigung aufgefaßten Union, über das die im Kongreß versammelten Staaten „verfügen" und für deren Verhältnisse sie Normen erlassen sollen. In dem berühmten Dred Scott-Fall hat das Bundesobergericht noch ausdrücklich festgestellt, daß die Kongreßbefugnisse der „territorial clause" gemeint waren „in a proprietary and not in a political sense", daß es sich um „property" nicht um „sovereignty" handelt[2].

Diesem eigentümlichen Zustande gegenüber erheben

---

[1] Artikel IV Sektion 3 Absatz 2.

[2] 182 U. S. 260; 314. Vgl. auch Schlief, Die staatsrechtliche Stellung der Territorien im Archiv f. öffent. Recht, Bd. IV S. 316 bis 319; und v. Holst, Verfassungsrecht der Vereinigten Staaten, S. 96 f.

sich folgende Probleme: Da die Verfassung von Gebietsveränderungen völlig schweigt, ist ein Gebietserwerb auf Grund der Verfassung überhaupt zulässig? oder bedarf es hierzu eines „amendment"? Oder aber liegt das Recht zum Gebietserwerbe implicite in der auswärtigen Gewalt, die als „war power" dem Präsidenten und als „treaty-making power" dem Präsidenten und dem Senate übertragen ist? Und wenn dies der Fall ist, bedarf es dann, um jenen „völkerrechtlichen" Erwerb „staatsrechtlich" wirksam zu machen, einer Zustimmung des Kongresses? oder bedarf ein solcher Vertrag gar zu seiner Gültigkeit im Innern eines verfassungsändernden Gesetzes? — Alles Fragen, die bei dem Schweigen der Verfassung nur beantwortet werden können durch eine Wesensforschung über die Bedeutung des Gebietes und durch Analogieschlüsse, deren Obersätze wiederum aus dem Ganzen der Verfassung und dem hieraus interpretierten Sinne ihrer Einzelbestimmungen gewonnen werden müssen.

III.

Die Lösungsversuche der Inselfälle.

1. Als Grundlage für seine Argumentationen stellt De Lima eine Reihe von „Propositionen" auf; deren erste lautet so: „A treaty duly entered into is law and has the force of a statute until superseded by subsequent enactment[1]". Er stützt diesen Satz auf die bereits genannte Verfassungsbestimmung, nach der alle unter der Autorität der Verfassung geschlossenen Verträge „shall be the supreme law of the land" (Art. VI cl. 3), sowie auf eine große Zahl früherer Entscheidungen des Obergerichts[2].

In diesen wird ausdrücklich anerkannt, daß wohl eine abweichende Doktrin über das Vertragsrecht existiere, nach

[1] 182 U. S. S. 21.
[2] a. a. O. S. 24/5.

der ein von dem treaty-making power abgeschlossener Vertrag nur ein völkerrechtliches Obligationsverhältnis zwischen den kontrahierenden Nationen begründe, aber „of no effect as law within the United States, until given such effect by act of Congress“, — „of no legal force save as an international obligation“. Aber diese Theorie habe bereits der „great Chief Justice“ Marshall, dessen Aussprüche immer mit einer besonderen Verehrung zitiert werden, ausdrücklich abgelehnt und gesagt: „a treaty is in its nature a contract between two nations, not a legislative act... In the United States a different principle is established. Our Constitution declares a treaty to be regarded in courts of justice as equivalent to an act of the legislature whenever it appears, of itself, without the aid of any legislative provision“.

Diesen Standpunkt teilt ohne Einschränkung die Opinion of the Court des De Lima-Falles, Brown, sowie Fuller und Genossen [1]: die Verfassung mache ausdrücklich keinen Unterschied zwischen Gesetzen und Verträgen „as to the question of supremacy“. Auch hier wird eine Reihe bestätigender Vorentscheidungen angeführt. Wenn ein Vertrag und ein Gesetz sich auf denselben Gegenstand bezögen, so hätten die Gerichte sie möglichst so auszulegen, daß beide nebeneinander gelten können; sei dies aber unmöglich, so habe der spätere Akt dem früheren vorzugehen: denn beide befänden sich „on the same footing“; „no superior efficacy is given to either over the other“. Einer der gewöhnlichsten Fälle solcher Staatsverträge, — deduziert Brown bei der Darlegung der Entscheidung weiter, ohne irgendwie die Verträge nach ihrem Inhalt zu unterscheiden, — ist die Zession von Gebieten; es steht für ihn daher der Satz fest: „The territory thus acquired is acquired as absolutely as if the annexation were made, as in the case of Texas and Hawaii, by an act of Congress“.

[1] a. a. O. S. 194/5.

2. Schon diesen Satz wollen die Vertreter der Vereinigten Staaten nicht anerkennen, um nicht den Konsequenzen des Klägers anheimzufallen. Zugleich fühlen sie die weltpolitische und konstitutionelle Unzulänglichkeit dieser Vertragstheorie: der Kongreß, das eigentliche Zentralorgan der Union, kann bei allen Staatsverträgen nicht einfach ausgeschaltet sein! Sie suchen daher die Staatsverträge nach ihrem Inhalt im Hinblick auf eine legislative Mitwirkung des Kongresses zu differenzieren, geraten dabei freilich zu einer Unterscheidung, die in ihrem unsicheren Tasten und Versuchen mehr den Historiker der Staatslehre zu interessieren als praktische Brauchbarkeit zu beanspruchen vermag.

Sie wollen dem treaty-making power wohl die Macht zusprechen, den Grund und Boden zu erwerben, verlangen aber für die eigentliche Ausdehnung der staatlichen Herrschaft über Land und Leute einen legislatorischen Akt des Kongresses [1]: „by the cession, the title to the soil became de jure; but in the status of the islanders as foreigners, and so in the status of Porto Rico as a foreign country no change was to be made until Congress should determine its character". Der Vertrag habe nur die Bedeutung, daß er alle anderen Nationen von dem Grund und Boden ausschließe, aber er habe selbst nicht die Kraft, die Art der Beherrschung der auf diesem Boden lebenden Personen zu bestimmen: „to extend constitutional boundaries, there must be some extention of organic law to the inhabitants or of institutions over the territory". Hierzu genüge nicht der „title of land"; sondern es bedürfe noch einer ausdrücklichen „recognition of the political status of its inhabitants".

Die Ansicht, die hier zu Worte kommt, beruht auf der uns bereits aus der nach-Gerberschen deutschen Staatslehre bekannten Kompromißansicht zwischen der patri-

---

[1] a. a. O. S. 25/6.

monialen und der modernen Auffassung des Gebietes. Wir können zwar eine erfreuliche Neigung zu der wirklich modernen Konstruktion des Gebietes konstatieren, da der entscheidende Ton gelegt ist auf die legislatorische Regelung der Herrschaftsverhältnisse der Einwohner und der politischen Institutionen. Aber als eine Lösung des Problems kann diese Konstruktion nicht angesehen werden. Wenn der Kongreß bei dem Gebietserwerb selbst kein Wort mitzusprechen hat, wenn der „title to the soil" von der Vertragsgewalt allein mit bindender Kraft erworben wird, so muß die Frage offen bleiben, was geschehen soll, wenn der Kongreß nichts von diesem Gebietserwerb wissen will: ob er zu einer Ablehnung des ohne sein Zutun von der Vertragsgewalt geschaffenen Zustandes überhaupt ein Recht hat, oder ob er gezwungen ist die zur Organisation und Beherrschung des neuen Gebietes erforderlichen Summen zu bewilligen und die Organisation vorzunehmen. Es ist eigentlich das ganze Problem, um das es sich bei der Mitwirkung der Legislative bei den Akten der „Föderative" handelt, die Bindung oder Nichtbindung des law-making power an die Handlungen des treaty-making power, nur einen Schritt weiter zurückgeschoben, aber nicht gelöst. Die Scheidung des Landes von den auf ihm lebenden Leuten erweist sich eben als staatsrechtlich unmöglich: die staatsrechtliche Bedeutung des Gebietes erschöpft sich in seiner Funktion als Raum der Herrschaftsausübung; ohne eine bestimmte Art dieser Herrschaftsausübung ist der Grund und Boden eine staatsrechtlich tote Masse, ein Nichts.

Wenn ferner an diesem Konstruktionsversuch rühmend hervorgehoben werden muß, daß er versucht Grenzen für die Alleinzuständigkeit des treaty-making power je nach dem Inhalt der Verträge festzustellen, so steht auch diesem Lobe der Vorwurf der Halbheit und Unausgeglichenheit gegenüber. Denn nicht nur im Porto Rico-Vertrage, sondern in fast allen Zessionsverträgen seit dem Louisiana-Handel befinden sich außer der eigentlichen Abtretung des Gebietes

Vereinbarungen über die handelspolitische Behandlung der zedierenden Nation für eine bestimmte Übergangszeit. In diesen Abmachungen, die sich als eine der Billigkeit entsprechende Bedingung der Zession darstellen, liegt zweifellos mehr als eine Zession des bloßen Grund und Bodens, nämlich bereits eine Regelung der Rechtsverhältnisse, der Institutionen auf dem Gebiet. Und wenn unsere Konstruktion einen wirklichen Versuch bedeuten würde für die Festlegung einer Grenze innerhalb der Vertragsgewalt, so hätte sie zwischen diesen Inhalten gerade von ihrem Standpunkt aus scheiden und jedenfalls diese Vertragsklauseln der freien legislatorischen Zustimmung des Kongresses zuweisen müssen. — Statt dessen wagt sie nicht einmal, ihre eigene Ansicht konsequent durchzuführen: sie hält neben der Inkorporation durch legislativen Kongreßakt doch immer noch eine solche „by express compact in the treaty" für möglich. Neben den Argumenten aus der vom Kläger abweichenden Vertragstheorie findet sich unvermittelt und unvermittelbar immer wieder das Argument, daß der Pariser Friede von 1898 keine ausdrückliche Inkorporationsklausel enthalte und daß aus diesem Grunde der staatsrechtliche Erwerbsakt noch nicht vollendet sei. Immer wieder wird versucht durch eine Interpretation des Vertrages selbst und durch eine Ermittlung des Parteiwillens darzutun, daß man eine Einverleibung vertraglich nicht gewollt habe[1]: zeitweise scheinen sie ihre eigene Vertragstheorie vergessen zu haben. Es ist daher nirgends daran Anstoß genommen, daß die Regelung der handelspolitischen Übergangsverhältnisse durch die Vertragsgewalt unter Ausschluß der Legislative erfolgt ist.

3. In allen diesen Fragen hat die Ansicht der Kläger und der Gerichtsmajorität des De Lima-Falles, die den Staatsvertrag dem Gesetze völlig gleichstellen und beiden dieselben Gegenstände zuweisen, jenem Konstruktionsversuch gegenüber den großen Vorteil logischer Konsequenz. Nach

---

[1] a. a. O. S. 137/8.

ihr schafft der Vertrag unmittelbar Recht für das ganze Land, inkorporiert das neue Gebiet unmittelbar und läßt daher das Verfassungsrecht der Union unmittelbar in Kraft treten.

Dem Kläger sind zwar die von uns aufgedeckten Halbheiten in der Ausführung des Attorney und Sollicitor nicht zu vollster Klarheit gelangt, aber er fühlt doch die innere Unausgeglichenheit der gegnerischen Konstruktion. Wenn der völkerrechtliche Vertrag — so führt De Lima aus — nur die Bedeutung haben soll, die fremden Nationen von dem Grund und Boden auszuschließen, ohne das Land unmittelbar dem Unionsverfassungsrechte zu unterstellen, dann wäre in der Zeit zwischen der Ratifikation des Friedensvertrages und dem organisierenden Kongreßakt keine auf der Verfassung ruhende Regierung in dem neuen Gebiete tätig. Die hier fungierenden Beamten wären, so wohlgemeint ihre Handlungen auch sein möchten, mangels einer verfassungsmäßigen Unterlage „mere usurpers and acting without the law and without the authority of the sovereign creating the law". Die Unmöglichkeit einer Trennung des Gebietes von der Ausübung der Staatsgewalt auf ihm ist deutlich in diesem Gegenargument erkannt.

Hatten wir bisher nur die Konsequenz dieser Vertragstheorie der Kläger, Browns und der Richter Fuller und Genossen gegenüber den unsicheren Versuchen und den Rückfällen der gegnerischen Konstruktion betont, so verdient nunmehr auch eine gelegentliche Inkonsequenz und damit zugleich ein höchst wertvoller Vorstoß von Fuller und Genossen gegen die von ihnen eigentlich vertretene alt-amerikanische Vertragslehre hervorgehoben zu werden. Als Dissenting Opinion im Downes-Falle machen auch sie Andeutungen, in deren Konsequenz ein Kriterium für die Fixierung von Grenzen der Alleinzuständigkeit des treaty-making power liegt. Ausgehend von dem selbstverständlichen und harmlosen Satze, daß Staatsverträge niemals die Verfassung ändern oder gegen deren Normen verstoßen dürfen, kommen sie zu der bedeutsamen These, die eigentlich ihre ganze Theorie von der gleichen Geltungskraft und der Koordination von Gesetz und Vertrag über den Haufen wirft: „And it certainly cannot be admitted that the power of Congress to lay and collect taxes and duties can be curtailed by an arrangement made with a foreign nation by the President and two thirds of a quorum of the Senate“ [1]. Wir werden in der Tat in dieser „Nichtverkürzung der Rechte der Legislative“ das leitende Prinzip für unsere eigenen systematischen Erörterungen finden. Für Fuller und Genossen bleibt es jedoch bei dieser ganz gelegentlichen Bemerkung über das Zoll- und Steuerrecht des Kongresses; sie wird nicht einmal auf seine sonstigen Kompetenzen ausgedehnt, geschweige denn irgendwie für ihre Argumente herangezogen: steht sie doch auch in striktem Gegensatz zu ihrem Ziel.

Ja, sie wird nicht einmal zur Erklärung der Präzedenzfälle aus der Geschichte und der Judikatur verwendet, obgleich sich diese keineswegs mit der alt-amerikanischen Konstruktion des Vertragsrechtes und des Gebietserwerbes überall im Einklang befinden. Es wissen vielmehr beide Ansichten Belege aus diesen Präzedenzfällen für sich anzuführen und in ihrem Sinne zu interpretieren: die Argumentationen in dem Falle Cross v. Harrison werden sogar von beiden in Anspruch genommen.

4. Gegenüber diesem anarchischen Zustande schlagen die Richter White und Genossen als Concurring Opinion des Downes-Falles vor, die zu lösenden Probleme an der Wurzel anzufassen und in wahrhaft prinzipieller Weise, zunächst einmal unbekümmert um die Präzedenzfälle, zu erörtern [2]: „I propose to consider the subject from the Constitution itself, as a matter of first impression“. Sie unternehmen es daher, ihren Ausführungen eine Reihe von Auslegungsregeln voranzustellen,

---

[1] a. a. O. S. 370.
[2] a. a. O. S. 288/9, 300 f.

die wesentlich auf zwei durchaus richtige Grundsätze herauskommen.

Es soll dem bloßen und ausdrücklichen Wortlaut der Verfassung kein zu großer Wert beigemessen werden. Selbst beim Schweigen der Verfassung gibt es häufig Kompetenzen „conferred . . . by lawful implication“. Eine solche nicht explicite normierte Befugnis ist „an attribute which legitimately inheres in the nature of powers given, and which flows from the character of the government established by the Constitution“. Diese Kompetenzen müssen also durch eine Deduktion gewonnen werden. Sie widersprechen aber darum nicht etwa der Natur des amerikanischen Konstitutionalismus, der nur ein „government“ mit „enumerated powers“ kennt: denn die Deduktion soll gerade von dem „character of the government established by the Constitution“ und von dem Wesen „of powers given“ ausgehen. — Und zweitens: Die Bestimmungen der Verfassung sollen niemals in ihrer Vereinzelung einer bloß logischen Interpretation unterworfen werden. Die Verfassung bildet ein Ganzes, aus dem heraus jede Einzelbestimmung im Zusammenhang mit allen anderen ausgelegt werden muß. Es kann darum eine *Einzelbestimmung niemals richtig interpretiert sein, wenn sie* andere in ihrer Bedeutung vernichten oder illusorisch machen würde. Schon als Dissenting Opinion im De Lima-Fall hatten White und Genossen den Satz aufgestellt[1]: „it would seem to be certain that the treaty-making power would not forestall Congress or accept with the cession of territory the destruction of the fiscal and industrial policies of the country“. In unverkennbarem Hinblick auf das Verhältnis der Vertragsgewalt zur Legislative wird dieser Gedanke im Downes-Fall ganz allgemein etwa so formuliert: wenn ein „department of the government“ mit einem Gegenstand befaßt ist, der zugleich zur Kompetenz eines anderen „department“ gehört, das zunächst

---

[1] a. a. O. S. 216.

zwar nichts mit ihm zu tun zu haben schien, so darf die Zuständigkeit dieses Zweiges der Regierung doch nicht ignoriert werden; denn es ist unmöglich, daß „the controlling influence" eines department „may be frustrated by the action of any or all the departments of the Constitution. All powers confered by the Constitution must be interpreted with reference to the nature of the government and be construed in harmony with related provisions of the Constitution"[1].

Diese Auslegungsregeln sollen dann auf die Vertragsgewalt angewendet werden, für die es gilt eine alle anderen Kompetenzen überwuchernde und vertilgende Interpretation auszuschließen. Aus einer völligen Gleichstellung des treaty- und des law-making power aber müßte folgen, daß jenes „is endowed by the Constitution with the most unlimited right, susceptible of destroying every other provision of the Constitution, that is, it may wrek our institutions"[2]. An sich wäre das House of Representatives mitberufen zur Entscheidung über die Aufnahme fremder Rassen in die Union; an sich hätte der gesamte Kongreß die Kompetenz Normen über den Handel aufzustellen, sowie das Recht alle Abgabengesetze zu erlassen, die nach der Verfassung sogar vom Repräsentantenhause ausgehen müssen. Aber nicht nur diese, sondern alle Kompetenzen des Kongresses würden durch eine die Vertragsbestimmung der Verfassung aus deren Gesamtzusammenhang herausreißende und isolierende Auslegung „be in effect set at nought by the treaty-making power". Dieser Zweig der Regierung, „instead of having the symmetrical function which belongs to it from its nature", würde zu einer Macht werden, die den sachlichen Zusammenhang aller Verfassungssätze verrücken und den Geist der Konstitution vernichten müßte.

---

[1] a. a. O. S. 312.
[2] a. a. O. S. 313.

Nach diesen sehr viel versprechenden Anfängen enttäuschen aber leider die eigentlichen Ausführungen der Concurring Opinion. Von einer prinzipiellen Wesensforschung über die Rechtsnatur des Gebietes oder des völkerrechtlichen Vertrages ist keine Rede: die nach ihren Ankündigungen erwartete grundsätzliche Untersuchung darüber, wo nun eigentlich die Grenze verläuft, die das, was die Vertragsgewalt ohne den Kongreß gültig festsetzen kann, von dem scheidet, wo eine Mitwirkung der Legislative notwendig ist, fehlt vollständig; es wird vielmehr überhaupt nur das Problem der Gebietsverträge behandelt.

Die Vertreter der Vereinigten Staaten hatten die Frage der Kongreßmitwirkung dadurch zu lösen versucht, daß sie bei jedem Gebietsvertrage zwei abstrakte Momente unterschieden, und wegen des einen dieser Momente immer eine Zustimmung der Legislative forderten. White und Genossen stellen im Gegensatz hierzu eine Unterscheidung zwischen zwei Arten von Erwerbsverträgen auf, von denen nur die eine einer Teilnahme des Kongresses bedarf: ein Staat könne neues Gebiet erwerben entweder in der Art, daß er es in vollem Umfange und in jeder Beziehung „inkorporiert“, zu einem vollgültigen „part of the United States“ macht; oder aber er könne es als bloßes ihm unter Ausschluß aller anderen Nationen gehöriges „Eigentum“ erwerben und es unter Nichtanwendung aller Verfassungsbestimmungen und Gesetze, die den besonderen Zwecken, zu denen es dem Eigentümer dienen solle, regieren: „the nation to which they belong may exercise such jurisdiction and for such a period as it seems fit over territory so acquired“ [1] Die Spitze dieser Unterscheidung richtet sich gegen die Auffassung der Kläger und der Majorität des De Lima-Falles, welche nur die eine Erwerbsart kennt, welche notwendig die sofortige Geltung

---

[1] a. a. O. S. 307.

der gesamten Verfassung im Gefolge haben müsse und jede Kolonialgewalt unmöglich machen würde.

Jedoch dieser Unterschied zwischen „incorporation“ und bloßem „Eigentum“ hat in der Verfassung der Vereinigten Staaten keine Unterlage. Diese kennt nur „States“ und „territories and other property belonging to the United States“: aber eine Unterscheidung zwischen Territorien, die „inkorporiert“ sind, und solchen, die es nicht sind, ist ihr unbekannt. Das von White und Genossen hiermit geübte Verfahren, neue begriffliche Unterscheidungen neben den von der Verfassung aufgestellten zur Konstruktion zu verwenden, ist aber vollkommen unstatthaft: einen Tatbestand nach einem bestimmten Gesetz konstruieren, heißt, ihn eben nach den in diesem Gesetz enthaltenen Kategorien erfassen, und es ist nicht angängig, Begriffe und Unterscheidungen, die dem Gesetz fremd sind, einfach zu postulieren. Solche neuen Unterscheidungen bedürften einer Änderung des bisherigen Gesetzes!

Mit dieser Konstruktionsmethode gehen aber White und Genossen auch weit hinaus über die Interpretationsregel, die sie an den Anfang ihrer Erörterung gestellt hatten. Denn sie hatten dort lediglich vorgeschlagen, Deduktionen vorzunehmen aus der Natur des „government established by the Constitution“ und aus dem Wesen von „powers given“. Und es ist in der Tat wohl berechtigt, aus den von einem Gesetz gegebenen Begriffen auch Konsequenzen zu deduzieren, die von dem Gesetz selbst nicht ausdrücklich gezogen sind; ja, der konstruierende Jurist soll alle Konsequenzen ziehen, die nur aus ihnen gewonnen werden können. Es ist aber etwas hiervon durch eine Welt Verschiedenes, neue begriffliche Unterscheidungen einzuführen, die der Gesetzgeber nun einmal tatsächlich nicht getroffen hat.

Die Deduktionen der Concurring Opinion beginnen in der Tat nicht mit irgend einem verfassungsmäßig feststehenden Begriffe, sondern sie gehen von dem — an sich rein formalen — Souveränitätsbegriffe aus. Um aus diesem aber Konsequenzen ableiten zu können, müssen sie ihn natürlich in einem ganz bestimmten inhaltlichen Sinne nehmen, den sie ohne weitere Begründung einfach postulieren müssen; sie antizipieren so das ganze, nur scheinbar deduzierte Resultat. Es folge — so sagen sie — aus dem Begriffe der Union als eines souveränen Gemeinwesens das Recht zur Erweiterung ihres Herrschaftsbereiches, und damit wieder das Recht, nach souveränem Ermessen zu bestimmen, in welcher Weise sie die erworbenen Gebietsteile beherrschen und fruktifizieren wolle, — als „implied powers". Die „Inkorporation" sei nur eine von zahlreichen solcher Beherrschungsmöglichkeiten; wenn sie die einzige wäre, dann wäre die Union eben nicht souverän, sondern „helpless in the family of nations and does not possess that authority which has at all times been treated as an incident of the right to acquire".

Zur näheren Begründung dieses Souveränitätsbegriffes wissen White und Genossen nur eine lange Reihe von Beispielen anzuführen. Sie bemühen sich eine große Zahl von Zwecken aufzuweisen, die als notwendige Lebenszwecke eines souveränen Gemeinwesens gelten sollen, und darzutun, wie diese unerreichbar wären, wenn bei jedem Gebietserwerb ohne Wahlmöglichkeit sofortige „Inkorporation" eintreten müßte. Es wird z. B. ein unzivilisiertes Gebiet entdeckt, das einen reichen Boden hat, und dessen Besitz für kommerzielle und strategische Zwecke von größter Wichtigkeit für die Union wäre. Bei unmittelbarer „Inkorporation" würden mit der Verfassung unter anderen auch deren Steuerimmunitäten Platz greifen; die direkten Steuern müßten in diesem Lande von Halbwilden wie überall nach dem Verhältnis der Bevölkerungsziffer erhoben werden, was einen völligen Ruin dieses natürlich nicht ebenso leistungsfähigen Landes, also das Gegenteil des Erstrebten herbeiführen würde. — Im Auslande sind Untertanen der Vereinigten Staaten durch politische Übergriffe schwer geschädigt worden; ein Ersatz des Schadens ist nur möglich, wenn eine Besetzung und geregelte Verwaltung dieses Landes für unbestimmte Zeit möglich wäre, ohne daß diese Verwaltung an die Immunitäten der Verfassung gebunden ist. Weiter: eine Schiffahrtsstation oder ein Kohlenplatz sind erforderlich als Stützpunkte des amerikanischen Handels; oder man braucht zum Schutze eines der amerikanischen Schiffahrt dienenden und von ihm erbauten „interoceanic canal" den benachbarten Landstreifen, aber dessen Bewohner sind „utterly unfit for American citizenship and incapable of bearing their proportionate burden of the national expense": wäre „Inkorporation" die einzig mögliche Form, Gebiet staatlich unter Ausschluß fremder Nationen zu beherrschen, so wären alle diese notwendigen Lebenszwecke für die Vereinigten Staaten unerreichbar.

Der Souveränitätsbegriff, auf dem diese Argumentationen ruhen, ist eben bereits von dem Boden einer imperialistischen Weltpolitik aus gebildet; und mit dessen Negierung muß das ganze Gedankengebäude zusammenstürzen. Die Zulässigkeit dieser Politik aber aus der Verfassung zu begründen, ist die Aufgabe, welche es allererst zu lösen galt: denn gerade diese wird von den Klägern bestritten. Im übrigen behaupten Fuller und Genossen sowie die Kläger gar nicht, daß die Union als souveränes Gemeinwesen alle jene weltpolitischen Akte nicht vornehmen könne; sie bestreiten dies Recht lediglich dem von der Verfassung eingesetzten „government", ja betonen ausdrücklich, daß die Union als souveräner Staat alles tun könne, verlangen hierfür nur, soweit das government dazu nicht ermächtigt ist, eine vorherige Verfassungsänderung. Sie wollen daher keineswegs die Union unbedingt von der Weltpolitik ausschließen und „helpless in the family of nations" machen, sondern fordern nur, daß die Regierung vor einem besonderen amendment sich bei jedem Gebietserwerb die Frage vorlegen solle, ob eine Beherrschung desselben unter Berücksichtigung aller Immunitäten und bestehenden Gesetze auch möglich sei. Und diese Ansicht ist durch White und Genossen durch nichts widerlegt, ja sie ist von ihnen nicht einmal verstanden worden.

Das Allerbedenklichste an dieser Methode von White und Genossen aber ist, daß dieser Gegensatz von inkorporiertem Gebiet und bloßem Eigentum natürlich keine nur theoretische Unterscheidung bleibt, sondern daß beide eine verschiedene rechtliche Behandlung erfahren sollen. Während die Vertragsgewalt fähig sein soll ohne Mitwirkung des Kongresses zu Eigentum zu erwerben, halten sie sie für „devoid of authority to incorporate territory into the United States without the assent, express or implied, of Congress“ [1]. Diese Verschiedenheit in der Behandlung beider Erwerbsarten ist völlig willkürlich, da ja die Verfassung in keiner ihrer Bestimmungen diese Erwerbsarten scheidet. Die Concurring Opinion enthält auch nirgends den Versuch diese These aus der Verfassung zu rechtfertigen, und aus ihren Bestimmungen zu deduzieren, wo prinzipiell die Grenze verläuft, welche die Alleinzuständigkeit der Vertragsgewalt von einer Konkurrenz der Legislative trennt. Es ist nur gelegentlich unter Hinweis auf die Verfassungsbestimmungen, die vorschreiben, daß die Aufstellung von Normen für den Handelsverkehr und jede Bewilligung von Geldern durch den Kongreß zu erfolgen habe, auf eine Grenze der Vertragsgewalt hingewiesen. Da aber über den Gebietserwerb entsprechende Normen in der Konstitution fehlen, so wären gerade hier nach den von der Concurring Opinion selbst aufgestellten Interpretationsregeln prinzipielle Untersuchungen über das Wesen des Gebietes und seines Erwerbes notwendig gewesen. Aber zu alledem ist bei White und Genossen nicht einmal ein Ansatz vorhanden. Die Konstruktion der Concurring Opinion steht vollkommen in der Luft.

Die einzigen, wirklich in der Verfassung enthaltenen

---

[1] a. a. O. S. 319.

Begriffe, an welche sie anknüpft, sind das war-power und das treaty-making power. Wie aber aus diesen eine verschiedene Behandlung von Inkorporation und bloßem Eigentum gefolgert, oder eine Mitwirkung des Kongresses abgeleitet werden kann, muß stets unerfindlich bleiben. Gerade diese beiden Zweige der Regierung, die primär dem Präsidenten zustehen, dürften alles eher als eine legislative Mitwirkung des Kongresses nahe legen. Auf der anderen Seite aber findet die Concurring Opinion wieder nichts daran auszusetzen, daß in den Zessionsverträgen meist jene Übergangsbestimmungen über den Handelsverkehr und die Zollverhältnisse des erworbenen Gebietes aufgenommen zu werden pflegen, trotzdem sie selbst darauf hingewiesen hatte, daß die Behandlung eines Gegenstandes durch die Vertragsgewalt diesen nicht der „controling influence" der Legislative entziehen dürfe. Aber solche zutreffende Bemerkungen scheinen nur ganz gelegentliche gewesen zu sein, ohne irgendwie organisch aus einer Grundauffassung zu folgen oder im Zusammenhange des Ganzen gedacht zu sein.

Wie wenig durchgedacht diese ganze Theorie ist, zeigt sich weiter bei der Durchführung im einzelnen: die Funktion und Bedeutung der Kongreßzustimmung im Verhältnis zum Abschluß des Vertrages ist ohne jede Klarheit geblieben. Wenn der Vertrag für sich „devoid of authority to incorporate" sein und der Kongreß allein diese Wirkung herbeizuführen imstande sein soll, so darf es für die Frage der Inkorporation niemals auf eine Interpretation des Vertrages ankommen, da der Vertrag als solcher hierüber ja garnichts auszumachen vermag: und doch kommt es schließlich auch bei White und Genossen auf eine Auslegung des Zessionsvertrages und auf eine Ermittelung des Parteiwillens an, ja sie unterscheiden Verträge mit Inkorporationsklausel von solchen ohne diese. Und weiter: eine stillschweigende Zustimmung, ein „implied assent of Congress", müßte ausgeschlossen sein, da die Inkorporation gegenüber dem Eigentumserwerb ein Plus bedeutet, das eine ausdrückliche

Beschlußfassung erforderlich machen müßte. Trotzdem soll diese nur notwendig sein, wenn der Zessionsvertrag keine Inkorporationsklausel enthält; sonst soll der Vertrag „law of the land“ werden, wenn der Kongreß ihn — nicht ablehnt. Bei dieser Lösung des Problems aber ist es unmöglich festzustellen, ob bei einem Vertrage mit Inkorporationsklausel diese auf Grund des Vertrages oder auf Grund des Schweigens des Kongresses eintritt, und von welchem Zeitpunkt an die Inkorporation datieren soll: der Vertrag selbst soll unfähig zur Inkorporation sein, und die Nicht-Ablehnung des Kongresses ist undatierbar!

Trotz dieser ungehobenen Schwierigkeiten finden wir aber wiederum auch bei dieser Ansicht nicht wertlose Inkonsequenzen und Andeutungen des richtigen Weges. Wenn es auch heißt, daß der eine Inkorporationsklausel enthaltende Vertrag „law of the land“ wird, so sagen doch White und Genossen andererseits viel treffender, daß es der Kongreß ist, der „by fulfillment of such conditions cause incorporation to result“. Die Natur des Gebietes als bloßen Raumes einer möglichen Herrschaftsausübung ist hier fein erkannt: erst wenn staatsrechtliche Akte die zur Beherrschung nötigen Bedingungen schaffen, ist die Inkorporation wirklich herbeigeführt („caused to result“). Noch deutlicher haben sie diesen Gedanken als Dissenting Opinion des De Lima-Falles ausgedrückt[1], wenn sie als Kriterium der vollendeten Inkorporation aufstellen, daß die „instrumentalities“, z. B. „of the custom laws“, geschaffen sein müssen, um ein Gebiet zum Inland zu machen, und wenn sie dies Prinzip anpriesen als „proper for judicial application“, als „a guide to executive and wise in practice“, weil es berücksichtige und zu ihrem Rechte kommen lasse „the different functions of the executive, legislative and judicial departments and . . . their independence“.

Aber gerade an diesen zutreffenden und die Natur des

---

[1] a. a. O. S. 206.

Gebietes richtig würdigenden Ausführungen muß sich die Unhaltbarkeit der Unterscheidung von Inkorporation und Eigentumserwerb deutlich zeigen. Denn auch das zu bloßem Eigentum erworbene Gebiet ist nur Raum für staatliche Beherrschungen, welche ebenso wie bei inkorporiertem Gebiet „instrumentalities" bedarf; und diese „instrumentalities" können hier wie dort nur geschaffen werden durch legislative staatsrechtliche Akte[1]. So sehen wir auch zum Schlusse noch einmal bestätigt, wie White und Genossen das Problem, das sie sich gestellt hatten, die Grundlagen für eine Weltpolitik durch begriffliche Deduktionen in Einklang zu bringen mit den alt-amerikanischen Verfassungsprinzipien, keineswegs gelöst haben.

Ebensowenig kann ihr Versuch, ihre „deduktiv" gefundenen Sätze durch eine „induktive" Betrachtung der geschichtlichen Präjudizien zu bestätigen[2], als ein gelungener bezeichnet werden. Während aber jene Aufgabe, wie unsere späteren Ausführungen zu zeigen haben werden, eine lösbare ist, handelt es sich hier um ein tatsächlich von vornherein unlösbares Problem.

5. Die Regierung hat sich im Laufe der Geschichte ebensowenig wie der Supreme Court immer von den gleichen Prinzipien leiten lassen. Auch hier finden wir ein unsicheres Versuchen und Tasten die Schwierigkeiten zu heben, die in dem Stande der konstitutionellen Doktrin und der Verfassungsformulierungen liegen. Von Anfang an aber können wir auch hier das Bestreben konstatieren, die Kompetenzen des treaty-making power inhaltlich zu begrenzen.

Am ausführlichsten wurde die Frage bei der ersten großen Gebietserweiterung der Vereinigten Staaten, beim

---

[1] Sehr treffende Bemerkungen gegen diese Konstruktion finden sich bei Randolph a. a. O. S. 14 f., 24 f., 27 f. Vgl. auch unten C I 1 dieser Schrift.

[2] 182 U. S. 300.

Louisiana-Handel erörtert; über die hierbei gepflogenen Diskussionen verbreiten sich daher naturgemäß die verschiedenen Ansichten der Inselfälle am eingehendsten. — Präsident Jefferson hatte Zweifel darüber, ob die Union mangels einer ausdrücklichen Verfassungsvorschrift überhaupt ohne amendment zu irgend welchen Gebietserweiterungen kompetent sei. Er konsultierte daher zunächst den Attorney General Lincoln. Dessen Gutachten ging dahin, daß man zu einer Inkorporation, die eine Übertragung der Rechte und Immunitäten des amerikanischen Volkes auf eine fremde Bevölkerung in sich schlösse, eigentlich einer Verfassungsänderung bedürfe, daß man dem aber entgehen könne, wenn man den Vertrag in die Form einer bloßen Grenzänderung, „change of boundaries", statt in die einer Zession kleidete. Es war jedoch ein Zeichen für das gesunde staatsrechtliche Gefühl Jeffersons, daß er von dieser formalistischen Konstruktion, deren unnatürliche Zerreißung von Gebiet und Volk sich deutlich in der Möglichkeit die Inkorporation eines Volkes durch eine Veränderung der Gebietsgrenze zu umgehen zeigt, nicht befriedigt war und dies Gutachten an den Schatzsekretär Gallatin zur Kritik sandte. Dieser mißbilligte die Lincolnsche Konstruktion und war der Meinung, daß das Recht zum Erwerbe des Gebietes der Vertragsgewalt zustehe, und daß der Kongreß berufen sei zu beschließen, wie man das so erworbene Gebiet beherrschen solle: als neuen Staat, als Annex zu einem der bisherigen Staaten oder als Territorium der Union. Aber auch hiermit war Jefferson nicht einverstanden. Augenscheinlich weil auch hierbei die Frage ungelöst blieb, ob der Kongreß bei diesem Beschluß an die von der Vertragsgewalt stipulierte Gebietserwerbung gebunden sei oder in legislativer Freiheit entscheiden dürfe; und weil sich schwerwiegende inner- und äußerpolitische Konflikte ergeben müßten, wenn der Kongreß keine der möglichen Beherrschungsformen, also den ganzen Gebietszuwachs nicht gutheißen wollte. Diesen Bedenken hatte die völlig zutreffende staatsrechtliche Einsicht zu Grunde gelegen, daß sich das Gebiet nicht nur von dem auf ihm wohnenden Volke, sondern auch von der Form, in der Land und Leute zu beherrschen sind, nicht trennen lasse.

Er hielt nach wie vor eine Verfassungsänderung für notwendig und bereitete zwei amendments für die Annahme durch das „Volk" vor; er instruierte dementsprechend den Gesandten in Frankreich Livingstone dahin, daß er sich hüten müsse in den Vertrag Bestimmungen über Inkorporation oder andere verfassungsmäßig unmögliche Dinge aufzunehmen. Hiermit übereinstimmend lautete auch die Instruktion des Staatssekretärs Madison an die „commissioners": „to incorporate the inhabitants of the hereby ceded territory with the citizens of the United States, being a provision which cannot now be made, it is to be expect from the character and policy of the United States that such incorporation will take place without unnecessary delay".

Wegen der unsicheren äußerpolitischen Lage und der Eile, die zum Abschluß des Handels drängte, konnte jedoch Livingstone diesen Instruktionen nicht genau folgen und nahm in den Vertrag eine Klausel auf, welche die künftige Inkorporation in Aussicht stellte: „the inhabitants of the ceded territory shall be incorporated in the Union of the United States and admitted as soon as possible according to the principles of the Constitution to the enjoyment of all the rights, advantages and immunities of the citizens of the United States". Man wird diesem Ausweg das Lob großer Geschicklichkeit nicht absprechen können. — Aber auch im Kongresse, in dem die Meinungen sehr gespalten waren, kam die Prinzipienfrage wegen der gebotenen Eile nicht zum Austrag. Aus demselben Grunde legte auch Jefferson die von ihm vorbereiteten amendments dem „Volke" nicht vor, und wandte sich nur mit Gesetzesvorschlägen an den Kongreß. So kamen schließlich 1803 zwei Akte zustande: der eine „authorizing the President to take possession of the territory and to continue the existing government", und der andere „making provision for the payment of the purchase price". — 1804 wurde Louisiana durch ein Gesetz „providing for a temporary government" provisorisch und 1805 endgültig „organisiert".

Die Geschichte dieses Louisianahandels mit ihren verschiedenen Zweifeln und Gestaltungsversuchen scheint uns besonders lehrreich und interessant zu sein, weil in ihr die Meinungen der Männer zu Tage treten, die selbst noch die Zeit der Revolution, der Verfassungskämpfe und des Verfassungsbaues miterlebt hatten. Ganz deutlich tritt bei allen das Bewußtsein auf, daß man der Vertragsgewalt nicht die endgültige Normierung aller Gegenstände überlassen dürfe, die überhaupt im Wege völkerrechtlicher Vereinbarungen erledigt werden können. Der Hinweis auf Artikel VI, den wir sowohl beim Kläger als auch bei der Majorität des De Lima-Falles kennen gelernt haben, und der Schluß, daß allen ratifizierten Verträgen, welches auch ihr Inhalt sei, die Kraft von Landesgesetzen zukommen müsse, und daß unmittelbar mit der Ratifikation eines Zessionsvertrages das zedierte Gebiet in jeder Beziehung „inkorporiert" sei, sind uns nirgends begegnet. Man ist von ihnen soweit entfernt, daß man vielmehr ernsthaft die Notwendigkeit einer Verfassungsänderung diskutiert und von ihr vielleicht nur wegen der besonderen politischen Lage abgesehen hat. Die Gebietstheorie des Attorney General Lincoln, die noch die meiste Ähnlichkeit mit den Kompromißansichten der Inselfälle hat, ist gleichmäßig vom Präsidenten und den Staats- und Schatzsekretären verworfen worden: auch er war übrigens primär für ein amendment und sein Vorschlag sollte nur ein Ausweg vor den hiermit verbundenen Schwierigkeiten sein. Und auch im Kongreß hat man sich schließlich nur entschlossen von einem amendment abzusehen: *der Gebietserwerb ist jedoch auf Grund von* Gesetzen vollzogen worden, und Gesetze haben die bisherige militärische Regierung über den Krieg hinaus gutgeheißen, haben ein provisorisches Regiment eingeführt und erst viel später eine Verleihung der Immunitäten vollzogen. Wie die anderen Ansichten der Inselfälle ist auch die Inkorporationstheorie von White und Genossen den Männern des Louisiana-Erwerbes unbekannt.

Daß man dies Vorgehen für richtig hielt, geht daraus hervor, daß 1819 fg. beim Erwerbe von Florida dieselben Prinzipien befolgt wurden[1]. Auch hier wurde durch ein besonderes Gesetz der Präsident ermächtigt von dem zedierten Gebiete Besitz zu ergreifen. Da aber die tatsächliche Übergabe von Ost- und West-Florida erst mehrere Monate nach diesem Gesetze erfolgte, so wurde erst von diesen Tagen der effektiven Besitzergreifung an das Gebiet von den Zollbehörden als Inland behandelt[2]. Die Erwerbung von Texas kommt für uns weniger in Betracht, da es sich hier um keinen vertragsmäßigen Erwerb, sondern um eine „Annexion" handelt. Aber auch diese ist nicht etwa erfolgt durch bloßen Akt des zur völkerrechtlichen Vertretung berufenen Präsidenten, sondern auf Grund eines legislativen Aktes des Kongresses[3].

Diese Prinzipien wurden erst streitig bei dem Erwerb von Kalifornien und Neu-Mexiko. Hier platzten die Meinungen schon im Kongreß lebhaft aufeinander: denn es waren von diesem Erwerbe die Interessen der sklavenhaltenden Südstaaten und die der Nordstaaten betroffen[4]. So ist es hier denn auch zu einer wichtigen Gerichtsentscheidung im Falle Cross v. Harrison gekommen, die bei der Erörterung der Inselfälle im Streite der Meinungen, wie man wohl sagen kann, im Mittelpunkte steht. Die Regierung hatte hier gerade den Weg eingeschlagen, den im Louisianahandel der Attorney General als Ausweg vorgeschlagen,

---

[1] 182 U. S. 189, 190; 333, 334.

[2] Vgl. hierzu auch die Rede von Henry Clay: v. Holst, Verfassung u. Demokratie d. Verein. St. v. Am., Bd. I 3 S. 138/9.

[3] 182 U. S. 191, 336, 337.

[4] Vgl. z. B. auch Randolph a. a. O. S. 37.

den man aber allgemein abgelehnt hatte[1]: der Vertrag war in die Form einer bloßen Grenzveränderung gekleidet worden[2], und der Kongreß hatte bei diesem Gebietserwerb zunächst nicht mitzusprechen gehabt. Erst später wurde er mit den Verhältnissen des neuen Gebietes befaßt: und es kamen verschiedene Gesetze zustande, die bereits vor dem „fait accompli" eines endgültig inkorporierten Gebietes standen. Die Ratifikation des Friedensvertrages[3] hatte am 30. Mai 1848 stattgefunden, die Verkündung am 4. Juli; aber erst am 3. März 1849 wurde San Francisco auf Grund eines Gesetzes einem „collection district" zugeteilt, und am 13. November trat der vom Präsidenten ernannte Zolleinnehmer sein Amt an. Inzwischen aber wiesen der Staats- und der Schatzsekretär die Beamten der militärischen Regierung und die Zolleinnehmer in Kalifornien an, dies Gebiet in Bezug auf die Zollgesetze wie Inland zu behandeln. Diese Instruktionen waren denen gerade entgegengesetzt, die im Louisiana-Fall der damalige Schatzsekretär hatte ergehen lassen: man war also offenbar der Meinung, daß das entgegengesetzte Vorgehen der Regierung auch eine entgegengesetzte Behandlung der Zollfragen erfordere.

Es ist nun interessant zu sehen, wie sowohl die Dissenting als auch die Concurring Opinion der Inselfälle die hier befolgten und vom Supreme Court in Cross v. Harrison gebilligten Prinzipien für sich zu deuten wissen. Die Gegner der Kolonialpolitik, die Kläger sowie Fuller und Genossen, die eine sofortige Inkorporation mit dem bloßen Vertrage eintreten lassen wollen, halten mit dieser Entscheidung die bis dahin von der Regierung und vom Obergericht befolgten Grundsätze für „overruled", die neuen für allein maßgeblich, zumal man im Alaska-Fall ähnlich vorgegangen war. Aber auch White und Genossen lassen sich durch diese Entscheidung nicht irre machen. Es muß zunächst

[1] 182 U. S. 334, 335.
[2] Vgl. Macdonald a. a. O. Bd. II S. 365 f., 390 f.
[3] 182 U. S. 191 f.

ihr schließlich immer anwendbarer Begriff des „implied assent" helfen: die Entscheidung sei nicht nur nicht in Konflikt mit den von ihnen aufgestellten Prinzipien, — „but enforced it, since the action taken assumed, not that incorporation was brought about by the treaty-making power wholly without the consent of Congress, but only that the treaty provided for incorporation in express terms, and Congress had acted without repudiating it, its provisions should be at once enforced" [1].

Mit treffenderen Argumenten hatten sie im De Lima-Fall die Heranziehung von Cross v. Harrison von Seiten des Klägers zu entkräften versucht. Sie können in dieser Entscheidung keine Bestätigung dafür sehen, daß die vollständige Inkorporation eines Gebietes „immediately upon the cession" Platz greife. Man müsse den Vorgang anders konstruieren [2]. Der Rechtsgrund, auf dem ihrer Meinung nach die Anwendung der Zollgesetze beruhe, sei keineswegs jenes unmittelbare Platzgreifen, sondern die besondere von dem Präsidenten an die Zollbeamten ergangene Dienstvorschrift. Auf die beiden Fragen: „when did the laws cease which had been instituted as a belligerent right, and how did they cease?" — könne es nur die eine Antwort geben: „they ceased when the President withdraw them and because he withdraw them". Denn bis zur vollgültigen Inkorporation des neuen Gebietes durch den Kongreß sei der Präsident auf Grund seines war-power das zuständige Organ der Union; die Präsidentschaftsregierung müsse so lange dauern, bis der Kongreß ihr ein Ende macht; sonst wäre ja das neue Gebiet in der Zwischenzeit ganz ohne Regierung. Gewiß: „Congress could have put an end to it, but that was not done"; die Folge dieser „inaction" sei daher, „that it was meant to be continued

[1] 182 U. S. 335.
[2] 182 U. S. 207 f.

until it had been legislatively changed". — Daß diese Konstruktion des kalifornischen Erwerbes auch in der Entscheidung von Cross v. Harrison gebilligt sei, gehe daraus hervor, daß sie mehrfach die Verordnungen und Anweisungen der Exekutive an die Zollbeamten besonders betont: „it the laws of Congress instandly apply, why was the recognition of the President necessary?! — if the assent and recognition of the President were not necessary, why dwell upon them?!"

Für uns hat diese Art der Amerikaner, mit den gerichtlichen Vorentscheidungen zu operieren und an deren Argumenten herumzudeuten, etwas höchst Befremdendes. Sie hat ihren Grund darin, daß die Parteivertreter und der Gerichtshof selbst ihre Ansichten nicht nur durch begrifflich-systematische Konstruktion und Interpretation zu begründen, sondern daß sie sie zugleich als historisch-legitimierte Ansichten darzutun haben. Die entgegengesetzten Meinungen müssen sich mit denselben Präjudizien abfinden: sie werden daher oft gezwungen, von der eigentlichen Strenge ihrer begrifflichen Konsequenzen abzusehen und Konzessionen zu machen, die wir zwar in unserer Darstellung scharf herausarbeiten mußten, die sich hier aber wie durch ein Vergrößerungsglas betrachtet ausnehmen. Denn alle diese begrifflichen Unschärfen und Kompromisse sind durch eine uns fremde forensische Beredsamkeit und Weitschweifigkeit verdeckt.

Alle Ansichten, so verschieden sie auch an sich sind, neigen zu uncharakteristischen vermittelnden Sätzen; so ist es z. B. bezeichnend, daß eine Stelle aus dem Canter-Fall sowohl von Fuller als auch von White und Genossen aufgenommen und ohne Kommentar verwendet wird: „The ceded territory becomes a part of the nation to which it is annexed, either on the terms stipulated in the treaty of cession, or such as its new master may impose"[1] — eine

---

[1] Z. B. 182 U. S. 219 und 365.

mit ihrem „either — or“ höchst charakteristische Stelle, bei der der Ton bald mehr auf der einen, bald mehr auf der anderen Seite der Disjunktion liegen kann. Unsere begrifflich-analysierende Darstellung konnte daher keine wirklich durchgeführte und zu Ende gedachte Konstruktion in den Inselfällen finden, sondern mußte sich begnügen — erfreuliche Inkonsequenzen und Ansätze zum Richtigen aufzuzeigen. Aber es waren immerhin Ansätze!

Sie zu verfolgen und durchzuführen ist die Aufgabe, die unserer kritischen Untersuchung nunmehr obliegt.

IV.

Konstruktion des Staatsvertrages.

1. Wie wir sahen, war die konstitutionelle Doktrin, als die Verfassung der Vereinigten Staaten geschaffen wurde, in einem für die Regelung der auswärtigen Gewalt so ungünstigen Stadium angelangt, daß man zu der merkwürdigen Konstruktion einer „gemischten Gewalt“ hatte greifen müssen. Und es hatte sich hieraus die Frage ergeben, in welchem Verhältnis diese Vertragsgewalt zur gesetzgebenden Gewalt steht, insbesondere, ob sie vielleicht deshalb zu einer aus Exekutive und Legislative „gemischten“ Gewalt gemacht worden ist, weil ihr — wie es heute leicht den Anschein haben könnte[1] — Gegenstände zufallen, die bald zur Exekutive bald zur Legislative gehören.

Diese Frage glauben wir mit aller Entschiedenheit verneinen zu müssen. Denn an solche Staatsverträge, die eine internationale Regelung innerstaatlicher, an sich der Legislative unterworfener Angelegenheiten bezwecken, hat das 18. Jahrhundert, vor allem aber die Union noch nicht gedacht. Noch im Jahre 1888 konnte James Bryce[2]

[1] Diese Ansicht findet sich tatsächlich bei Tucker a. a. O. § 353 (S. 722).

[2] Bryce a. a. O. Bd. I S. 141.

schreiben: „America is not Europe. The problems which the Foreign Office of the United States has to deal with are far fewer and usually far simpler than those of the Old World. The republic keeps consistently to her own side of the Atlantic". Er schildert es dann weiter als ein Bestreben der Unionsverfassung, „to diminish the taste for foreign enterprises, and to save the country from being entangled with alliances, protectorates, responsabilities of all sorts beyond its own frontiers. It is the easier for the Americans to practice this reserve because they need no alliances, standing unassaisable in their own hemisphere. The circumstances of England with her powerful European neighbours, her Indian Empire, and her colonies scattered over the world, are widely different". Geht schon aus diesen Anschauungen der Union und aus der allgemeinen historischen Lage des 18. Jahrhunderts deutlich hervor, daß das treaty-making power als „gemischte Gewalt" jenen Sinn nicht haben konnte, so wird unsere Auffassung positiv durch die bereits zitierte Begründung Hamiltons im Federalist von 1788 bestätigt. „Treaties are not rules prescribed by the sovereign to his subjects" — hieß es dort ausdrücklich. Wären es solche, so muß man gerade hieraus schließen, so müßten die Verträge der Legislative anheimfallen. Es dürfte ferner wichtig und bezeichnend sein, daß die Teilnahme des Senates an der Vertragsgewalt sich in demselben Absatz der Unionsverfassung findet, in welchem die Senatszustimmung auch für die wichtigen Beamtenernennungen gefordert wird. Diese Normen stehen unter dem gleichen Gesichtspunkt: man trägt Bedenken, die Exekutive in großen Ermessensfragen ohne Mitwirkung wenigstens eines Teiles der Legislative für zuständig zu erklären; jene Beamtenernennungsgewalt ist in demselben Sinne eine „gemischte„ Gewalt wie unser treaty-making power[1]!

---

[1] Vgl. hierzu die sehr bezeichnende Charakteristik der Ernennungsgewalt bei Cooley, General principles of constitutional law (1880), S. 44.

Steht hiernach fest, daß die Unionsverfassung bei der Gestaltung des treaty-making power noch nicht an Vertragsgegenstände gedacht hat, welche die Landesgesetze berühren, so erhebt sich heute, wo es nötig geworden ist, auch solche Verträge der Verfassung gemäß zu behandeln, die prinzipielle Interpretationsfrage, in welchem Sinne die Begriffe eines Gesetzes auszulegen sind, wenn die Tatbestände, die ursprünglich unter diese Begriffe fielen, im Laufe der Zeit andere geworden sind, und zwar solche, an die nachweisbar der Gesetzgeber nicht denken konnte. — Während hier das Privatrecht in kühner und allein richtiger Weise vorangegangen ist, kann ein Gleiches dem Staatsrecht nicht nachgerühmt werden. Man hat — um an ein bekanntes und bezeichnendes Beispiel zu erinnern — kein Bedenken getragen, den telephonischen Vertragsschluß den Normen der „negotia inter praesentes" zu unterstellen, trotzdem mit diesen zweifellos nur Personen gemeint waren, die sich an demselben Orte in unmittelbarer Nähe befinden. So kann und darf auch in unserem Falle nicht gezögert werden, von dem wechselnden historischen Inhalt der Rechtsinstitute abzusehen, auf Sinn und Zweck der einzelnen Verfassungssätze zurückzugehen, um deren Bedeutung aus dem Zusammenhange des Ganzen und aus den vom Verfassungsgesetzgeber gewollten Antithesen zu entwickeln.

Die Verfassung der Vereinigten Staaten baut auf dem Grundsatz der Trennung der Gewalten auf, indem sie im Artikel I die Legislative, im Artikel II die Exekutive und im Artikel III das „Judicial power" normiert. Dank unserer ausführlichen Analyse der Gewaltenlehre Lockes und Montesquieus haben wir die entscheidenden Gedanken bereits entwickelt: wir brauchen die bereits gesponnenen Fäden nur noch anzuziehen und miteinander zu verbinden. Bei der Lockeschen Gegenüberstellung von Exekutive und Föderative war nicht allein, ja nicht einmal in erster Linie der gegenständliche Gegensatz innerer und äußerer Hoheitsrechte maßgebend, sondern vor allem der tiefere

Gedanke der formellen konstitutionellen Verschiedenheit zum Gesetzbegriffe. Ebenso waren es bei Montesquieu rein konstitutionelle Gesichtspunkte und keine materiellen Unterscheidungen, die das treibende Agens seiner Dreigewaltenlehre darstellten. Und ebenso beruht in der Verfassung der Vereinigten Staaten die Sonderstellung der auswärtigen Gewalt auf keiner Eximierung der auswärtigen Politik gegenüber der inneren, sondern allein auf den konstitutionellen Erwägungen, die der Federalist treffend entwickelt hat.

Da die Legislative in der Gewaltenlehre die oberste Funktion ist, so ist sie imstande von ihrer Aufgabe abzuirren und durch ihre Akte die beiden anderen Gewalten zu verschlingen. Im Interesse einer wirklichen Trennung der Gewalten ist es daher nötig, dies zu verhindern. Um die Gesetzgebung bei ihrer Aufgabe, durch „antecedent standing laws“ das Leben der Gesellschaft zu regeln, wird das Verbot von „ex-post-facto laws“ nötig; das Veto dient der Sicherstellung der Exekutive, und das Verbot von „bills of attainder“ der des Judicial power[1]. Erst mit diesem Normenkomplex ist das System der Gewaltentrennung vollendet. Was nun das Vertragsrecht betrifft, so bestand nur das Bedürfnis, die Exekutive in diesen Ermessensfragen nicht zu selbständig zu stellen: eine Sicherstellung der Legislative vor ihm war überflüssig, da es ja außerhalb des Gesichtskreises jener Zeit lag, daß beide es mit denselben Gegenständen („rules prescribed by the sovereign to his subjects“) zu tun haben könnten. Daß dies keinen Ausdruck in der Verfassung gefunden hat, darf uns daher ebensowenig Wunder nehmen wie das Fehlen eines Verbotes von „treaties of attainder“: und doch wird es wohl niemand einfallen, solche für zulässig und bindend zu erachten. Der Be-

[1] Über „ex-post-facto laws“ und „bills of attainder“ vgl. C. Ellis Stevens Sources of the Constitution of the U. S., considered in relation to colonial and english history (New York 1894) S. 211, 212. Über das „Veto“ vgl. oben S. 34/5.

griff des Vertrages ist in der Verfassung der Vereinigten Staaten rein im materiellen Sinne der damals üblichen Vertragsinhalte gebraucht. Die Vertragsgewalt kann daher mit ihren Akten dem Grundsatz, daß die inneren Verhältnisse der Union durch Gesetze zu regeln sind, keinen Eintrag tun.

An dem Bestehen dieses Grundsatzes ist aber nicht zu zweifeln. Er geht nicht nur aus dem ganzen konstitutionellen Schema der Verfassung hervor, das in sich erschöpfend ist und eine vierte Gewalt ausschließt, und daher dem treaty-making power lediglich innerhalb des Artikels der Exekutive einen (wie wir sahen sehr bezeichnenden) Platz zuweist. Sondern er hat auch seinen wirklichen Ausdruck in der Verfassung gefunden. Da ein Bundesstaat nur beschränkte und aufgezählte Kompetenzen hat, muß seine Verfassung einen bestimmten Komplex von „materiellen Hoheitsrechten" als zur Bundessphäre gehörig bezeichnen. Dies tut der Artikel I Sektion 6 der Unionsverfassung, und zwar in der Form, daß er erklärt, die Legislative des Bundes solle diese Gebiete des gesellschaftlichen Lebens, also alle dem Bunde überhaupt zugewiesenen inneren Angelegenheiten, regeln.

Mit kategorischen Worten sagt die Verfassung: „The Congress shall have power to lay and collect taxes" usw. — „to regulate commerce", — „to establish a uniform rule of naturalization" usw. usw. — „no money shall be drawn from the treasury, but in consequence of appropriations made by law"; — „new States may be admitted by the Congress into this Union" usw.; — „the Congress shall have power to dispose and make all needfull rules and regulations respecting the territory or other property belonging to the United States" usw. usw. — Diesen kategorischen Satzungen gegenüber ist es unmöglich, den Kongreß und die Legislative zu gunsten der Vertragsgewalt zu enteignen. Wie man wegen des Prinzipes, das der Scheidung von Rechtsgeschäften inter praesentes und inter absentes zu Grunde liegt, ohne Bedenken den telephonischen

Geschäftsabschluß den negotia inter praesentes unterstellt hat, so muß auch das der Unionsverfassung zu grunde liegende konstitutionelle Gewaltentrennungsprinzip dazu führen, die durch den Eintritt der Union in die Weltpolitik notwendig gewordene internationale Regelung innerer Angelegenheiten nicht zu konstruieren per analogiam der damals in die Kompetenz des treaty-making power fallenden Gegenstände, sondern per analogiam zu den von der Verfassung der Form der Legislative zugewiesenen Kompetenzen![1]

2. Auf diesem Wege ist England den Vereinigten Staaten bereits vorangegangen. Und die Rechtslage war hier eine analoge: die Vertragsgewalt gehörte zu den Prärogativbefugnissen des Königs, er hatte sie also an sich ohne Konkurrenz des Parlamentes auszuüben. Die innere Notwendigkeit der konstitutionellen Staatsform aber hat sich gegenüber diesem Rechtssatz mit elementarer Selbstverständlichkeit durchgesetzt, sobald die Weltpolitik das Problem einer völkerrechtlichen Regelung der inneren, nur unter Zustimmung des Parlamentes normierbaren Verhältnisse aufwarf. Um diese freie legislative Mitwirkung des Parlamentes herbeizuführen, hat das englische Staatsrecht drei verschiedene Rechtsformen ausgebildet: eine generelle, äußerlich vom Vertrage unabhängige und selbständige Parlamentsakte; ein Ausführungsgesetz zu dem Vertrage selbst; und ein vorheriges zum Vertragsschluß ermächtigendes Gesetz[2].

Und Ansätze zu dieser Lösung finden wir auch in den Vereinigten Staaten. Der Gedanke einer notwendigen

---

[1] Es ist daher m. E. auch vollkommen zutreffend und der verfassungsmäßigen Stellung sowohl der Vertragsgewalt als auch der der Exekutive entsprechend, daß der Präsident ohne Zustimmung des Senates Verträge gültig abschließt, welche ganz in die Sphäre der ihm verfassungsgemäß zustehenden Exekutive fallen, zu deren innerer Ausführung es nur seines „Dienstbefehles" bedarf: vgl. Crandall, Treaties their making and enforcement in „Studies in history economics and public law; edited by the Faculty of Political Science of Columbia University", Bd. XXI. S. 85 f.

[2] E. v. Meier a. a. O. S. 122 f.

Grenze des treaty-making power ist ja, wie wir sahen, von Anfang an lebendig. Die Schwierigkeit, ihn zur Anerkennung zu bringen, hat ihre letzte Ursache darin, daß sich die beiden Parteien der Auslegung dieser schwierigen Verfassungssätze bemächtigten, und so die theoretische Rechtsfrage durch politische Rücksichten in den Hintergrund gerückt wurde. So erklärt sich auch das Schwanken der Regierungspraxis und die hieraus folgende Desorientierung der ja wesentlich auf Präzedenzfällen aufbauenden amerikanischen Jurisprudenz.

Es sind die Staatenrechtler und heutigen Demokraten, welche eine Mitwirkung der Legislative fordern: die große Macht der Bundesexekutive, die in einer Alleinzuständigkeit der Vertragsgewalt liegen würde, scheint ihnen bedenklich, und sie fürchten eine zu rasche und unbesonnene Expansions- und Weltpolitik, wenn der Hemmschuh der Kongreßzustimmung fehlt. Dagegen wünschen die Expansionisten und heutigen Republikaner eine kräftige Zentralgewalt zu haben, und freuen sich der in einem Ausschluß des Kongresses liegenden Stärkung der Bundesexekutive[1]. Calhoun, der bekannteste Vertreter staatenrechtlicher Anschauungen, ist für die freie legislative Konkurrenz des Kongresses eingetreten, um dem Repräsentantenhaus „an important control over the treaty-making power" zu sichern[2]. Und Tucker hat als Referent des Judiciary Committee bei der Debatte über den Reziprozitätsvertrag mit Hawaii 1887 die Zustimmung des Kongresses für Zolltarifverträge gefordert[3]. Aber das Verhalten der Staatenrechtler, die zum Teil so weit gingen, der Union überhaupt das Recht, neue Gebiete zu erwerben, zu bestreiten[4], hat ihre Vertragstheorie in den Augen der für eine Weltpolitik eintretenden Männer kompromittiert. So hat denn Kent das Verhalten des

[1] Butler a. a. O. S. 132 f.
[2] Butler a. a. O. S. 444 f.
[3] Butler a. a. O. Bd. I S. 439—441.
[4] Vgl. Story a. a. O. § 1287 Anm. a; §§ 1288, 1317.

Repräsentantenhauses, welches 1794 gelegentlich eines Handelsvertrages mit England in einer Resolution sein Recht bei diesem mitzusprechen zum Ausdruck gebracht hat[1], scharf getadelt: „It cannot be mentionned at this day without equal regret and astonishment, that such a resolution passed the house 1794"; sie bedeutet ihm nichts als „a naked, abstract claim of right"[2].

Während das House hier als Form seiner Mitwirkung ein Ausführungsgesetz vorgeschlagen und gefordert hatte, griff man bei dem Louisiana-Vertrag, den unsere Inselfälle eingehend analysierten, zu einem vorherigen ermächtigenden Gesetze. Und bei dem Alaska-Vertrage hat das Repräsentantenhaus in richtiger und klarer Form seinen Standpunkt dahin vertreten: „The subjects thus embraced in the stipulations of said treaty are among the subjects which by the Constitution of the U. S. are submitted to the power of Congress and over which Congress has jurisdiction, and it being for such reason necessary that the consent of Congress should be given to the said treaty before the same can have full force and effect". Aber der Senat lehnte diese Fassung ohne weitere Debatte ab, während das Repräsentantenhaus in einer weiteren Resolution „sein bestrittenes Recht von neuem deklarierte", in diesem Fall die dritte mögliche Form der freien legislativen Mitwirkung fordernd: die Zustimmung der Legislative zu dem Vertrage selbst[3].

---

[1] „The House of Representatives do not claim any agency in making treaties; but ... when a treaty stipulates regulations on any of the subjects submitted by the Constitution to the power of Congress, it muss depend for its execution as to such stipulations on a law or laws to be passed by Congress." (E. v. Meier a. a. O. S. 176; sowie Tucker a. a. O. S. 727/8; Story a. a. O. § 1841; und Butler a. a. O. Bd. I S. 421—428, wo der Fall ganz ausführlich behandelt wird).

[2] Kent a. a. O. S. 310; vgl. auch Butler a. a. O. Bd. I S. 444.

[3] E. v. Meier a. a. O. S. 186/7.

Wenn auch damals die Ansprüche des Repräsentantenhauses wieder nicht zur Anerkennung gelangt sind, und wenn auch unsere Inselfälle von neuem zeigen, daß man noch immer nicht zu einer solchen vorgedrungen ist, so sind doch gerade in ihnen wieder Ansätze zu einer unbefangeneren und richtigeren Würdigung des Staatsvertragsrechtes unverkennbar. Das Bewußtsein einer materiellen Grenze der Vertragsgewalt war eigentlich in allen Konstruktionsversuchen lebendig, es fehlte nur an einer klaren Erfassung und Formulierung dieser Grenze. Das Minimum, was die Literatur und die Dissenting Opinion des Downes-Falles als solche der Vertragsgewalt auferlegt, ist, daß sie sich innerhalb der Verfassung halten müsse und keinen grundlegenden Bestimmungen derselben zuwiderlaufen dürfe. In der näheren Ausführung jedoch finden wir überall nur vage und unbestimmte Andeutungen, die eine Präzision unmöglich machen.

Typisch ist hier z. B. Story. „Of course it embraces all sorts of treaties, for peace or war, for commerce or territory, for alliance or succours, for indemnity for injuries or payment of debts usw. usw." Aber so heißt es dann weiter: „though the power is thus general and unrestricted, it is not to be so construed, as to destroy the fundamental laws of the State". Und als Beispiel heißt es: „a treaty to change the organization of the government, to annihilate its sovereignty, to overturn its republican form, or to deprive it of its constitutional powers, would be void". — Warum aber fallen nicht auch einige von den oben als zulässig bezeichneten Verträgen unter diese nichtigen Verträge? Ein „treaty for territory" muß immer zugleich ein Vertrag über „organization of the government" sein! ein „treaty for payment of debts" muß immer in das dem Kongreß zugewiesene Recht der Appropriationen eingreifen, würde also diesen „deprive of its constitutional powers!" — Story muß sich seiner Unsicherheit in der Entscheidung dieser Fragen auch bewußt geworden sein, schließt er doch seine

Ausführungen über die Grenzen der Vertragsgewalt mit einem Bekenntnis des Nichtwissens: „whether there are any other restrictions, necessarily growing out of the structure of the government, will remain to be considered, whenever the exigency shall arrise“ [1]. Die Lösung solcher Fragen, bevor „the exigency shall arrise“, dürfte jedoch die eigentliche Aufgabe der Staatsrechtswissenschaft sein!

Aber schon dies von Story und in den Inselfällen aufgestellte Minimum dürfte für die Lösung des ganzen Problems vollkommen genügen, wenn man es nur scharf faßt und durchführt. Jene Verfassungssätze, die in kategorischer Form sagen „The Congress shall have power“ usw., würden vernichtet, wenn die Vertragsgewalt hier ohne Legislative vorginge: sie würde „deprive it of its constitutional powers“.

Auch eine klare und zielbewußte Anwendung der von der Concurring Opinion aufgestellten Interpretationsregeln müßte unbedingt zu diesem Resultate führen. Das zeigen deutlich die Ausführungen von John Randolph Tucker, dessen Grundanschauungen wesentlich mit denen der Richter dieser Concurring Opinion übereinstimmen. Er stellt die zutreffende Frage: „Can a treaty by compact with a foreign nation bind all of the departments of our own government?“ Und er kommt zu der Antwort, daß das nicht anginge, „or the consequence would be that, under the treaty-making power, the President and Senate might absorbe all the power of the government“. Denn: „a treaty cannot compel any department of the government to do what the Constitution submits to its exclusive and absolute will“. So dürfe beispielsweise die Vertragsgewalt ohne legislative Mitwirkung des Kongresses keinen Zolltarif gültig vereinbaren, kein Geld leihen, nicht die Handelsbeziehungen regeln, nicht die Rechtsverhältnisse in den Territorien normieren und so fort [2].

---

[1] Story, a. a. O. § 777, § 1508.
[2] Tucker a. a. O. S. 723—27.

Zu der widerspruchslosen Klarheit dieser Tuckerschen Ausführungen ist jedoch kein anderer Schriftsteller, soweit sie mir zugänglich geworden sind, vorgedrungen. In seinem kurzen Kompendium über das Verfassungs- und Verwaltungsrecht der Union widmet der frühere Präsident Benjamin Harrison der Erörterung dieser Fragen einen verhältnismäßig großen Raum: aber trotz seiner korrekten Fragestellung und der Erkenntnis, daß vielfach, z. B. soweit es sich um die Zahlung von Geldsummen handelt, Vertragsbestimmungen „depend for their execution upon the action of the House“, verdirbt ihm die Erörterung der Präzedenzfälle wieder das Konzept, so daß er schließlich zu gar keinem festen Resultate gelangt[1]. Pomeroy und William Duer kommen nach weitläufigen Hin- und Hererwägungen dazu, innerhalb der Verträge zu unterscheiden, — aber nicht nach der Eigenart der Vertragsgegenstände, sondern nach der Vertragsabsicht: diese könne entweder nur „promissorisch“ oder unmittelbar „exekutorisch“ sein. Letztere wollen sofort und ohne weiteres in volle Wirkung treten, während jene nur die Absicht haben, die Regierung zu binden und zu verpflichten die zur Ausführung notwendigen Legislativ- oder Exekutivakte vorzunehmen[2]. Diese Abstellung auf die Vertragsabsicht und die Alternative zwischen Exekutiv- und Legislativakt zeigen deutlich, daß durch jene Ausführungen das Problem nicht gelöst, sondern verschoben ist. Pomeroy kommt denn auch an anderer Stelle zu einer ganz anderen Unterscheidung: die Vertragsgewalt dürfe die Kompetenzen des Kongresses nur in „certain particular means and measures“, nicht aber im großen beschneiden. Und Duer kommt schließlich zu dem Schluß, daß „the existence of the treaty renders it morally

[1] Harrison, The Constitution and administration of the U. S. 1897, S. 136—45.

[2] Pomeroy, An introduction to the constitutional law of the U. S. (3th ed. 1875), S. 450; Duer, A course of lectures on the constitutional jurisprudence of the U. S. (New York 1874), S. 183.

obligatory on Congress to pass the requisite law"; sonst begehe er einen „breach of public faith"[1]; ein Ergebnis, dem die Kompromißnatur auf die Stirn geschrieben ist: der Kongreß hat mitzuwirken, aber er ist moralisch verpflichtet zu allem Ja zu sagen. Wharton genügen die Erörterungen und Präzedenzfälle von mehr als einem Jahrhundert noch immer nicht, und er kommt ähnlich wie Story zu dem Schluß, daß die Frage „remains still open". Nur zwei Sätze hält er für festgestellt: ohne „congressional vote" keine „appropriation of money"; und nur „a very strong case" könne eine Versagung der Kongreßzustimmung rechtfertigen[2]. Auch Crandall gelangt zu keinen festen Ergebnissen: er gibt die Notwendigkeit einer Kongreßmitwirkung für gewisse Verträge zu, kommt aber über Beispiele und Präzedenzfälle nicht hinaus und ist schließlich befriedigt, konstatieren zu können, daß oft die Verträge selbst Klauseln enthalten, die auf eine Mitwirkung des House hinweisen[3]. Und Butler selbst, dem wir einen großen Teil dieser Literaturangaben entnehmen, kommt in seinem zwei dicke Bände umfaßenden Werk über das „Treaty-making power" ebenfalls zu keinen positiven, prinzipiellen Ergebnissen: es entspricht dem rein eklektischen Verfahren seiner Schrift, daß er uns gelegentlich einmal alle die Schlagworte als Resultate bietet, die wir bereits kennen; eigene systematische Forschung liegt ihm fern[4].

Aber trotz dieses wenig erfreulichen Gesamtbildes scheint mir das Fazit kein wirklich ungünstiges zu sein. Jene zahlreichen Kompromißansichten, die wir bei den Richtern der Inselfälle und in der Literatur antrafen, können kein endgültiges Resultat bedeuten, sondern nur

[1] Pomeroy a. a. O. S. 449; Duer a. a. O. S. 184; vgl. auch Butler a. a. O. Bd. I S. 398 f., 409 f., 446 f.

[2] Butler a. a. O. Bd. I S. 444 f.

[3] Crandall a. a. O. S. 46 f., 117 f., 133 f., 135—150.

[4] Butler a. a. O. Bd. I S. 448 f.; Bd. II S. 63 f., 180 f., 350 f., 381 f.

ein Übergangsstadium darstellen, bei dem kein wissenschaftliches Forschen halt machen kann. Die Anerkennung einer Kongreßmitwirkung ist fast allgemein, und die einer Grenze der Vertragsgewalt ist überall zu finden. Sobald die amerikanische Jurisprudenz gelernt hat, ihre eigenen Begriffe ernst zu nehmen und auch nur jenes Minimum an Beschränkung des treaty-making power, daß wesentliche Verfassungsbestimmungen nicht umgestoßen werden dürfen, strikt zu erfassen, kann unser Resultat nicht ausbleiben, ein Resultat, das man sich in Europa längst gewöhnt hat als eine konstitutionelle Notwendigkeit anzusehen.

3. Wir können hier absehen von den französischen Revolutionsverfassungen, die im Vertragsrecht unter dem Einfluß Rousseauscher Gedanken stehen: dessen Gesetzesbegriff mußte für alle Staatsverträge eine entscheidende Beteiligung der Volksvertretung notwendig machen [1]. Interessanter und wichtiger ist, daß auch die neue konstitutionelle Doktrin, die nach der Restauration der Bourbonen in der Charte von 1814 ihren ersten Ausdruck fand, und die im Gegensatz zu allem bisherigen Konstitutionalismus sowohl die Montesquieusche Gewaltenteilung als auch die Rousseausche Volkssouveränität durch ein konstitutionell-monarchisches Gewaltenvereinigungsprinzip ersetzen wollte, zu dem gleichen Resultat geführt hat.

Diese „Staatslehre des monarchischen Prinzips" knüpfte gerade an dem Punkte der Lockeschen Theorie an, den Montesquieu hatte fallen lassen: an die Prärogative [2]. Es

---

[1] Jellinek, Gesetz und Verordnung, S. 182 f., 51 f. Stoerk, Artikel Staatsverträge in v. Stengels Wörterbuch des Deutschen Verwaltungsrechts, Bd. II S. 519.

[2] Über die damalige Anknüpfung an das englische Recht, insbesondere die Prärogative, vgl. die interessanten Notizen von Friedmann, Geschichte und Struktur des Notverordnungsrechtes (in den von Stutz herausgegebenen Kirchenrechtlichen Abhandlungen) S. 4 f., 33 f.

war dasselbe Gefühl, aus dem heraus Locke neben die drei Gewalten seine Prärogative gestellt hatte, — ein Gefühl für die Unmöglichkeit mit Montesquieu und Rousseau alle verwaltende Staatstätigkeit in bloßen Gesetzesvollzug und in Exekution der volonté générale aufzulösen, — welches in der Generation der Restaurationszeit wieder lebendig wurde. Die Montesquieusche Gewaltenteilung mußte gegenüber dem lebendigen und unendlich vielgestaltigen Staatsleben öde, schematisch und mechanisch erscheinen, die freie und persönliche Tätigkeit eines kräftigen, der Revolution Herr gewordenen Monarchen mußte wieder höher bewertet werden; und so mußte die Lockesche Prärogative, jenes historisch-empirische Prinzip, das neben seiner Gewaltenlehre steht, in das Zentrum der Staatsfunktionen treten. Sätze wie: „the government was almost all prerogative" — mußten sich mit den historischen und legitimistischen Tendenzen des Restaurationszeitalters verbinden: und so wurde das systematische Prinzip der Gewalten*teilung* völlig gestrichen zugunsten des historischen Prinzips einer ursprünglichen Gewalten*vereinigung* im Monarchen, der nur „suivant la différence des temps" die „Ausübung" der „substantiell" in ihm konzentrierten Staatsgewalt anderen Faktoren „gestattet" [1].

Unter diesen „Einschränkungen" des vor und über der Verfassung stehenden Monarchen wird weder in der französischen Charte noch in den ersten unter ihrem Einfluß stehenden deutschen Verfassungen eine Mitwirkung der Parlamente für die Gültigkeit von Staatsverträgen angeführt. Trotzdem hat sie sich infolge der inneren Notwendigkeit, die der konstitutionellen Doktrin in dieser Richtung innewohnt, auch hier durchgesetzt. Ja, obgleich nach dem Auslegungsgrundsatz des neuen konstitutionell-monarchischen

---

[1] Über diese „Staatslehre des monarchischen Prinzips" und ihre Entstehung, vgl. *meine* Studien zur Staatslehre des monarchischen Prinzips (Hallenser Dissertation von 1905).

Prinzipes eine parlamentarische Zuständigkeit im Zweifel nur da angenommen werden darf, wo die Verfassung sie ausdrücklich vorschreibt, so besteht in der deutschen Staatsrechtswissenschaft auch hier kein Zweifel, daß die Volksvertretungen in der einen oder anderen Form verfassungsmäßig zur Geltung aller völkerrechtlichen Vereinbarungen zuzustimmen haben, deren Gegenstände im Innern nur mit ihrer Konkurrenz normiert werden dürfen [1]. Und dabei hatten doch schon die Verfassung von Württemberg aus dem Jahre 1819 und die von Sachsen-Hildburghausen aus dem Jahre 1818 expressis verbis die ständische Zustimmung gefordert [2]. Dennoch hat die konstitutionell-monarchische Doktrin das Schweigen jener Verfassungen nicht per argumentum e contrario als eine Ablehnung der ständischen Konkurrenz interpretiert, sondern aus dem Wesen der Verfassung selbst per analogiam auf eine Zuständigkeit der Parlamente geschlossen. Also auch selbst unter den für die konstitutionelle Idee so ungünstigen Bedingungen der Staatslehre des monarchischen Prinzips hat sich die parlamentarische Mitwirkung bei Staatsverträgen und jene Aufhebung einer Sonderstellung der auswärtigen Gewalt zwingend durchgesetzt. Wieviel mehr muß diese Notwendigkeit sich in den Vereinigten Staaten bei ihrer wachsenden Verwebung in die Weltpolitik geltend machen, wo die konstitutionelle Idee ihren ersten, und einen so eindringlichen Ausdruck gefunden hat!

Freilich hat dieser Entwicklung außer den erörterten Schwierigkeiten, die in der Annahme einer besonderen „gemischten Gewalt" liegen, noch jene Verfassungsklausel, nach der alle unter der Autorität der Konstitution geschlossenen

---

[1] Vgl. Meyer(-Anschütz), Lehrb. d. deutsch. Staatsrechts, S. 697/8; E. v. Meier a. a. O. S. 104, 108; Jellinek a. a. O. S. 186; Anschütz in Kohler-Holtzendorffs Enzyklopädie Bd. II S. 617.

[2] Jellinek a. a. O. S. 186 Anm. 23; E. v. Meier a. a. O. S. 106 f., 110 f.

Verträge „shall be the supreme law of the land", hindernd im Wege gestanden.

4. Es fragt sich jedoch, ob diese Klausel wirklich den Sinn hat und im Ganzen der Verfassung beanspruchen darf, daß law-making power und treaty-making power zwei koordinierte Gewalten darstellen, so daß diese auf ihre Art, d. h. unter Ausschluß des Repräsentantenhauses dieselben Gegenstände zu regeln berufen wäre, welche die Verfassung an sich jener zuteilt. Trotzdem es bisher bei der Beantwortung dieser Frage noch immer zu keinem festen und stetig anerkannten Prinzip gekommen ist, scheint es mir keinem Zweifel zu unterliegen, in welchem Sinne der schließliche Entscheid ausfallen muß.

In der überaus klaren und mustergültig durchsichtigen Disposition der Unionsverfassung hätte der Artikel VI etwa die Überschrift zu führen: Geltungskraft der Verfassung und der Regierungsakte des Bundes. Es wird in ihm der Grundsatz aufgestellt, daß alle von Bundeswegen aufgestellten Normen den Normen der Einzelstaaten vorzugehen haben, daß sie im Verhältnis zu jenen oberstes Landesgesetz sein sollen, und daß allen mit der Anwendung dieser Normen befaßten Beamten und Organen durch einen Verfassungseid diese Pflicht besonders einzuschärfen ist. Über das konstitutionelle Verhältnis der Gesetze zur Verfassung oder der Gesetze zu den Verträgen soll in diesem Artikel nichts Neues ausgesagt werden: die Regelung dieses Verhältnisses ist in den vorhergehenden Artikeln erfolgt und wird vom Artikel VI vorausgesetzt. Es wird nur der selbstverständlichen Eigenschaft dieser Bundesnormen, daß sie „in pursuance" der Konstitution und „under the authority of the United States" ergangen sind, Erwähnung getan, — offenbar um zum Ausdruck zu bringen, daß den anwendenden Organen und Behörden das Recht und die Pflicht zusteht, die Bundesverfassungsmäßigkeit dieser Akte nachzuprüfen.

Nach unseren Ausführungen über die Bedeutung des

treaty-making power in der Unionsverfassung und seines Verhältnisses zu den kategorischen Verfassungssätzen, die mit den Worten „The Congress shall have the power" oder ähnlich beginnen, gehört ja aber gerade die Mitwirkung des Kongresses als Legislative zu den Erfordernissen des verfassungsmäßigen Zustandekommens staatsvertraglicher Regelungen innerstaatlicher und der Legislative zugewiesener Gegenstände. Es würde danach also der Artikel VI so wenig die heute noch häufig aus ihm abgeleitete Gegenüberstellung und Gleichstellung von Verträgen und Gesetzen postulieren, daß er vielmehr umgekehrt das allgemeine konstitutionelle Verhältnis beider voraussetzt und dessen strikte Einhaltung fordert. Ernst v. Meier, der mit ähnlichen Argumentationen zu demselben Resultat gelangt, macht noch darauf aufmerksam [1], daß die besondere Hervorhebung der Verträge im Artikel VI ihre besondere praktische Veranlassung hatte, weil zur Zeit der Konföderation die Unionsverträge von den Einzelstaaten häufig offen mißachtet wurden, und daß dem im neuen Bunde gesteuert werden sollte.

Meier führt sodann zwei Entscheidungen des Bundesobergerichts an, welche bereits in zutreffender Weise diesen Weg der Interpretation beschreiten. In der ersten heißt es unter anderem: „This (der Artikel VI) unquestionably applies to all treaty where the treaty-making power without the aid of Congress can carry it into effect. It is not however and cannot be the supreme law of the land, when the concurrence of Congress is necessary to give it effect. Until this power is exercised, as where the appropriation of money is required, the treaty is not perfect". Und ähnlich äußert sich Chief Justice Marshall in dem zweiten Fall dahin, daß ein Vertrag nur dann „equivalent to an act of legislature" sein könne, „whenever it operates of itself without the aid of any legislative provision", daß

[1] E. v. Meier a. a. O. S. 196 f.

sonst aber „the legislative must execute the contract before it can become a rate of the court“ [1].

5. Je mehr die Vereinigten Staaten in den allgemeinen internationalen Weltverkehr eintreten werden, um so notwendiger wird es sein, daß das Schwanken in dieser Frage aufhört, und daß überhaupt eine dem Zweifel enthobene sichere und zuverlässige Antwort zur Anerkennung gelangt. Denn von dieser Zuverlässigkeit allein kann die Vertragsfähigkeit eines Staates im Völkerverkehr abhängen. Bei der großen Schwierigkeit, die stetig wechselnden und unübersehbaren Einflüssen unterliegenden Verhältnisse der Weltpolitik zu erfassen, ist das Bestehen fester und unbezweifelter Rechtsnormen auf diesem Gebiet ein besonders stark hervortretendes Bedürfnis. Und hier muß wiederum besonders ein republikanisches Staatswesen danach trachten, von dem Parteigetriebe unabhängige, feste Rechtsnormen zu besitzen, die dessen Kämpfen, Zweifeln und Tageseinflüssen entzogen sind, und die dem Auf- und Niederwogen der Parteimeinungen einen Damm setzen. Gerade die Vereinigten Staaten haben für diese Bedeutung der Rechtsidee im Leben und Treiben der Politik ein so hohes Verständnis bewiesen, daß ihr Versagen in diesem Punkte ausgeschlossen erscheint.

Ist es hiernach zunächst nur von Wichtigkeit, daß überhaupt eine feste Entscheidung, wie sie auch ausfallen möge, getroffen wird, so kann es m. E. am Ende, und zwar wiederum gerade im Interesse der internationalen Vertragstreue, nur die Entscheidung zugunsten einer Mitwirkung des Kongresses sein, die befriedigen kann. Es wird sich zunächst das Repräsentantenhaus nicht eher beruhigen, bis seine Ansprüche im Sinne des europäischen Konstitutionalismus anerkannt sind; denn gerade auf dem Gebiet der politischen Theorie hat das Vorbild anderer

---

[1] Weitere Entscheidungen in diesem Sinne vgl. Butler a. a. O. Bd. II S. 68 f. und Crandall a. a. O. S. 117 f.

Nationen stets einen hervorragend werbenden Einfluß geübt. Und ferner: die Gleichstellung der Gesetze und Verträge hätte zur Folge, daß die Legislative auf Grund der Verfassung befugt wäre, im gewöhnlichen legislatorischen Wege jede vertragliche Regelung durch einen späteren Akt aufzuheben und durch eine anderweitige Regelung zu ersetzen. Diese Konsequenz ist denn auch in der Tat von der amerikanischen Jurisprudenz gezogen worden[1]. Und im Besitze dieses Rechtes wird der Kongreß nur zu leicht geneigt sein, Staatsverträgen, bei deren Zustandekommen er keinen Anteil hatte und die er deshalb als etwas ihm Fremdes empfinden muß, durch nachfolgende abändernde Gesetze etwas von seinem Geiste beizumischen. Daß ein solcher Rechtszustand nicht dazu beitragen kann, das Vertrauen auf die internationale Vertragstreue der Union zu stärken, leuchtet ohne weiteres ein.

Auch die Concurring Opinion des Downes-Falles fühlt gelegentlich die Unzulänglichkeit eines solchen, von der amerikanischen Jurisprudenz noch ziemlich allgemein festgehaltenen Verhältnisses: man gäbe der Vertragsgewalt weitgehende Kompetenzen, so führt sie aus, aber nur, um sofort der Legislative das Recht zuzusprechen, diese Kompetenzen wieder nichtig zu machen. Dem liegt ein höchst gesunder Gedanke zugrunde. Die scharfe Trennung und Gegenüberstellung von Vertragsgewalt und Legislative ist eine innere Unmöglichkeit: sie nimmt der Legislative den ihr gebührenden Anteil an innerstaatlichen Regelungen, und nimmt zugleich der Vertragsgewalt die ihr spezifische Eigenart, eine wirksame und ernste Bindung des Staatsganzen an den mit einem Gegenkontrahenten vereinbarten Vertrag herbeizuführen: denn infolge der Gleichstellung beider ist die lex posterior immer in der Lage das Vereinbarte aufzuheben und die vertragsmäßige Bindung zu ignorieren.

---

[1] Vgl. z. B. Story a. a. O. § 1838 und Anm. a daselbst; Butler a. a. O. S. 448 f.

Die Rangerhöhung des Vertrages durch seine Gleichstellung mit dem Gesetz ist nur eine scheinbare und vorübergehende. In Wirklichkeit wird er der Legislative, die ihn ohne Berücksichtigung der internationalen Bindungen aufheben kann, untergeordnet. Nur die Erkenntnis der organischen Verbundenheit von Gesetz und Vertrag, die *Einsicht, daß das Gesetz die Form ist, in der eine große Zahl von Verträgen innerstaatlich auftreten muß*, kann zu internationaler Zuverlässigkeit, zu dem Begriff von völkerrechtlichem Treu und Glauben führen.

Um diesen Begriff lebendig zu machen, kann aber eine Beteiligung der Volksvertretungen an dem Gültigmachen von Staatsverträgen nur beitragen; denn nur diese Teilnahme kann den Parlamenten Verständnis für die weltpolitische Lage, sowie ein Gefühl der Verantwortlichkeit, der Gebundenheit und Vertragstreue einimpfen. Man ist noch viel zu sehr gewöhnt, die konstitutionellen Verhältnisse unter dem alten Kampfes- und Konfliktsgesichtspunkt zu betrachten: als käme es darauf an, die Prärogativen eines Organes gegen die Ansprüche eines anderen zu schützen, als bestünde das staatliche Leben in einem eifersüchtigen Wahren subjektiver Rechte und Freiheiten. — Allerdings wurde durch die Differenzierung und Komplizierung der Staatsmaschine, wie sie in dem Übergang zum konstitutionellen Staate lag, die Möglichkeit zahlreicher neuer Reibungen und Konflikte herbeigeführt: um nichts ist nichts zu haben. Diese Gefahren werden aber keinesfalls dadurch vermieden, daß eine peinliche Zerreißung und Gegenüberstellung von Befugnissen vorgenommen wird, sondern allein dadurch, daß das Gefühl des Zusammenarbeitens unter gemeinsamer Verantwortlichkeit und des Zusammenwirkens zum Besten des Ganzen geweckt und gepflegt wird. Nur eine Mitwirkung der Legislative am Vertrage kann in ihr diese Gefühle der Verantwortlichkeit und der Vertragstreue wachrufen, und wiederum nur das Vorhandensein dieser Gefühle kann einer Volksvertretung bei wechselnden Majoritäten die Stetigkeit verleihen, deren unser in wachsender innerer und äußerer Komplizierung begriffenes Staatsleben dringend bedarf.

6. Aus diesen Erwägungen ergibt sich auch, in welcher Form die Mitwirkung einer Volksvertretung am geeignetsten erfolgen dürfte. An sich wären mangels einer ausdrücklichen Verfassungsbestimmung alle drei vom englischen Recht entwickelten Formen zulässig, und es sind auch, wie wir sahen, bereits alle gelegentlich vom Repräsentantenhaus in Anspruch genommen worden. Es dürfte jedoch der Erlaß eines vom Vertrag ganz unabhängigen und diesen nicht erwähnenden Gesetzes die am wenigsten befriedigende Lösung darstellen, weil hier der Gedanke der völkerrechtlichen Gebundenheit des Staates an die in einem Vertrage festgesetzten Normen zu keinem Ausdruck kommt: das Gesetz erweckt den Eindruck eines von allen internationalen Rücksichten unabhängigen, rein internen Aktes der Staatsgewalt, dessen Aufhebung dem freien Belieben der gesetzgebenden Organe anheimgegeben ist. Anders steht es mit den beiden anderen Formen. Das vorherige Ermächtigungsgesetz gleicht einer zu einer Rechtsverordnung ermächtigenden Gesetzesbestimmung: der auf Grund desselben abgeschlossene Vertrag hat dieselbe Rechts- und formelle Gesetzeskraft wie eine Rechtsverordnung, und die Aufhebung und Abänderung seiner Bestimmungen ist kraft der Ermächtigung den allgemeinen äußerpolitischen Erwägungen, welche die gesamte internationale Rechtslage mit allen Kriegs- und Friedenskonsequenzen zu berücksichtigen haben, anheimgegeben. Ebenso wird bei der dritten Methode, eines auf den Vertrag Bezug nehmenden Ausführungsgesetzes, den vertragsmäßigen und internationalen Momenten in richtiger Weise Rechnung getragen, da auch hier die Unselbständigkeit des legislatorischen Aktes diesem keine von den internationalen Verhältnissen unabhängige Existenz gibt. Am deutlichsten kommt die Rechtslage zum Ausdruck in den deutschen Verfassungen, die eine

Zustimmung der Volksvertretung zum Vertrage selbst vorschreiben, wo daher der Vertrag selbst und als solcher in der Gesetzessammlung veröffentlicht wird [1].

Man hat dem Unterschiede, ob die parlamentarische Zustimmung vor der Ratifikation erfolgen muß, oder auch nachher zulässig ist, eine zu weitgehende Bedeutung beigelegt [2], und sogar einen Gegensatz zwischen „staatsrechtlicher" und „völkerrechtlicher" Geltung zu konstruieren versucht [3]. Auf die Unhaltbarkeit dieser Unterscheidung hat jedoch Jellinek mit vollem Recht hingewiesen [4]: das nach innen beschränkte Staatshaupt sei es unter allen Umständen auch nach außen; der staatsrechtlich beschränkte Souverän könne völkerrechtlich nicht absolut sein; da der Sinn eines Staatsvertrages stets der sein müsse, von den kontrahierenden Staaten als Bindung anerkannt und gehalten zu werden, so sei ein Vertrag eben dann erst perfekt, wenn alle Voraussetzungen für diese Anerkennung und Innehaltung erfüllt seien.

Die Unterscheidung „innerer", staatsrechtlicher, und „äußerer", völkerrechtlicher Gültigkeit der Staatsverträge scheint mir ihren Ursprung in der Staatslehre des monarchischen Prinzips und in einer unzutreffenden privatrechtlichen Analogie zu haben.

Da nach jener Staatslehre „die gesamte Staatsgewalt im Monarchen vereinigt" ist, so kommt ihm auch das Recht zu, den Staat nach außen völkerrechtlich zu vertreten und

---

[1] Vgl. Laband a. a. O. Bd. II S. 154/5; Jellinek a. a. O. S. 362 f.

[2] Wie schwer oft beide „Systeme" voneinander zu unterscheiden sind, zeigt, daß die württembergische Verfassung bald diesem, bald jenem zugerechnet wird: vgl. Jellinek a. a. O. S. 186; und anderseits Meyer(-Anschütz) a. a. O. S. 699 Anm. 9.

[3] Über die ganze Frage vgl. Meyer(-Anschütz) a. a. O. S. 695 f.

[4] Jellinek a. a. O., S. 348 f., 357 f. Vgl. vor allem auch Bergbohm, Jurisprudenz und Rechtsphilosophie, Bd. I S. 97, sowie die Bemerkungen von Rieß, Mitwirkung der gesetzgebenden Körperschaften bei Staatsverträgen nach deutschem Staatsrecht (Abhandlungen aus d. Staats- u. Verwaltungsr., herausgeg. von Brie und Fleischmann, Heft 10), S. 6, 9 f.

für ihn Rechte und Pflichten zu begründen. Die ersten auf diesem Prinzip ruhenden deutschen Verfassungen sprechen diesen Rechtssatz zumeist als selbstverständliche Konsequenz aus dem Prinzip gar nicht ausdrücklich aus. Da nun aber der Monarch nach diesen Verfassungen bei der „Ausübung" der Staatsgewalt lediglich in der Gesetzgebung und Budgetfestsetzung an die ständische Mitwirkung gebunden ist, während sich keine Bestimmungen finden, welche die Ausübung der Staatsgewalt nach außen beschränken, so blieb jener Staatslehre nichts übrig, als den Monarchen nach außen, wie bisher im absoluten Staat, für unbeschränkt zu erklären und ihn nur nach innen bei der legislativen und etatrechtlichen Ausführung der Verträge an die parlamentarische Zustimmung gebunden zu konstruieren. Durch diese Scheidung der inneren und äußeren Geltung war so vermittels eines ganz ähnlichen Kunstgriffes, wie ihn diese Staatslehre in der bekannten Scheidung von „Zustehen" und „Ausüben" der Staatsgewalt zur Konstruktion der ständischen Mitwirkung bei der Gesetzgebung verwendet, auch hier wieder — wenigstens im juristischen Begriffshimmel — das „Prinzip" der Vereinigung der gesamten Staatsgewalt im Monarchen gerettet. Und die alt-ehrwürdige privatrechtliche Distinktion zwischen dem „inneren Verhältnis" und der „Wirkung nach außen" schien dieser Konstruktion das Siegel scharfen juristischen Denkens aufzudrücken.

Aber diese privatrechtliche Analogie hinkt: jene Scheidung hat zwar im Zivilrecht ihr wohlbegründetes Recht, nicht aber im Staats- und Völkerrecht. Sie ist überall da am Platze, wo es darauf ankommt, zur Erleichterung und Sicherung des Verkehrs, insbesondere zum Schutze des guten Glaubens, eine bestimmte Person herauszustellen, an die der Vertragsgegner sich zu halten berechtigt ist; — sei es, daß dieser Person eine unbeschränkte und „nach außen unbeschränkbare" Vertretungsmacht gegeben ist, oder daß diese Person für einen etwaigen Schadensersatz passiv legitimiert sein soll. Jedenfalls ruht diese

Distinktion auf rein technisch-verkehrsrechtlichen Motiven, mit deren Wegfall auch ihre Berechtigung entfällt. Auf solche Motive aber kommt es gerade bei Staatsverträgen nicht an: die innere Solidität und innere Gefestigtheit des Vertragsverhältnisses und das Gefühl der Gebundenheit beider Staatsganzen sind hier vielmehr die ausschlaggebenden Gesichtspunkte. Man empfindet es daher auch deutlich als eine Verpflanzung verkehrstechnischer Gesichtspunkte auf ein fremdes Gebiet, wenn infolge der Übernahme dieser Scheidung im öffentlichen Recht Fragen erörtert werden müssen, wie die, ob ein völkerrechtlicher Kontrahent das innere Verfassungsrecht des Gegenkontrahenten „kennen" müsse, und wie es mit Schadensersatzansprüchen stehe, wenn ein vom Staatshaupt bereits ratifizierter Vertrag die für seine „innere" Gültigkeit erforderliche Zustimmung der Volksvertretung nicht erlangen kann. — Aber die Kenntnis von der Verfassung des Gegenkontrahenten ist ja etwas ganz Selbstverständliches, ja eine Pflicht der vertragschließenden Staatshäupter; ihr Text und ihre Interpretation ist jedermann zugänglich[1], — während in den Fällen, wo das Privatrecht jene Scheidung durchführt, die Kenntnis der „inneren Verhältnisse" ohne verkehrshindernde Weitläufigkeiten nicht verlangt werden kann, jedenfalls im Interesse eines raschen und sicheren Verkehrs nicht verlangt werden soll. Ebenso ruhen jene Schadensersatz-

---

[1] Hierzu stehen die Ausführungen von Nippold (Der völkerrechtliche Vertrag, 1894, S. 118f.), der die Geltung des bekannten Satzes von Ulpianus: „Qui cum alio contrahit, vel est vel debet esse non ignarus condicionis eius" — für das Völkerrecht leugnet, in keinem wirklichen Gegensatz, da auch wir hier von keiner völkerrechtlichen Pflicht des Staatshauptes sprechen. Aber Nippold wird nicht gut leugnen können, daß es die innerpolitische Pflicht eines umsichtigen („diligens") kontrahierenden Staatshauptes ist, sich über die zugänglichen inneren Verfassungsverhältnisse seines Gegenkontrahenten genauestens zu informieren; hängt doch von ihnen die Realisierbarkeit des ganzen Vertrages ab. Ein Verstoß gegen diese Pflicht würde eine „Fahrlässigkeit" bedeuten, über die der verantwortliche Minister eventuell Rechenschaft zu geben hätte.

ansprüche des Privatrechts auf einem ganz anderen Boden als die hier diskutierten.

Denn wenn selbst die parlamentarische Zustimmung erst nachträglich erfolgen darf, so muß sie doch notwendig ihren Schatten vorauswerfen. So wahr das Staatshaupt mit dem Vertrage eine Bindung des Staatsganzen herbeiführen will, muß er die Vertragsnormen sub specie der künftigen Parlamentszustimmung festsetzen. Sollte es diesen Grundsatz außer acht lassen, so würde ihm eine „culpa in contrahendo“ [1] zur Last fallen; der Gegenkontrahent hätte einen Anspruch auf Schadensersatz, den er eventuell mit den Mitteln völkerrechtlichen Zwanges verwirklichen dürfte, gegen den Staat selber; und dieser müßte sehen, wie er „im Innern“ bei dem verantwortlichen Minister Deckung finden kann. Dies Hin und Her der obligatorischen Ersatzansprüche hat im Privatrecht seine wohlbegründeten verkehrspolitischen Zwecke; im öffentlichen Recht ist es ohne jede Berechtigung. Denn hier kommt es gar nicht auf einen möglichst schnellen und technisch glatten Geschäftsabschluß, auf keinen Schutz des „guten Glaubens“ an: erst wenn eine peinliche Abwägung der beiderseitigen Interessen beendet und eine sichere Aussicht auf die wirkliche Ausführung des Vertrages vorhanden ist, ist er überhaupt wert ratifiziert zu werden. Er kann ja auch ohne die parlamentarische Zustimmung garnicht zur „Ausführung“ kommen, so daß eine voreilige „völkerrechtliche“ Gültigkeit ohne jeden Zweck wäre.

So ist es denn nicht nur ein „Gebot ehrlicher äußerer und innerer Politik“, selbst bei den Verfassungen, die eine nachträgliche Einholung der parlamentarischen Genehmigung gestatten, sondern eine wirkliche Rechtspflicht des Staatshauptes [2], sich vor der Ratifikation der erforderlichen

---

[1] Vgl. Tezner, Zur Lehre von der Gültigkeit der Staatsverträge in Grünhuts Zeitschrift, Bd. XX (1893) S. 138/9.

[2] Jellinek a. a. O. S. 358. Vgl. auch Laband a. a. O. Bd. II S. 130, freilich etwas schwankend und nicht ohne Wider-

parlamentarischen Majorität zu versichern. Sie beruht auf einer jener im konstitutionellen Staate nicht seltenen, ungeschriebenen, aber darum nicht minder wirksamen Rechtsnormen, die mit dessen auf einem stetigen Zusammenwirken verschiedener Faktoren beruhenden Wesen unmittelbar gegeben sind[1]. Wenn diese Rechtspflicht heute noch nicht durchweg als solche erkannt ist und auch noch lange nicht von der Staatenpraxis befolgt wird, so liegt das zum größten Teil daran, daß die Erkenntnis von dieser Eigenart des modernen Verfassungsstaates noch immer nicht völlig festgewurzelt ist: man sieht ihn — wie wir bereits sagten — noch immer zu sehr unter dem Gesichtspunkt eines ängstlichen Wahrens von „Prärogativen“ und „verfassungsmäßigen Rechten“; — und dabei kann nichts seinem Wesen mehr widersprechen! Aufgabe der Wissenschaft aber hat es nicht nur zu sein, die einzelnen positiven Verfassungsformulierungen peinlich und minütiös zu interpretieren und die Präzedenzfälle aus der Staatenpraxis zu registrieren, sondern sie hat auch die Pflicht, der Zukunft die Wege zu bereiten, wenn sie sich dabei nicht von der strengen Methode notwendiger Deduktionen aus gegebenen Prinzipien im Hinblick auf die Verhältnisse des Lebens entfernt.

Diesen Weg glauben wir nicht zu verlassen, wenn wir nicht daran zweifeln, daß diese Rechtsnormen auch im Staatsrecht der Vereinigten Staaten allmählich Anerkennung und Geltung erlangen werden, je mehr die Macht der Tatsachen auch diesen Staat, dem es an politischem Takt und an Rechtsgefühl nicht mangelt, in die gesamte Weltpolitik

---

sprüche; dazu Zorn, Reichsstaatsrecht, Bd. I S. 508/9 Anm. 28. Und vor allem auch die treffenden Bemerkungen von Nippold a. a. O. S. 162/3.

[1] Vgl. auch die treffenden Worte bei Loening, Die Repräsentationsverfassung im 19. Jahrh., S. 29: „Der fundamentalste, allerdings nicht geschriebene Satz unseres Verfassungsrechtes, mit dem unsere Verfassung steht und fällt, lautet: Die Regierung und die Volksvertretung müssen zusammenwirken, müssen zu einer Verständigung gelangen, um das Reich zu erhalten und zu schützen, um die Lebensinteressen des Volkes zu fördern.“

verflechten und so auch die damit gegebenen konstitutionellen und internationalen Notwendigkeiten immer tiefer erkennen lassen wird.

7. Nach diesen allgemein konstitutionellen Problemen und Schwierigkeiten hat uns nunmehr noch eine aus der bundesstaatlichen Natur der Vereinigten Staaten folgende Frage zu beschäftigen, die in der deutschen Reichsverfassung eine von der Union abweichende Art der Lösung gefunden hat.

Das Wesen des Bundesstaates besteht darin, daß die staatlichen Kompetenzen, die materiellen Hoheitsrechte, zwischen zwei Arten staatlicher Wesen, der Bundesgewalt und der Einzelstaatsgewalt, verteilt sind. Wie der Artikel 4 der Reichsverfassung diese Aufteilung (im wesentlichen) vornimmt, so tut das entsprechend der Artikel I Sektion 8 der Unionsverfassung; beide in der Form, daß sie die Bundesgesetzgebung für bestimmte Gebiete der Staatstätigkeit für zuständig erklären: denn die Legislative ist im konstitutionellen Staat die souveräne Staatsfunktion in dem Sinne, daß sie zuerst von einem Gebiet Besitz ergreifen muß, um es dem staatlichen Einfluß überhaupt zu erschließen, und daß sie die hierzu nötige Kompetenzverteilung unter den einzelnen Organen vorzunehmen hat. Für die inneren Hoheitsrechte, an die bei dieser Normierung in erster Linie gedacht ist, erwachsen keine weiteren prinzipiellen Schwierigkeiten, während wiederum die Konstruktion der äußeren Hoheitsrechte zu Bedenken Anlaß gibt. Und auch hier wieder weniger im deutschen Reichsstaatsrecht als bei der Auslegung der Unionsverfassung.

Aus der nicht glücklichen Fassung des Artikels 11 Absatz 3:

> „Insoweit die Verträge mit fremden Staaten sich auf solche Gegenstände beziehen, welche nach Artikel 4 in den Bereich der Reichsgesetzgebung gehören, ist zu ihrem Abschluß die Zustimmung des Bundesrates und zu ihrer Gültigkeit die Genehmigung des Reichstages erforderlich" —

muß ein Doppeltes geschlossen werden: erstens die von uns bereits behandelte konstitutionelle Regel, daß Bundesrat und Reichstag bei der Perfektion der Verträge mitzuwirken haben, soweit ein Akt der Gesetzgebung hierbei erforderlich ist, und zweitens die bundesstaatsrechtliche Norm, daß die Kompetenz des Reiches zu Völkerrechtsverträgen zunächst auf die ihm in der Verfassung zugewiesenen materiellen Hoheitsrechte beschränkt ist[1]. Bei der unbedeutenden Erschwerung, der eine Verfassungsänderung im Reich gegenüber der einfachen Gesetzgebung unterliegt, besteht jedoch kein großes Hindernis, daß das Reich im einzelnen Falle mit der qualifizierten Majorität im Bundesrat seine verfassungsmäßig festgelegte Kompetenz durchbricht und Völkerrechtsverträge in gültiger Weise innerhalb der eigentlich den Einzelstaaten verbliebenen Sphäre abschließt[2]. Daß alle diese Verträge der Mitwirkung des Reichstages bedürfen, folgt schon daraus, daß diese ja zu jeder Verfassungsänderung erforderlich ist.

Haenel[3] will außer diesem Falle der kompetenzerweiternden Verfassungsänderung beim Staatsvertrag noch einen Fall der zulässigen „völkerrechtlichen Vertretung der Einzelstaaten durch das Reich" konstruieren, und postuliert hierfür eine aus konstitutionellen Rücksichten erforderliche „Mitwirkung der legislativen Faktoren des Einzelstaates" zum Vertragsschluß der Reichsregierung. Mir scheint jedoch ein solches Zusammenwirken von Reichs- und Landesorganen eine staatsrechtliche Unmöglichkeit zu sein. Auch dürfte keine Form denkbar sein, in der sie zu Recht erfolgen könnte: denn die Reichsregierung darf ohne Verfassungsänderung in den ihr nicht zugewiesenen Sphären

---

[1] Im Resultat übereinstimmend: Laband a. a. O. Bd. II S. 126 f.; Haenel, Staatsrecht, Bd. I S. 539 f.; Arndt, Reichsstaatsrecht, S. 711 f. (vgl. dazu Laband a. a. O. S. 128 Anm. 2); Proebst in Hirths Annalen (1882), S. 246, 285 f.

[2] Vgl. Laband a. a. O. Bd. II S. 149 f.; Zorn a. a. O. Bd. I S. 508; Haenel a. a. O. Bd. I S. 559.

[3] Haenel a. a. O. Bd. I S. 561.

nicht tätig werden, und auch ein vorheriges ermächtigendes Landesgesetz kann niemals eine neue Reichszuständigkeit begründen; ebensowenig kann ein Vertrag zwischen dem Reich und dem betreffenden Einzelstaat, ohne die Formen der Verfassungsänderung, eine prinzipielle oder einmalige völkerrechtliche Vertretung desselben durch das Reich gültig vereinbaren. Auf dem Umwege über den Artikel 78 wird also immer eine Zustimmung des Reichstages erforderlich sein, wenn das Reich außerhalb seiner eigentlichen Kompetenzen Staatsverträge abschließt. Trotzdem also der Artikel 11 Absatz 3 die Mitwirkung der Reichs-Legislative auf die dem Reiche ausdrücklich zugewiesenen materiellen Hoheitsrechte beschränkt, wird auch in diesen Fällen den konstitutionellen Anforderungen ohne jede unkonstruierbare Hineinziehung der Einzellandtage vollkommen genügt.

8. Ganz anders geartet sind die Schwierigkeiten, die sich in der Unionsverfassung bei dem entsprechenden Problem auftun.

Hier herrscht das entgegengesetzte Prinzip von dem, welches wir in der Reichsverfassung kennen gelernt haben. Während der Artikel 11 Absatz 3 die auswärtige Zuständigkeit des Reiches prinzipiell auf die ihm auch im Innern zugesprochenen materiellen Hoheitsrechte beschränkt, hat die Unionsverfassung die gesamte völkerrechtliche Vertretung den Einzelstaaten genommen und dem Bunde übertragen. Artikel I Sektion 10 lautet: „No State shall enter into any treaty, alliance, or confederation . . . No State shall, without the consent of Congress, . . . enter into any agreement or compact with another State, or with a foreign power“. Danach ist es zwar den Einzelstaaten, wenn auch nur unter Zustimmung des Kongresses, gestattet, „agreements or compacts“ zu schließen; jedoch diese Art von Staatsverträgen deckt sich nicht mit den den Einzelstaaten verbliebenen materiellen Hoheitsrechten. Story hält eine Auslegung der fraglichen Begriffe noch nicht für möglich; aber

Rüttiman [1] scheint uns durchaus das Richtige zu treffen, wenn er unter der ersten Gruppe, „treaties, alliances, confederations“, alle „Bündnisse oder politischen Verträge“ befaßt und zu diesen alle auf Krieg und Frieden bezüglichen Vereinbarungen, Handelsverträge und Verträge, welche „die Ausübung“ der Staatsgewalt irgendwie modifizieren, rechnet, und der zweiten Gruppe lediglich Privatrechtsverträge („compacts“) und „Verständigungen“ („agreements“) von bloß „lokaler Bedeutung“ zuweist: und diesen Begriff der bloß lokalen Bedeutung definiert er, wohl zutreffend, als „weder die Union noch die anderen Staaten interessierend“. Das principium divisionis dieser Einteilung ist demnach die Bedeutung und das allgemeine Interesse des zu normierenden Gegenstandes, und sodann die Art der vertraglichen Einigung: ob es sich um eine bloße Verständigung über strittige Einzelheiten oder um eine wirkliche Vereinbarung und gegenseitige Bindung in großen gemeinsamen Interessen handelt. Eine der inneren Verteilung der materiellen Hoheitsrechte parallel laufende Unterscheidung wird durch dies principium divisionis nicht vorgenommen.

Ein solcher Gedanke kann ja auch in der Verfassung der Vereinigten Staaten keinen Ausdruck gefunden haben, da die Idee einer internationalen Regelung innerer Angelegenheiten jener Zeit noch fremd war und der Begriff des Vertrages, wie wir sahen, einen bestimmten materiellen Sinn hat. Die ursprünglich mit jener Scheidung der Verträge verbundene Absicht liegt daher auch von dem Prinzip unserer Reichsverfassung gar nicht soweit ab: beide wollen die Einzelstaaten von der großen Politik fern halten, was sich bei dem ausschließlichen Recht des Bundes über Krieg und Frieden, bei dem ausschließlichen „völkerrechtlichen Aktionenrecht“ [2] des Bundes, eigentlich von selbst versteht.

Ist es sonach etwas Selbstverständliches, daß die Unions-

---

[1] Rüttimann, Das nordamerikan. Bundesstaatsr., verglichen mit den polit. Einricht. d. Schweiz (1867 f.), Bd. II 2 S. 2, 3.

[2] Haenel a. a. O. S. 554.

verfassung jenes im Artikel 11 der Reichsverfassung zum Ausdruck gekommene Prinzip nicht enthält, wie sie ja auch jene für gewisse Verträge nötige Kongreßzustimmung nicht erwähnt, so fragt es sich nunmehr, ob hier eine in der Natur des Bundesstaates liegende Notwendigkeit obwaltet, welche die auswärtige Gewalt der Union auf ihre inneren materiellen Hoheitsrechte beschränkt, wie es in der Tat eine in der Natur des Verfassungsstaates begründete Notwendigkeit war, daß die Trennung der Exekutive und der Legislative die Alleinzuständigkeit der Vertragsgewalt von einer Mitwirkung des Kongresses scheiden mußte.

Von einer solchen Notwendigkeit kann hier keine Rede sein. Haben wir doch schon gesehen, daß sich im Deutschen Reich, welches prinzipiell auf dem Standpunkt dieser Scheidung steht, sogar das Bedürfnis herausgestellt hat, eine völkerrechtliche Vertretung der einzelstaatlichen Sphäre durch die Reichsgewalt zu rechtfertigen und zu konstruieren. Sodann aber haben wir im Artikel VI der Unionsverfassung eine ausdrückliche Norm, welche dies bestätigt: alle in Gemäßheit und unter der Autorität der Vereinigten Staaten geschlossenen Verträge „shall be the supreme law of the land; and the judges in every State shall be bound thereby, anything in the Constitution or laws of any State to the contrary notwithstanding". In der vorhin erörterten konstitutionellen Frage konnte dieser Artikel die Mitwirkung des Kongresses bei gewissen Verträgen nicht ausschließen, weil er das allgemeine konstitutionelle Verhältnis von Legislative und Exekutive voraussetzt; hier aber muß er Anwendung finden: behandelt doch der Artikel VI gerade die Geltungskraft der Unionsregierungsakte im Verhältnis zu den Einzelstaaten. Die verfassungsgemäß zustande gekommenen Verträge des Bundes sollen die Gesetze und sogar die Verfassung der Einzelstaaten „brechen". Im Deutschen Reich bedarf jeder Staatsvertrag, der die Kompetenzsphäre des Reiches überschreitet, der Form der Verfassungsänderung.

Eine solche Bestimmung wäre in den Vereinigten Staaten bei den komplizierten Formen des amendment eine Unmöglichkeit: hier muß ein Bundesvertrag daher von selbst die Geltungskraft besitzen, einzelstaatliches Verfassungs- und Gesetzesrecht aufzuheben.

Aber es harrt noch ein letztes Problem der Lösung. Wie wird für diese Verträge, welche die eigentliche Bundessphäre überschreiten, den konstitutionellen Erfordernissen genügt?

Bei den Staatsverträgen, welche innerhalb der Bundessphäre lagen, hatten wir jene kategorischen Verfassungssätze, die mit dem markanten „The Congress shall have the power" beginnen. Diese Sätze müssen natürlich bei den fraglichen Verträgen fehlen, denn hier statuiert die Unionsverfassung ja gerade keine Zuständigkeit der Bundeslegislative. Desgleichen kann uns der im Reichsstaatsrecht helfende Umweg über den Verfassungsänderungsartikel nicht helfen, da hier gerade ohne amendment auf Grund der Verfassung selbst die Zuständigkeit der Bundesvertragsgewalt begründet ist. Aber auch hier läßt uns die Unionsverfassung mit ihrem kühnen systematischen Aufbau und ihrer ingeniösen Mischung von Spezialbestimmungen und Generalklauseln nicht im Stiche. Die Generalklausel des Artikel I Sektion 8 Absatz 18 schreibt vor, daß der Kongreß als Legislative das Organ ist, das zuständig sein soll zur Realisierung aller Kompetenzen, die die Verfassung der Bundesregierung überträgt: „The Congress shall have power to make all laws which shall be necessary and proper for carrying into execution the foregoing powers and all other powers vested by this Constitution in the government of the United States, or in any department or officer thereof". Die Legislative ist danach berufen, alle erforderlichen Rechtssätze aufzustellen, um die in der Bundessphäre enthaltenen Kompetenzen zu verwirklichen: das Recht zum Abschluß von Staatsverträgen ist der Bundesregierung unter Ausschluß der Einzelstaaten übertragen, das treaty-making power ist ein „department" des „government of the United States"; die zur Ausführung dieser Verträge nötigen innerstaatlichen Normen hat daher der Kongreß zu erlassen.

Von völlig verschiedenen Voraussetzungen ausgehend, hat uns so die Unionsverfassung zu einem unserem Reichsrecht durchaus analogen Resultat geführt! Es sind eben dieselben konstitutionellen und bundesstaatsrechtlichen Notwendigkeiten, die trotz aller Verschiedenheiten in den Ausgangspunkten in beiden Verfassungen walten, und die in beiden schließlich zum Ausdrucke kommen müssen. Gerade darin besteht ja der Reiz und das Lehrreiche jeder kritischen Rechtsvergleichung, daß sich nicht nur die individuelle Eigenart der besonderen Gestaltung, die ein Rechtsinstitut in einer bestimmten Verfassung erhalten hat, allein durch sie deutlich herausstellen läßt, sondern daß auch nur sie die notwendigen gemeinsamen Grundlagen, die unvermeidlichen Formen und apriorischen Voraussetzungen der einzelnen Rechtsinstitute ins Bewußtsein zu heben vermag.

V.

Konstruktion des Gebietserwerbes.

1. Die so gewonnenen allgemeinen Sätze über den Völkerrechtsvertrag gilt es nun auf das Spezialproblem des Gebietserwerbes anzuwenden und an ihm zu bewähren.

Zunächst dürfte als sicher feststehen, daß jeder Staat auch ohne ausdrückliche Erwähnung in der Verfassung das Recht zu Gebietserwerbungen besitzt: ein Staat, der Kriege zu führen und Staatsverträge abzuschließen befugt ist, kann in diesen Formen sein Macht- und Herrschaftsbereich erweitern. Es würde vielmehr ausdrücklicher Normen bedürfen, wenn in diesen verfassungsrechtlich geregelten Formen solche Ziele nicht verwirklicht werden dürften. Die Regierungspraxis und Jurisprudenz der Vereinigten Staaten hat daher mit vollem Recht jene Befugnisse als

„implied power“ aus dem „war“ und „treaty-making power“ deduziert[1]. Über das Wie? aber besteht noch keinerlei Einigkeit, und die in unseren Inselfällen zum Worte kommenden Meinungen sind sehr schwankend und von einander sehr verschieden. Wir konnten zwar eine fortschreitende Entwicklung beobachten in der positiven Erkenntnis, daß eine begriffliche Trennung des Gebietes von den auf ihm lebenden Personen und von der Organisation der Regierung und Regelung der Rechtsverhältnisse für dieses Gebiet staatsrechtlich schwer zu vollziehen ist. Aber wir mußten zugleich konstatieren, daß jeder solcher Fortschritt immer nur erkauft war gegen eine in demselben Verhältnis wachsende Unklarheit in der Begründung und gegen wachsende Widersprüche. Selbst die fortgeschrittensten Richter waren doch noch völlig stecken geblieben in jener dualistischen Kompromißansicht, die auch bei uns noch lange nicht überwunden, jedenfalls noch nicht aus allen Schlupfwinkeln des Staats- und Völkerrechts vertrieben ist[2].

Zwar hat neben der von Gerber angebahnten, aber unter den Händen seiner Nachfolger doch wieder zwiespältig gebliebenen Gebietslehre Fricker, von der organischen Auffassung des Staates ausgehend, viel radikaler und konsequenter als Gerber gezeigt, daß die Konstruktion des Gebietes als besonderen „Objektes“ der Staatsherrschaft nicht haltbar ist, und hatte demgegenüber tief und feinsinnig seine „Raumtheorie“ begründet[3]. Aber es ist nicht damit getan, daß man diesem Grundsatz als Prinzip eine Verbeugung macht und ihn unter ehrenvoller Erwähnung an die Spitze, aber immer nur neben die Reste der noch nicht innerlich überwundenen alten Anschauung stellt[4]. — Das

---

[1] So ist insbesondere in dem viel zitierten Fall American Insurance Company v. Canter entschieden worden: vgl. auch Randolph a. a. O. S. 5; Story a. a. O. § 1287.

[2] So urteilt auch Jellinek, Allg. Staatsl. S. 392/3.

[3] Fricker, Gebiet und Gebietshoheit (in den Festgaben f. Schäffle) 1901.

[4] Vgl. auch Jellinek a. a. O. S. 392 Anm. 2.

Gebiet ist überall nur und nichts weiter als das „örtliche Moment“, das alle innerstaatlichen Herrschaftsbefugnisse besitzen müssen: denn jede staatliche Tätigkeit bedarf einer Beziehung zum Gebiete als ihrer notwendigen räumlichen Grundlage, wie jede eine Beziehung zum Staatsvolke haben muß. Staatsgewalt, Volk und Gebiet sind überall notwendig „organisch verbunden“; Staatstätigkeit bedeutet garnichts anderes als Tätigkeit der Staatsgewalt für ein „seßhaftes Volk“. Alle besonderen staatsrechtlichen Sätze, die man aus dem Wesen des „Gebietes“ zu deduzieren pflegt, sind nichts als Eigenschaften der Staatsgewalt. Selbst die „Undurchdringlichkeit des Staates“ und die sogenannte „positive“ und „negative“ Funktion des Gebietes[1] sind Spezifika der staatlichen Herrschaftsmacht, des Staates als herrschenden Subjektes. Auch der „absolute“ Charakter der dinglichen Privatrechte hat seinen Grund nicht darin, daß diese ein räumliches, körperliches Substrat haben; denn es gibt ja auch „absolute“ oder „Ausschließungsrechte“ ohne ein solches Substrat in den Urheber- und Patentrechten[2]. Eine Gebietsveränderung ist daher, wie Jellinek treffend formuliert hat, eine „Veränderung in den Staaten als Subjekten“, eine Übertragung von „Imperium“[3], oder mit den Worten von Preuß eine „wesentliche Veränderung der Gebietskörperschaft selbst“[4]. Der Sinn eines Gebietserwerbes ist Ausdehnung des Herrschaftsbereiches einer Staatsgewalt; nur der Wortausdruck ist das Irreführende, da nicht nur das Gebiet, sondern notwendig zugleich der Kreis der beherrschten Personen und die Tätigkeit

---

[1] So z. B. Laband, Reichsstaatsrecht, S. 36 und Heilborn, Völkerrecht in Holtzendorff-Kohlers Enzyklopädie, Bd. II S. 1008/9; aber auch ähnlich, trotz prinzipiell richtiger Erfassung des Gebietes: Jellinek a. a. O. S. 381, 383, und Heimburger a. a. O. S. 29, 30. Dagegen sehr gut v. Sarwey, Württemberg. Staatsrecht, Bd. II S. 49.

[2] Dies gegen Laband, Staatsr. d. D. R. Bd. I S. 174, 175, Anm. 4.

[3] Jellinek a. a. O. S. 381 f.

[4] Preuß, Gemeinde, Staat und Reich als Gebietskörperschaften, S. 396. Vgl. auch Heimburger a. a. O. S. 26, 78, 79.

der Staatsgewalt, eben das Staatsganze selbst geändert wird. — An diesen Prinzipien ist bei der Interpretation der Verfassungen unverrückbar festzuhalten.

2. Wo die Verfassung selbst ausdrückliche Bestimmungen über die Form, in der Gebietsveränderungen zu erfolgen haben, enthält, bestehen keine Schwierigkeiten: in Preußen, Reuß j. L. und Schaumburg-Lippe sollen sie in Gesetzesform vor sich gehen[1]. Welche Form aber soll am Platze sein, wo die Verfassung entweder gänzlich schweigt oder nur von Gebietsabtretungen spricht?

Hier ist es nun üblich, im Reich, wo die Verfassung keine ausdrücklichen Normen für Gebietsveränderungen aufstellt, dafür aber im Artikel 1 den Umfang des „Bundesgebietes" fest umschrieben hat, für jede Änderung dieses Umfanges eine Verfassungsänderung zu verlangen; sonst aber pflegt man noch immer das Schweigen der Verfassungen nach dem „monarchischen Prinzip" auszulegen, d. h. überall eine Alleinzuständigkeit des Monarchen anzunehmen, wo nicht expressis verbis eine Mitwirkung des Landtages vorgeschrieben ist[2]: so bei Sachsen, Sachsen-Weimar und Anhalt[3]. Deren Verfassungen enthalten nur die Vorschrift, daß jede Gebietsabtretung an die Zustimmung der Ständeversammlung gebunden sein soll; man nimmt daher an, daß ein Gebietserwerb an dies Erfordernis nicht gebunden sei. Bei diesem Vorgehen läßt man aber alles unbeachtet, was man selbst über die Natur des Gebietes und der Gebietsänderungen an die Spitze gestellt hat — diese sollen ja in einer wesentlichen Veränderung des Staatsganzen selbst bestehen — und operiert ausschließlich mit dem Begriff der monarchischen Souveränität, aus dem doch gewiß nichts

---

[1] Preußen Art. 2; Reuß j. L. § 4; Schaumburg-Lippe Art. 2.

[2] So z. B. Anschütz a. a. O. S. 524; G. Meyer a. a. O. S. 700 Anm. 12. Dagegen zutreffend für Sachsen Leuthold, Sächs. Staatsr., S. 174/5; und allgemein Rieß a. a. O. S. 17—19.

[3] Sachsen § 2; Sachsen-Weimar § 4 Zf. 7; Anhalt § 19.

über die Natur des Gebietes als zum souveränen Staatsganzen selbst Gehörigen gewonnen werden kann.

Die Unhaltbarkeit dieses Vorgehens offenbart sich daher deutlich bei der Gruppe von Verfassungen, die auf der einen Seite wie jene Verfassungen die Landtagsmitwirkung expressis verbis nur bei Abtretungen fordern, die aber anderseits ähnlich wie die Reichsverfassung den Umfang des Staatsgebietes ausdrücklich festsetzen. Denn hiernach würde in Oldenburg, Sachsen-Altenburg und Waldeck [1] für eine Abtretung die einfache Gesetzesform genügen, für Erwerbungen aber eine Verfassungsänderung erforderlich sein, was offenbar nicht die Absicht dieser Verfassungen war. Es kann demnach die Verfassungsnorm, die für Gebietsveräußerungen die Mitwirkung der Landtage fordert, nicht als lex specialis aufgefaßt werden, aus der man mit argumentum e contrario für Erwerbungen bald die Alleinzuständigkeit des Fürsten bald das Erfordernis einer Verfassungsänderung folgert. Man muß sie vielmehr zu einem Analogieschluß auf die gleiche Behandlung von Gebietserwerbungen verwenden; und das an die Spitze gestellte allgemeine Prinzip, daß jede Gebietsänderung eine Veränderung des Staatsganzen selbst bedeutet, hat zur Vermittlung dieses Analogieschlusses zu dienen. Die Gebietsveräußerung war nur der besonders eklatante Fall, an dem jener allgemeine Satz dem Verfassungsgesetzgeber zum Bewußtsein kam. Die patrimoniale Art, mit der die deutschen Fürsten über ihr Gebiet zu verfügen pflegten, sollte unmöglich gemacht werden, das Gebiet sollte als nicht nur zum Fürsten, sondern zum Staatsganzen gehörig in die Erscheinung treten; das war der den Verfassungsgesetzgeber leitende Gesichtspunkt: darum sollte die privatrechtliche Verfügung darüber verfassungsmäßig ausgeschlossen, keineswegs aber eine Gegenüberstellung des Erwerbes

---

[1] Oldenburg Art. 1—3; Sachsen-Altenburg § 1 und 2; Waldeck § 1 und 2.

und der Abtretung vorgenommen werden, die ja für die oldenburgische und die sächsische Gruppe trotz ihrer innerlichen Verwandtschaft zu der entgegengesetzten Behandlung des Erwerbes führen würde.

Nach denselben Grundsätzen muß die in zahlreichen deutschen Verfassungen geforderte „Unteilbarkeit" des Staatsgebietes interpretiert werden, so in Bayern, Baden, Braunschweig, Koburg-Gotha und Schwarzburg-Sondershausen [1]. Auch hier pflegt man mit der Auslegungsregel des monarchischen Prinzipes zu operieren und mangels einer in der Verfassung vorgeschriebenen Form für jede Abtrennung von Gebietsteilen eine Verfassungsänderung zu fordern, für jeden Erwerb sich aber mit der Alleinzuständigkeit des Monarchen zu begnügen [2]. Aber auch hier ist zu konstatieren, daß der Begriff der Unteilbarkeit keinen Gegensatz zwischen Abtretung und Erwerb aufstellen will: auch hier soll nur die privatrechtlich-patrimoniale Auffassung des Gebietes als eines dem Fürsten zu freier Verfügung stehenden Eigentumsobjektes ausgeschlossen, und die staatliche und öffentlichrechtliche Einheit der aus den verschiedensten Rechtstiteln zusammengekommenen Gebietsteile zum Ausdruck gebracht werden [3]. Dies geht z. B. aus der Fassung des § 1 der Koburg-Gothaer Verfassung hervor: „die Herzogtümer Koburg und Gotha bilden ein unter der Regierung des Herzoglichen Hauses von Sachsen-Koburg und Gotha vereinigtes, untrennbares Ganzes, mit nachstehender Verfassung" [4]. Noch deutlicher ist Artikel 3 der hessischen Verfassung, die in die Gruppe der vom Gebiet gänzlich schweigenden Verfassungen gehört; sie spricht daher nicht einmal von einer „Unteilbarkeit" des Staatsgebietes, will aber

---

[1] Bayern Art. II § 1; Baden § 3; Braunschweig § 1; Koburg-Gotha § 1; Schwarzburg-Sondershausen § 1.

[2] So z. B. für Bayern Seydel, Bayr. Staatsr., S. 45/6; allgemein Anschütz a. a. O. S. 524.

[3] So wohl auch Wieland, Badisches Staatsrecht, S. 6.

[4] Über das Verhältnis von Koburg und Gotha vgl. Jellinek, Über Staatsfragmente, S. 34, 35.

doch diesen Gedanken der staatsrechtlichen Einheit der verschiedenen Landesteile zum Ausdruck bringen: „Das Großherzogtum bildet, in der Gesamtvereinigung der älteren und neueren Gebietsteile, ein zu einer und derselben Verfassung verbundenes Ganze". Ihre zeitliche und sachliche Verwandtschaft mit der bayrischen und badischen Verfassung bürgt für die Gleichheit dieses Grundgedankens. Ebensowenig aber liegt in dem Begriffe der Unteilbarkeit etwas davon, in welcher Form, ob in der des einfachen Gesetzes oder der Verfassungsänderung, sich Gebietsveränderungen zu vollziehen haben. Argument die Verfassung von Reuß ä. L.: hier wird zunächst die Unteilbarkeit des Fürstentums postuliert, um sodann im nächsten Paragraphen diesen Begriff dahin auszulegen, daß für eine Gebietsveräußerung der Weg der einfachen Gesetzgebung genügt. Die Betonung der Unteilbarkeit soll eben nur den Sinn haben, die patrimoniale Verfügung des Fürsten zu verbieten und den Charakter des Gebiets als zum Staatsganzen gehörig zu betonen.

Die Verfassungen von Hessen [1], Schwarzburg-Rudolstadt, Lippe, Bremen und Lübeck schweigen gänzlich über das Gebiet: nach der allgemeinen Bedeutung des Gebietes für den modernen Staat und dem in der Mehrzahl der deutschen Verfassungen, wie wir sahen, zum Ausdruck gekommenen Grundsatz, daß das Gebiet nicht zur Disposition des Souveräns sondern zum Staatsganzen gehört, dürfte auch hier nicht die Auslegungsregel des monarchischen Prinzipes, das ja ohnedies auf die beiden „freien Städte" keine Anwendung finden kann [2], sondern eine Beteiligung der Volksvertretungen Platz greifen [3].

---

[1] Über die Bedeutung des Artikel 3 haben wir oben gelegentlich des Begriffs der „Unteilbarkeit" bei der bayrischen Gruppe gesprochen.

[2] Der berühmte Artikel 57 der Wiener Schlußakte, der das monarchische Prinzip zuerst in Deutschland formulierte, nimmt ausdrücklich die „freien Städte" von dem konstitutionell-monarchischen Prinzip aus.

[3] Vgl. auch Rieß a. a. O. S. 51.

3. Schwierigkeiten eigener Art erwachsen nur noch für die württembergische Verfassung. Hier scheint durch ausdrückliche Vorschriften dem Könige allein das Recht zum Erwerbe von neuem Gebiet beigelegt und der Landtag auf eine Mitwirkung bei Veräußerungen beschränkt zu sein. § 2 der Verfassung lautet:

„Würde in der Folgezeit das Königreich einen neuen Landeszuwachs durch Kauf, Tausch oder auf andere Weise erhalten, so wird derselbe in die Gemeinschaft der Verfassung des Staates aufgenommen.

Als Landeszuwachs ist alles anzusehen, was der König nicht nur für seine Person, sondern durch Anwendung der Staatskräfte, oder mit der ausdrücklichen Bestimmung, daß es einen Bestandteil des Königreichs ausmachen soll, erwirbt“.

Und § 85 enthält die übliche Klausel, daß kein Teil des Staatsgebietes ohne Zustimmung der Stände veräußert werden darf. So scheint denn hier tatsächlich jene von uns bisher verworfene Unterscheidung und verschiedene Behandlung des Erwerbes und Verlustes von Gebiet statuiert zu sein [1].

Jedoch auch dieser Schein muß unseres Erachtens vor einer richtigen und sinngemäßen Interpretation schwinden. Der Absatz 1 des § 2 der Verfassung will festsetzen, daß, wenn das „Königreich“ (sic! nicht der König) neue Gebietsteile erwirbt, diese mit den alten zusammen eine staatsrechtliche Einheit unter derselben Verfassung bilden sollen. Er will also den Grundsatz der „Unteilbarkeit“, den wir aus den Verfassungen der bayrischen Gruppe her kennen, allgemeiner, und mit Rücksicht auf etwaige Gebietserweiterungen formulieren, — und zwar ganz in dem Sinne, den wir diesem Grundsatz unter Berufung insbesondere auf die hessische Verfassung beigelegt haben: auch dort war von der „Gesamtvereinigung der älteren und neueren Gebiets-

[1] So in der Tat die Konstruktion von Anschütz a. a. O. S. 524.

teile“ und von dem „zu einer und derselben Verfassung verbundenen Ganzen“ die Rede. Diese Einreihung der württembergischen Verfassungsurkunde ist auch historisch berechtigt: die bayrische und badische Verfassung datieren von 1818, die hessische von 1820 und die württembergische von 1819. Ebenso ist die feinere Durchdenkung der auswärtigen Verhältnisse des Königreichs eine Eigentümlichkeit der württembergischen Verfassung innerhalb dieser historischen Gruppe [1].

Der Absatz 2 unternimmt nun eine genaue Fixierung dessen, was als „Landeszuwachs“, also unter die Verfassung fallend und als zur unteilbaren Einheit des Staatsganzen gehörig, angesehen werden soll und setzt hierfür zweierlei als Norm fest. Erstens soll alles, was „durch Anwendung der Staatskräfte“ gewonnen wird, hierher gehören: damit würde der Plan, den z. B. die preußische Regierung 1867 hatte, die durch debellatio erworbenen Gebietsteile von Hannover, Hessen usw. in eine bloße Personalunion mit dem „König“ von Preußen zu bringen [2], verfassungsmäßig für Württemberg ausgeschlossen sein. Und zweitens soll alles, was „mit der ausdrücklichen Bestimmung, daß es einen Bestandteil des Königreichs ausmachen soll“, erworben wird, mit dem bisherigen Gebiet „zu einem unzertrennlichen Ganzen und zur Teilnahme an einer und derselben Verfassung vereinigt“ werden: es darf also nur das, was „der König bloß für seine Person“ erwirbt, von diesem „Ganzen“ und von dieser „Teilnahme“ ausgeschlossen bleiben.

Dies und nur dies hat unser Absatz 2 festsetzen wollen. Eine Regelung der Frage, welche Organe des Staates zu dem staatsrechtlichen Akt der Einverleibung, der Selbstvergrößerung, kompetent sein sollen, kann aus ihm nicht abgelesen werden. Aus der Formulierung: „was der König ... erwirbt“ darf jedenfalls kein Schluß auf irgendwelche

[1] Vgl. z. B. Jellinek, Gesetz u. Verordn., S. 186 Anm. 23.
[2] Vgl. v. Roenne, Staatsr. d. preuß. Monarchie, Bd I S. 48 Anm. 6.

Kompetenzregelung gezogen werden. Sie hat ihren nächsten Grund darin, daß der Absatz zugleich von dem Erwerb eines Gebietes bloß für die „Person“ des Königs, von einer bloßen Personalunion handelt: das Wort „der König“ steht hier also gar nicht für den König als „Organ“ des württembergischen Staates, was die Voraussetzung für eine Kompetenzverteilung wäre; sondern er kommt zugleich in Betracht als mögliches Organ für einen weiteren, mit Württemberg staatsrechtlich gar nicht verbundenen, durch eine bloße Personalunion mit ihm zusammenhängenden, an sich selbständigen Staat. Eine ganz korrekte juristische Durchführung dieser Unterscheidungen hätte zu einer höchst komplizierten Formulierung führen müssen, für die eben an dieser Stelle, welche nur eine Begriffsbestimmung des Landeszuwachses bezweckt, keine Veranlassung bestand.

Eine solche feine Distinktion hätte aber auch außerhalb der Anschauungen der damaligen konstitutionellen Doktrin gelegen. Nach dieser, der Staatslehre des monarchischen Prinzips, ist der König „das Haupt des Staates, vereinigt in sich alle Rechte der Staatsgewalt und übt sie unter den durch die Verfassung festgesetzten Bestimmungen aus“[1]. Er „vereinigt“ also zwar der generellen Repräsentation nach „alle“ Rechte der Staatsgewalt in sich; aber damit ist noch nichts über seine auch positiv „ausübende“ Zuständigkeit gesagt. Diese läßt sich nur feststellen, indem man von der gesamten Staatstätigkeit die Kompetenzen der Ständeversammlung und der Richter abzieht: erst der hierbei resultierende Rest macht die wirkliche „Zuständigkeit“ des Königs als Staatsorganes aus. Wo daher nur von dem „König“ schlechthin die Rede ist, ist noch an keine tatsächliche Kompetenzverteilung gedacht: das Wort „König“ steht häufig nur für den in ihm zur Erscheinung kommenden „Staat“. Nur wo von „Ausüben der Staatsgewalt“ die Rede ist, wird positiv eine

---

[1] Württembergische Verfassung § 4.

Zuständigkeit begründet. So sagt z. B. der § 85 zwar im ersten Satz, daß der „König" den Staat nach außen vertritt, aber der mehr als achtmal so lange Satz 2 statuiert, daß die juristische Gültigkeit der kraft dieser Vertretung vereinbarten Sätze in den wichtigsten und meisten Fällen von der selbständigen Mitwirkung eines anderen Organes, des Landtages, abhängig ist. Der „König" schließt also zwar nach der Terminologie der Verfassung die Staatsverträge, der „König" erwirbt neue Gebiete, der „König" ist der Gesetzgeber usw.; mit alledem soll aber über die wirklichen Kompetenzfragen und die Mitwirkung des Landtages noch kein Wort gesagt sein.

Wir kommen also auch für Württemberg zu dem Resultat, daß der § 2 keine Alleinzuständigkeit des Königs begründen will, und daß die Norm des § 85 über die Gebietsabtretung, wie die entsprechenden Normen der anderen Verfassungen, keine einen Analogieschluß verbietende lex specialis darstellt, sondern daß auch hier, ja gerade hier, wo die Einheit und Unteilbarkeit des Staatsgebietes sogar für den Fall des Gebietserwerbes fein und deutlich betont ist, *jede Art von Gebietsänderung der Zustimmung des Landtages bedarf*.

4. Unser Resultat wird noch durch Erwägungen allgemeiner Natur gestützt.

Jede Regierung eines Gebietes kostet Geld: es müssen Behörden eingerichtet, Beamte ernannt und besoldet, und es müssen die laufenden Geschäfte abgewickelt werden. Daher muß gerade jeder *Erwerb* von Gebiet, bezüglich dessen im deutschen Staatsrecht Zweifel bestehen, *Beziehungen zu dem Budgetrecht der Landtage* aufweisen. Es kann und soll hier nicht auf irgendwelche Einzelheiten dieser noch immer ziemlich im Argen liegenden Lehre eingegangen werden: aber die legislative Freiheit in der Ausgabenbewilligung für die Einrichtung der Verwaltung wird von niemand bestritten werden können. Jeder Gebietserwerb aber legt dem Staate neue „Lasten" und „Verpflichtungen“ auf, Lasten und Verpflichtungen im Sinne gerade der Vorschriften über die Mitwirkung der Landtage bei Staatsverträgen.

Dieser Gedankengang ist eigentlich nur die Konsequenz allgemein anerkannter Prinzipien. Man ist sich darüber klar, daß jede Gebietserweiterung eine Ausdehnung des Staates selbst und seiner Herrschaft bedeutet; und man hat ferner erkannt, daß die Finanzverwaltung kein eigentlich selbständiger Verwaltungszweig ist, sondern eine bestimmte Seite jedes Verwaltungszweiges. Gerade darin liegt ja die historische und konstitutionelle Bedeutung des Budgetrechtes, daß die gesamte Verwaltung — nach einer Richtung — dem normierenden und kontrollierenden Einfluß der Parlamente zugänglich gemacht wird. Die in jeder Gebietserweiterung liegende Ausdehnung der Verwaltungstätigkeit muß daher ihre budgetrechtliche Seite haben, da mit ihr notwendig Erweiterungen auf der „Ausgabenseite“ des Etats verbunden sind.

Wenn man diese Gedankengänge gewöhnlich nicht beachtet, und man sie auch im politischen Leben nicht hervorheben gehört hat, so liegt der Grund dafür wohl darin, daß Gebietserweiterungen eben zugleich Erweiterungen an Macht und Ansehen des gesamten Staates bedeuten, daß daher — ausgesprochen oder unausgesprochen — die Majorität der Parlamente hinter solchen Erweiterungen steht, und diese also ein Übergangenwerden nicht zu empfinden und zu rügen pflegten. Wirklich in die Erscheinung treten kann das ganze Problem erst mit dem Zweifelhaftwerden dieser Parlamentsmajorität: mit dem Aufkommen von politischen Strömungen, die nicht mehr den unerschütterten Glauben an den unbedingten Wert von Staats- und Machterweiterungen besitzen, und die einer Expansionspolitik die Forderung inneren Ausbaues der sozialen Verhältnisse gegenüberstellen. Mit einer solchen Differenzierung der politischen Ansichten — das muß m. E. unbedingt gefordert werden — ist aber die Notwendigkeit einer ausdrücklichen parlamentarischen Zustimmung unabweislich geworden.

An dieser Stelle unserer systematischen Ausführungen haben wir die vorhin erörterte Ansicht der Concurring Opinion des Downes-Falles einzureihen, die ganz richtig — wenn auch ohne Begründung — empfunden hatte, daß der verfassungsgemäße Rechtsgrund für die Gültigkeit einer Gebietserweiterung allein in der Übereinstimmung des Kongresses mit dem vertragabschließenden Organe liegen kann; sie hatte daher, um auch allen bisherigen Erwerb als in der rechten Form geschehen zu erweisen, zu jenem stillschweigenden „assent of Congress" greifen müssen: er hätte ja sprechen können, wenn seine Majorität den Erwerb nicht gebilligt hätte. Es hat diesen Richtern aber das Bewußtsein gefehlt, daß eine solche stillschweigende Zustimmung lediglich eine gewisse historische Berechtigung besitzen, aber nicht das Resultat einer sachlich-systematischen Konstruktion bilden kann.

Aber unsere Concurring Opinion hat wiederum an anderer Stelle, im De Lima-Fall, völlig zutreffend den Zusammenhang mit dem Budgetrecht erkannt, wenn sie einen Gebietserwerb erst dann für erfolgt bezeichnete, wenn die „instrumentalities of government" eingerichtet seien[1]. Von diesem Ansatzpunkte aus hätte sie die Unzertrennlichkeit des Gebietes von der staatlichen Beherrschung seiner Bewohner einsehen und die richtige Erkenntnis entwickeln müssen. Leider aber bleibt es bei dieser Andeutung und einem sehr emphatischen Lob dieser Konstruktion als theoretisch und praktisch, für Justiz und Verwaltung gleich empfehlenswert. Im Downes-Fall ist von diesen „instrumentalities of government" nicht mehr die Rede.

5. Aber von hier aus ist es eigentlich nur noch ein Schritt zu der Einsicht, daß die budgetrechtliche Seite eben

---

[1] 182 U. S. 205.

nur eine Seite der Sache, die Finanzseite, ist. Wir sahen: jede Regierung kostet Geld, — und folgerten hieraus eine staatsrechtliche Mitwirkung der Parlamente. Es ist aber ganz allgemein zu sagen: jeder Gebietserwerb fordert eine Regierung dieses Gebietes, und es versteht sich keineswegs von selbst, von welcher Art diese Regierung ist. Es bedarf vielmehr eines ausdrücklichen und tatsächlichen Willensentschlusses, welche Wahl man unter den zahlreichen Möglichkeiten der Beherrschung trifft, und wie man sie durchführt. Selbst wenn die Verfassung, wie wir es bei der württembergischen sahen, ausdrücklich vorschreibt, daß jeder Landeszuwachs nach den Normen der Verfassungsurkunde beherrscht werden soll, bleiben doch noch Willensentschlüsse zu fassen über die Art und die Modalität der Einführung und über den Übergang zu dem neuen Rechtszustande. Als man sich im Deutschen Reich entschlossen hatte, Elsaß-Lothringen und Helgoland mit unter die Verfassung zu nehmen, bedurfte es noch einer ganzen Anzahl von Entscheidungen, um eben die „instrumentalities", die die Regierung nach der Verfassung nötig hat, durchzuführen und den bisherigen Rechtszustand in den neuen überzuleiten[1]. — Für eine unbefangene, und von keinen atavistischen Theorien beeinflußte Praxis kann hier eigentlich kein Zweifel aufkommen: auch die Vereinigten Staaten haben bei ihren Gebietserweiterungen eine sukzessive und planmäßige Legislation für die Regierung der neuerworbenen Territorien in die Wege geleitet, um diese allmählich für ihre Verfassung und zur Staatenqualität zu erziehen; Farrand hat in einer kleinen Schrift eine Zusammenstellung dieser Legislativakte vorgenommen[2].

So hat uns die neue Erkenntnis vom Wesen und von der Funktion des Gebietes wieder zu der in der patri-

---

[1] Vgl. die Gesetze vom 9. Juni 1871 und vom 15. Dezember 1890 (Arndt, Kommentar, S. 62).

[2] Farrand, The Legislation of Congress for the government of the Organized Territories of the United States (1896).

monialen Auffassung bereits vorhandenen staatsrechtlichen Einheit von Land, Leuten und deren Beherrschung zurückgeführt, die unserer modernen Staatslehre verloren gegangen war. Nur liegt für uns heute der Hauptton nicht mehr auf dem passiven und sächlichen Moment des Grund und Bodens; aber auch nicht mehr wie im Naturrecht auf dem Personenverbande des Volkes: sondern auf dem aktiven und subjektiven Moment der staatlichen Herrschaftsgewalt, deren Charakteristikum in ihrer notwendigen Bezogenheit auf ein seßhaftes Volk liegt. Auf diese Weise werden die in den bisherigen Theorien einseitig betonten „Momente" zu einer höheren Einheit zusammengefaßt und in ihr „aufgehoben".

Ein Gebietserwerb ist sonach für den erwerbenden Staat nichts anderes als die Konstituierung einer öffentlichen Herrschaftsgewalt über bisher von ihm noch nicht beherrschte seßhafte Personen[1]. Er hat sich daher nach den Normen zu vollziehen, die nach dem geltenden Verfassungsrecht für die Einrichtung einer solchen Gewalt maßgebend sind.

Die auswärtige Gewalt als solche ist außerstande, eine „Einverleibung" vorzunehmen: denn diese ist gar kein völkerrechtlicher Akt, sondern eine innerstaatliche organisatorische Herrschaftshandlung. Was diese Gewalt hierbei, wie übrigens auf zahlreichen Gebieten ihrer Tätigkeit, im Verfassungsstaat allein leisten kann, hat lediglich die Bedeutung einer Initiative. Das ist freilich im konstitutionellen Staat sehr viel: denn bei der gewöhnlichen innerstaatlichen Gesetzgebung fehlt selbst dem Monarchen dies Recht, und die große Macht der Exekutive in den auswärtigen Angelegenheiten hat in ihr ihren eigentlichen

---

[1] Gut Heimburger a. a. O. S. 78: „Gebietserwerb ist demnach die Unterwerfung eines Landes unter die Souveränität des erwerbenden Staates."

Kern. Kraft dieses Initiativrechtes kann die auswärtige Gewalt Akte vornehmen und Verhandlungen bis zu einem Punkte führen, der es einem vaterlandsliebenden Parlament unmöglich macht, Nein zu sagen. Staatsrechtlich bedeuten auch die Okkupation herrenloser Gebiete und die kriegerische Debellation, gerade wie Vertragsabschlüsse, nichts weiter als eine solche — allerdings sehr bedeutsame — Initiative. Hieraus folgt m. E. mit Notwendigkeit die Norm, die wir schon bei dem allgemeinen Problem der Staatsverträge postuliert hatten, daß die auswärtige Gewalt endgültige völkerrechtliche Akte wie die Ratifikation und Notifikation, soweit dies irgend tunlich ist, erst vornehmen soll, nachdem die erforderlichen staatsrechtlichen Akte vollzogen sind.

Ein Zwischenzustand zwischen dem völkerrechtlichen Erwerb und der staatsrechtlichen Einverleibung, der der Konstruktion solche Schwierigkeiten bereitet hat, kommt nur von der Nichtbefolgung dieser ungeschriebenen Norm: er ist daher, wenn sein Auftreten bei Erwerbungen auch tatsächlich noch die Regel ist, als „anomal“ zu bezeichnen, gerade wie jene völkerrechtlich bereits perfekten, aber staatsrechtlich noch nicht gültigen Verträge. Und es liegt nur an der noch immer nicht voll erkannten Rechtsnatur des Gebietes, wenn sich jene Norm bei gewöhnlichen Staatsverträgen bereits durchzusetzen begonnen hat, bei Gebietserwerben aber noch nicht zum Bewußtsein gekommen ist. Wo ein solcher Zwischenzustand besteht, muß die in dieser Zeit geübte Herrschaft konstruiert werden als ein völkerrechtlich geschütztes Rechtsverhältnis, das ein friedliches Gegenstück zur occupatio bellica, der es ja oft zu folgen pflegt, bildet. Es ist eine von der auswärtigen Gewalt geübte Herrschaft, die infolge der völkerrechtlichen Anerkennung gegen Störung und Entziehung geschützt ist. Sie kann ihre staatsrechtliche Legitimation allein im Hinblick auf die bevorstehende legislative Zustimmung finden, die vorher einzuholen aus besonderen äußerpolitischen

Gründen untunlich war. In diesem Sinne ist jene Herrschaft ein bloßes „de facto government“, wie es die amerikanische Jurisprudenz bezeichnet: eine nur — tatsächliche, nicht-normale Regierung.

Porto Rico war also zur Zeit des De Lima-Falles, zwischen der Ratifikation des Pariser Friedens und dem Foraker Act, nicht Inland in dem staatsrechtlichen Sinne, daß die für die Regierung des Innern bestimmten Verfassungsnormen zur Anwendung zu kommen hatten. Natürlich war die dort geübte Herrschaft Herrschaft der Unionsgewalt: in diesem Sinne war es kein Ausland mehr; denn das Gebiet ist ja nichts als der Raum, in welchem eine Staatsgewalt sich betätigen darf, und die Vereinigten Staaten waren von der Ratifikation an der einzige Staat, dem eine solche Betätigung rechtlich zustand. Aber die zu dieser Herrschaft berufenen Organe mußten bis zur „Einverleibung“ die der auswärtigen Gewalt sein, da die Ratifikation als reiner Akt des Völkerrechtes nur die Bedeutung haben kann, völkerrechtliche Rechte und Pflichten zu begründen, also von einem Gebietserwerb, der ja die Konstituierung und Organisation einer innerstaatlichen Regierungsgewalt ist, nichts enthalten kann.

Das Verhältnis läßt sich eben nur als Seitenstück zur occupatio bellica verstehen und konstruieren[1]. Auch bei dieser hört die bisherige Staatsgewalt auf zu funktionieren und wird ersetzt durch die des Okkupanten, und es wird ein völkerrechtlich anerkanntes und besonderen Normen unterliegendes Rechtsverhältnis zwischen Besetzer und besetztem Gebiet begründet. Da ein Gebiet nun aber seine rechtliche Qualifikation nur durch die es zu beherrschen berechtigte Staatsgewalt erhält, werden die besetzten Landesteile zwar nicht Inland des okkupierenden Staates in dem Sinne, daß nunmehr die für dessen innere Regierung

[1] Ein Hinweis auf diesen Parallelismus — wenn auch in etwas anderer Weise — bei Rosenberg, Territorium, Schutzgebiet, Reichsland (in Hirths Annalen 1903), S. 496/7.

geltenden Normen Anwendung zu finden haben, wohl aber in dem, daß die okkupierende Staatsgewalt eine völkerrechtlich anerkannte Herrschaft übt. Entsprechend hören mit der Besetzung die okkupierten Landesteile auf, Inland des bisherigen Souveränes in dem Sinne zu sein, daß jetzt seine Staatsgewalt nicht mehr die juristisch, und zwar völkerrechtlich anerkannte, maßgebende ist. — Wiederum war es die mangelnde Erkenntnis der rechtlichen Bedeutung des Gebietes, welche das Wesen der occupatio verkennen ließ und ihre Lehre zu „einer der verwirrtesten" des Völkerrechts machte [1].

In durchaus zutreffender Weise dürfte die Bedeutung der occupatio bellica von zwei alten Entscheidungen des Supreme Court erfaßt sein, welche in den Inselfällen mehrfach zitiert werden [2]. Als im Jahre 1812, während der „military occupation" durch England, Waren in den Hafen von Castine importiert wurden, erhob sich die Frage, ob Castine durch die Besetzung aufgehört habe Inland zu sein. Die Frage wurde bejaht, und zwar aus dem Grunde, daß eine fremde Staatsgewalt geherrscht habe, und so die „sovereignty of the United States suspended" gewesen sei. Der umgekehrte Fall kam in dem Prozeß Fleming v. Page 1850 zur Entscheidung, als Waren von Tampico, während der „military occupation" dieser Landesteile durch die Union, in die Vereinigten Staaten eingeführt waren:

---

[1] Zorn a. a. O. Bd. I S. 519 Anm. Das Bestreben von Zorn, den Erwerb von Elsaß-Lothringen auf den Rechtsgrund der debellatio zu stellen und die Einrichtung des „Generalgouvernements" nicht als occupatio bellica, sondern als Akt der bereits vollendeten debellatio zu konstruieren, hat gegenüber der besonders durch Loening repräsentierten herrschenden Auffassung seinen gesunden und berechtigten Kern in dem, was wir oben im Text ausführten. Eine richtige Erkenntnis von dem Wesen des Gebietes macht jedoch diese — schon wegen der unzutreffenden Auffassung der völkerrechtlichen Erwerbsakte und der staatsrechtlichen Einverleibung unhaltbare — Konstruktion überflüssig, und behält die übliche Unterscheidung von debellatio und occupatio, die sich auf dem von Zorn angedeuteten Wege niemals vollziehen ließe, als berechtigt bei.

[2] Vgl. 182 U. S. 181—183.

hier erklärte der Supreme Court die kriegerische Besetzung für nicht ausreichend das okkupierte Gebiet zum Inland im Sinne der Zollgesetze zu machen, da dies erst eintreten könne, nachdem auf Grund von legislativen Akten des Kongresses Zollhäuser eingerichtet und Beamte angestellt, nachdem die „instrumentalities of government" eingerichtet seien. — In diesen beiden Fällen wird nur scheinbar die occupatio bellica verschieden, das erste Mal als exkorporierend und das zweite Mal als nicht inkorporierend konstruiert; der entscheidende Gesichtspunkt ist vielmehr in beiden Fällen der gleiche: das Vorhandensein einer nach den Normen der inneren Regierung funktionierenden öffentlichen Gewalt.

So wird denn in der Tat sowohl bei der occupatio bellica als auch bei jenem Zwischenzustand zwischen Ratifikation und staatsrechtlicher Einverleibung eine völkerrechtlich anerkannte Herrschaft geübt, die den Organen der auswärtigen Verwaltung zustehen muß, weil eine staatsrechtlich fundierte öffentliche Gewalt noch nicht organisiert, das Gebiet noch nicht „erworben" ist[1].

---

[1] Es bedarf also zur Konstruktion dieses Zwischenstadiums nicht der von Jellinek (Über Staatsfragmente, S. 19 f.; Allgemeine Staatsl., S. 634 f.) vorgeschlagenen neuen Kategorie des „Landes" oder „Staatsfragmentes", welches „einige, aber nicht alle Kennzeichen des Staates an sich trägt". Übrigens kann diese Kategorie u. E. schon darum hier nicht Platz greifen, weil man nicht sagen kann, daß diese Landesteile „eigene" Angehörige und ein „eigenes" Gebiet besitzen: eine solche „Eigenheit" würde ein besonderes Subjekt voraussetzen. Die Bewohner sind aber gehorsamspflichtige Untertanen der erwerbenden Staatsgewalt, wenn auch nicht im Sinne des für die anderen Bewohner geltenden Staatsbürgergesetzes; und das Gebiet wird von der Staatsgewalt nach den Normen derselben Verfassung beherrscht wie das übrige Staatsgebiet, wenn auch in einer hiervon abweichenden Weise. Wenn in einem Staate zwei verschiedene Staatsbürgerrechte gelten, oder wenn sich die Herrschaft regional verschieden gestaltet, geht es doch darum nicht an, diese Landesteile als „Staatsfragmente" zu bezeichnen, die „eigene" Angehörige und „eigenes" Gebiet besitzen: es ist dasselbe staatliche Subjekt, das hier wie dort herrscht. Und es kommt überall nur auf die Staatsgewalt an; da sie es ja ist, die dem Volk und Gebiet allererst ihre rechtliche Qualifikation gibt. Wir werden bei der Konstruktion der Kolonialgewalt auf diese Fragen noch zurückzukommen haben. — Ähnlich gegen Jellinek auch Rosenberg a. a. O. S. 493.

6. Aber: noch eine wichtige Frage harrt der Lösung. Die Notwendigkeit einer Mitwirkung der Volksvertretung bei Gebietsänderungen ist festgestellt; es fragt sich jedoch noch, ob hierfür die Form des einfachen oder des verfassungsändernden Gesetzes Platz zu greifen hat.

Für die deutschen Staaten ist diese Frage zwar auch von großem — vor allem theoretischen — Interesse; sie tritt aber wegen des nur gering in unserem Rechtsbewußtsein ausgebildeten Gegensatzes beider Gesetzesarten nicht entfernt mit der theoretischen und praktischen Wucht auf, wie in den Vereinigten Staaten, die in der „Constitution" etwas von gewöhnlichen „statute laws" im Wesen Verschiedenes sehen, und die daher für Verfassungsänderungen höchst verwickelte Formen vorgesehen haben.

Das Kriterium, nach der unsere Alternative beantwortet werden muß, scheint mir in Folgendem zu liegen. Wo die Verfassung aufgefaßt wird als für die individuellen Verhältnisse gerade dieses Staates geschaffen, als gerade seinen Bedürfnissen, seinen Rechtsanschauungen angepaßt, als gerade aus seinem besonderen Wesen herausgewachsen, da muß jede Veränderung des Staatsumfanges, jede Unterordnung neuer oder jede Abspaltung alter Bestandteile eine Wesensveränderung auch der Verfassung selbst bedeuten, die ja gerade für den einen, gegebenen Bestand geschaffen war. Wo dagegen die Verfassung in erster Linie als der Rechtsidee überhaupt entsprechend, als ein Lösungsversuch des abstrakten Verfassungsproblems auftritt, den man für alle Menschen als richtig ansieht, als eine weit über die individuellen Verhältnisse, aus denen und für die sie geschaffen wurde, hinausgehende Ordnung der souveränen Herrschaftsverhältnisse, da wird man in einer Änderung des von dieser Verfassung beherrschten Gebietes keine Änderung der Verfassung selbst, sondern nur ihres zufälligen historischen Geltungsbereiches sehen.

Die erste Auffassung entspricht einer stark historisch empfindenden Zeit, die ein feines und überfeines Gefühl für individuelle Unterschiede und eine Fähigkeit der Anpassung und Anschmiegung gerade an die irrationalen Momente des Volkslebens besitzt. Die zweite Auffassung entspricht dagegen einer stark rationalistisch geschulten Zeit, die vor allem die bleibenden sachlichen Werte empfindet, die das ewig Gleiche in allen Menschen betont. — Niemand wird verkennen, daß diese zweite Auffassung die der nordamerikanischen Unionsverfassung ist: und wir werden noch in der weiteren Erörterung unserer Inselfälle Argumentationen und Ausführungen kennen zu lernen haben, die das vollauf bestätigen[1]. Ebenso sicher wird man in der ersten Auffassung die Anschauungen wiedererkennen, die bei uns in Deutschland seit der Überwindung des Rationalismus Gemeingut der Wissenschaft geworden sind, und die gerade besonders lebendig waren zur Zeit der Abfassung unserer Verfassungsurkunden. Schon die Leichtigkeit unserer Verfassungsänderungen zeigt[2], daß wir in unseren Verfassungen nichts für die Ewigkeit Geschaffenes, sondern eine Ordnung sehen, die elastisch genug ist, um veränderten Verhältnissen schnell angepaßt werden zu können. Die entgegengesetzte Anschauung spricht aus den für „amendments" vorgesehenen Normen der Unionsverfassung.

Diese Gegensätzlichkeit der rationalistischen Auffassung der Vereinigten Staaten und der historischen Auffassung der deutschen Verfassungen hat noch einen weiteren bezeichnenden Ausdruck gefunden. Die Norddeutsche Bundesverfassung hatte sich nicht nur die Aufgabe gestellt, die den norddeutschen Staaten angemessene Verfassung zu schaffen — denn dann hätten andere Regelungen näher gelegen —, sondern es handelte sich darum, einen Norddeutschen Bund sub specie eines Deutschen Reiches zu

---

[1] Unten C II 1.

[2] In vier Staaten sind gar keine Erschwerungen für Verfassungsänderungen vorgesehen: vgl. Meyer(-Anschütz) a. a. O. S. 511 Anm. 9.

gründen[1]. Darum hat hier der Artikel 79 besonders vorgesehen, daß der Eintritt der Südstaaten ohne Verfassungsänderungen im Wege der einfachen Bundesgesetzgebung geschehen sollte. Und dies, trotzdem durch diese Erweiterung die Organisation des Nordbundes eine wesentliche Veränderung erfahren mußte, da die hinzukommenden süddeutschen Bundesratsstimmen das ganze Stimmverhältnis wesentlich ändern und dem Stimmgewicht der einzelnen Staaten eine ganz andere Bedeutung verleihen mußten, die insbesondere Preußen lebhaft fühlen sollte. Diese Norm des Artikel 79 ist als eine Besonderheit, als eine lex specialis, die keine analoge Anwendung gestattet, aufzufassen; — als Sondergesetz nur für die Südstaaten: jeder Eintritt anderer neuer Staaten hätte einer Verfassungsänderung bedurft. Unsere deutsche Verfassung ist eben nur für einen individuellen, historisch gegebenen und fest umrissenen Gebietsbestand gedacht. —

Ganz anders die Verfassung der Vereinigten Staaten. Artikel IV Sektion 3 bestimmt: „New States may be admitted by the Congress into this Union." Auch hier bedeutet die Aufnahme neuer Staaten natürlich eine Änderung in der Organisation, in der Stimmverteilung wie im Stimmgewicht: trotzdem soll hier der Weg der gewöhnlichen Legislative genügen. Story ist sich der hierin liegenden Probleme auch voll bewußt: er sieht, daß durch Erwerbungen große Gefahren für die Freiheit und den Frieden der Nation heraufbeschworen werden können. „Under the form of a cession, we may become united to a more powerful neighbour or rival and be involved in European or other foreign interests and contests to an interminable extent ... The whole balance of the Constitution may be destroyed, and the old States sink into utter insignificance"[2]. Die Verfassung

[1] Vgl. Haenel, Studien zum deutschen Staatsrecht, Bd. II S. 10.

[2] Story a. a. O. § 1285.

habe wohl auch ursprünglich bei dem Artikel über die Aufnahme neuer Staaten nur an die damals bereits im Besitze der Union befindlichen Nordwestterritorien und deren Rezeption gedacht. Trotzdem aber müsse ein Recht zum Erwerbe neuer Gebiete aus dem treaty-making und war power gefolgert[1] und der fragliche Artikel auf sie analog angewendet werden. — So mußte denn der Kongreß, um die hiermit gegebenen Verschiebungen im Gleichgewicht der Staaten und ihrer Geltung innerhalb der Union auszugleichen, selbst zu dem Mittel greifen, daß er einen sklavenhaltenden Südstaat immer nur aufnahm gegen eine entsprechende Vermehrung der nicht sklavenhaltenden Nordstaaten. Hier wurde die Verfassung eben aufgefaßt als die abstrakt richtige Ordnung der staatlichen Verhältnisse, deren Richtigkeit nicht gebunden ist an die Eigenart der einzelnen darunter fallenden Landesteile und Bewohner; jedes Land kann es sich zur Ehre anrechnen, wenn es der Segnungen dieser Verfassung teilhaftig werden darf. Es gibt wohl eine Reife und Noch-Nicht-Reife für die Wohltaten dieser Ordnung; wer jene Reife noch nicht erreicht hatte, mußte das Noviziat der Territorialregierung durchmachen. Aber das Ziel, zu dem die Territorialregierung sukzessiv zu erziehen hatte, blieb eben diese Ordnung der Dinge, neben der keine andere als gleichwertig bestehen kann[2].

Dementsprechend sahen wir auch, wie man sich in den Vereinigten Staaten trotz aller Bedenken und Anregungen in der Richtung auf amendments schon bei dem Erwerbe von Louisiana mit einem bloßen „act of Congress" begnügt hat. Und dies mit Recht! — sind wir jetzt in der Lage hinzuzufügen. Denn da ein Gebietserwerb nichts weiter ist als die erste Organisation einer öffentlichen Gewalt, und

---

[1] Story a. a. O. § 1287.

[2] Über den für das 18. Jahrhundert typischen kosmopolitischen Geist dieser Auffassung vom Gebiet und von der Verfassung, vgl. neuestens auch Meinecke, Weltbürgertum u. Nationalstaat (1908) S. 165.

da hierauf die Normen, die nach der Verfassung zur Konstituierung einer solchen Gewalt maßgebend sind, Anwendung zu finden haben, so hat sich ein Gebietserwerb nach der Vorschrift des Artikel IV Sektion 3 Absatz 2 zu vollziehen: „The Congress shall have power to dispose of and make all needfull rules and regulations respecting the territory or other property belonging to the United States".

Von den drei Möglichkeiten: Vertragsgewalt allein — Legislative — Amendment — ist denn auch in der amerikanischen Literatur die letzte ganz ausgeschaltet worden; nur die zweite macht der ersten noch eine schwere Konkurrenz, die solange gefährlich bleiben muß, als die Rechtsnatur des Gebietes nicht erfaßt ist: denn ohne dies ist es nicht möglich, auch Gründe für die Zuständigkeit der Legislative anzuführen. Wenn z. B. Randolph sagt: „Land occupied through enterprise or conquest, unconfirmed by the legislature does not become part of the United States ... The power to enlarge the republic is vested in the treaty-making body and also in Congress, but not in the executive alone" [1] — so vermag er für dies entscheidende „and also" keine Begründung zu geben. Und er selbst drückt sich an anderer Stelle wieder sehr vorsichtig aus: „If the assent of the House of Representatives be really essential to a perfect acceptance, as some members asserted in a debate on the Alaska purchase, it has been given by the appropriation of 20 millions to carry out the treaty [2], or if this payment bound the House in regard to the Philippines only, the House has certainly accepted Porto Rico by legislating for it" [3]. Ein „assent" des Kongresses scheint ihm also notwendig zu sein; und er freut sich, diese sowohl in Bezug

[1] Randolph a. a. O. S. 12, 13.

[2] Diese Summe hatten die Vereinigten Staaten auf Grund des Pariser Friedens von 1898 für die Philippinen an Spanien zu zahlen.

[3] Randolph a. a. O. S. 22.

auf die Philippinen als auch auf Porto Rico nachweisen zu können, wenn ihn auch diese nur gelegentliche Zustimmung zu dem Erwerbe nicht vollauf zu befriedigen scheint[1]. Interessant ist auch die Stellung des Guano Islands Act vom 18. August 1856[2]. Denn hier wird es für nötig erachtet, durch ein Gesetz den Präsidenten zu autorisieren, alles okkupierte Land für die Vereinigten Staaten zu erwerben: die auswärtige Gewalt wird also nicht für sich allein für berechtigt gehalten, die völkerrechtlichen Okkupationsakte mit staatsrechtlicher Wirkung vorzunehmen. Es ist die beim Louisiana-Handel von Jefferson bereits nach Verwerfung des amendment-Planes eingeschlagene Methode des vorherigen Ermächtigungsgesetzes, die hier befolgt wird.

In der deutschen Staatsrechtswissenschaft wird dagegen überall eine Verfassungsänderung verlangt, wo nicht ausdrücklich die Verfassungen eine einfache Zustimmung der Landtage zulassen. Auch in der Gruppe von Verfassungen, welche eine „Unteilbarkeit" des Staatsgebietes postulieren, ist die Form einer Verfassungsänderung für jede Gebietsänderung erforderlich. Einige unserer Verfassungsurkunden, an der Spitze die Reichsverfassung, sind hierin so deutlich, daß sie eine Aufzählung der von der Verfassung umfaßten Gebietsteile vornehmen, oder daß sie explicite die Worte „in ihrem zeitigen Umfange" enthalten.

7. Wir haben die Lösung unseres Problemes, den Gebietsvertrag trotz des gänzlichen oder teilweisen Schweigens der Verfassungsurkunden zu konstruieren, nicht darin gefunden, neue und dem Gesetze unbekannte begriffliche Distinktionen einzuführen, wie es die Richter White und Genossen taten, und wie es den Forderungen einer

---

[1] Ganz in den alten und verschwommenen Bahnen bewegt sich Butler auch bei diesen Problemen: die Kongreßzustimmung zu Gebietsverträgen soll abhängen „upon the nature of the treaty and the various stipulations therein"; sie soll „at times" notwendig sein (a. a. O. Bd. II S. 180).

[2] Vgl. über dies Gesetz z. B. Butler a. a. O. Bd. I S. 56 f. sowie 182 U. S. 307.

„freirechtlichen" Richtung entsprechen würde. Wir halten diesen Weg für willkürlich und gefährlich. Sondern wir haben versucht, die rechtliche Behandlung des Gebietserwerbes dadurch zu gewinnen, daß wir ihn unter eine Kategorie brachten, die dem Gesetz bekannt ist, an die das Gesetz selbst bestimmte Rechtsfolgen knüpft. Nur dies Verfahren scheint uns den berechtigten Forderungen der Konstruktion eines Tatbestandes nach einem Gesetze zu entsprechen. In diesem Sinne bezeichneten wir den Gebietserwerb als die Konstituierung einer öffentlichen Gewalt über bisher noch nicht beherrschte seßhafte Personen und sagten, daß er sich nach den für jene Konstituierung vorgesehenen Normen zu vollziehen habe. Die budgetrechtliche Seite dieser Herrschaftsorganisation war uns die vermittelnde Gelegenheit, welche das Wesen des Gebietserwerbes erkennen ließ.

Von dieser Seite des Gebietserwerbes her dürfte sich auch nunmehr in den Vereinigten Staaten die Erkenntnis von seiner rechtlichen Natur durchzusetzen beginnen. Bei dem Kauf von Alaska war es noch zu lebhaften Diskussionen über die legislative Freiheit des House bei der Bewilligung des Kaufpreises gekommen, und der Appropriation Act, der diese Bewilligung vornahm, datiert vom 27. Juli 1868, während die Verkündung des ratifizierten Vertrages ein Jahr vorher am 20. Juni 1867 erfolgt war[1]. Bei dem Erwerbe der Philippinen aber ist jene ungeschriebene Norm, welche die staatsrechtliche Perfektion vor der völkerrechtlichen Ratifikation eines Vertrages zur Pflicht macht, in budgetrechtlicher Hinsicht wenigstens, bereits zum Bewußtsein gekommen. Der Appropriation Act, der vor der Ratifikation des Pariser Friedens zustande kam, lautet: „Be it enactet ... That for the purpose of carrying out the obligations of the treaty between the United States and Spain concluded at Paris on the 10th day of December a. D. 1898,

[1] 15 Stat. 198 und 539.

to become immediately available upon the exchange of the ratifications of the said treaty, there is hereby appropriated, out of any money in the Treasury not otherwise appropriated, the sum of 20 millions dollars" [1]. Die Loslösung vom Etatrecht ist freilich noch nicht vollzogen.

Es ist daher von der finanziellen Seite aus zwar die Einsicht vorbereitet, daß die Vertragsgewalt keine besondere Gewalt neben den anderen, kein viertes „formelles Hoheitsrecht" darstellt, — aber sie ist noch nicht zu voller Klarheit gediehen. Denn sonst hätte man es als eine staatsrechtliche Unmöglichkeit empfinden müssen, den Erwerb von Hawaii unter Umgehung der Zweidrittelmehrheit des Senates durch Joint Resolution zu vollziehen. Die Präambel und der erste Absatz dieser Resolution zeigen deutlich die Künstelei dieses Auskunftsmittels. „Whereas — so heißt es — the government of the Republic of Hawaii having, in due form signified its consent, in the manner provided by its constitution, to cede absolutely and without reserve to the United States of America all rights of sovereignty of whatsoever kind in and over the Hawaiian Islands and their dependencies ... Therefore Resolved ... That said cession is accepted, ratified and confirmed, and that the said Hawaiian Islands and their dependencies be, and they are hereby, annexed as a part of the territory of the United States and are subject to the sovereign dominion thereof ..." [2]. Es handelt sich hier deutlich um eine Offerte und die entsprechende Annahme. Während bei den andern Erwerbungen nur die völkerrechtliche Seite beachtet, und die staatsrechtliche Einverleibung vernachlässigt wurde, ist bei diesem Erwerbe die staatsrechtliche Seite in bester Ordnung; dafür fehlt es hier an den nötigen völkerrechtlichen Willenserklärungen.

---

[1] 30 Stat. 993.
[2] 30 Stat. 750.

Die völkerrechtliche Offerte ist durch keine völkerrechtliche Annahme zu einem Vertrage ergänzt worden. Dieser Mangel tritt nur darum nicht mit aller Deutlichkeit in die Erscheinung, weil der Gegenkontrahent, die Republik Hawaii, durch den zu subintelligierenden oder stillschweigenden Vertragsschluß seine völkerrechtliche Persönlichkeit ganz aufgegeben hat. So hat sich dieser Erwerb von Seiten Hawaiis juristisch als ein bloßes Geschehenlassen vollzogen; korrekterweise hätten die Ratifikation und der Austausch der Ratifikationsurkunden die letzten Rechtshandlungen des Völkerrechtssubjektes Hawaii sein müssen.

Immerhin dürften die Formulierungen der Newland Resolution und des Appropriation Act von 1899 als bedeutsame Schritte vorwärts zu begrüßen sein. Sie sind zwar nur Ansätze zum Richtigen und können nur als ein Übergangsstadium zu höherer Einsicht in Betracht kommen. Aber gerade die Unmöglichkeit, bei ihnen stehen zu bleiben, scheint uns die beste Garantie dafür zu sein, daß sich die richtige Behandlung von Gebietsverträgen in den Vereinigten Staaten ebenso durchsetzen wird, wie sie sich in England von ähnlichen Voraussetzungen aus tatsächlich durchgesetzt hat[1].

8. Ist aber der erwerbende Staat gezwungen neue Gebietsteile in den Nexus seiner Verfassung aufzunehmen und sie durchgehends nach deren Normen zu beherrschen? oder ist dies nur eine von vielen Möglichkeiten, die seinem auf Beherrschung dieses Gebietes gerichteten Willen zur Wahl offenstehen?

In unserm Reichsstaatsrecht bestehen, außer den bereits erwähnten Abweichungen vom Normaltypus der Verfassung während der Übergangszeiten, zahlreiche Modifikationen der „gemeingültigen Kompetenz“: manche Gebietsteile sind von Zoll- und Steuerbestimmungen, andere im Niederlassungswesen usf. eximiert. Diese Modifikationen stellen sich in

---

[1] Hatschek a. a. O. Bd. I S. 164 f; Crandall a. a. O S. 160—167.

der Gesamtverfassung als subjektive „Sonderrechte“ dar, für deren Abänderung gegenüber den allgemeinen Verfassungsvorschriften noch besonders erschwerende Formen vorgesehen sind. Die Verfassung der Vereinigten Staaten kennt solche Exemtionen und Sonderberechtigungen nicht. Aber es fragt sich jetzt, ob ein gebietserwerbender Akt nicht noch einen Schritt weiter gehen kann: ob der Staat berechtigt ist, Gebietsteile in einer vom Typus der Verfassung nicht nur in einzelnen Punkten abweichenden Weise, sondern prinzipiell anders zu regieren, weil sie sich für diese Art der Beherrschung nicht eignen, — ob er Kolonien erwerben darf. Bedarf ein solcher Erwerb nur eines Aktes des mit der völkerrechtlichen Vertretung betrauten Organes? oder ist hierfür ein Akt der Gesetzgebung erforderlich? oder ist endlich eine Änderung der Verfassung nötig, da ja die Staatsgewalt in diesen neuen Gebieten in anderer als der verfassungsmäßig festgelegten Weise herrschen will? Es handelt sich hierbei — sowohl im deutschen Staatsrecht wie in dem der Vereinigten Staaten — um spezifische neue Probleme, bei deren Lösung wir hier wie dort noch ein Tasten und Versuchen zu beobachten haben: aber dies Stadium ist ja gerade das uns in dieser Arbeit eigentlich Interessierende.

Diese neue Fragestellung führt uns zu dem Problem, welches den Gegenstand unseres dritten Abschnittes bildet.

C. Kolonialgewalt und Verfassung.

I.

Das Problem und die Fragestellungen.

1. Die Aufgabe, um die es sich im Folgenden handelt, ist die Entwicklung der verfassungsrechtlichen Grundlagen der Kolonialregierung der Vereinigten Staaten, im Vergleiche mit denen des Deutschen Reiches.

Im wirtschaftlichen und politischen Sinne des Wortes pflegt man unter „Kolonie" zu verstehen: „überseeische Besitzungen eines Kulturstaates, welche dazu bestimmt sind, den politischen, insbesondere handels- und wirtschaftspolitischen Interessen des Besitzers (des Mutterlandes) dienstbar zu sein"[1]. Als ein juristischer Begriff aber kann diese Definition nicht angesehen werden, denn eben dieser politische und wirtschaftliche Zweck, dem solche Gebiete zu dienen bestimmt sind, kann in den verschiedensten Rechtsformen verwirklicht werden, in völkerrechtlichen wie staatsrechtlichen[2]: als völkerrechtliches Protektorat, als Personalunion, als Staatenbund, aber auch als Realunion, als Bundesstaat, ja als bloße Provinz des „Mutterlandes". Für alle diese Formen gelten natürlich die allgemeinen Rechtssätze, die auch auf nicht-„koloniale" Verhältnisse dieser Art Anwendung finden. Hier überall also können keine spezifischen „kolonial"-„rechtlichen" Probleme auf-

---

[1] Anschütz a. a. O. S. 561/2.

[2] Vgl. Haenel a. a. O. S. 841; Ullmann, Völkerrecht, S. 186/7 u. a. m.

tauchen. Diese sind vielmehr erst möglich, wenn das „Mutterland" die fraglichen Gebiete zwar seiner eigenen Staatsgewalt, aber nicht den gemeingültigen Normen seiner Verfassung unterstellt; wenn ein Staat Gebiete erwirbt, die er zwar selbst beherrschen will, dies aber wegen des tiefen Kulturstandes der Bewohner und wegen der vom Mutterlande völlig verschiedenen Lebensbedingungen nicht nach den hier geltenden Verfassungsnormen tun kann [1].

Wir sehen an dieser Definition des juristischen Kolonialbegriffes, daß es für ihn nicht begriffswesentlich ist, daß es sich um „überseeischen Besitz" handelt; aber wir sehen zugleich, daß unter den heutigen Verhältnissen der europäischen Staaten für diese nur ein solcher in Betracht kommt: denn die Lebensverhältnisse und der Kulturstand im heutigen Europa sind so geartet, daß von einem nichtüberseeischen Kolonisieren nicht mehr die Rede sein kann. In Amerika dagegen lagen, und liegen zum Teil noch heute, die Verhältnisse so, daß ein Kolonialbesitz in unmittelbarer Nachbarschaft mit dem Stammgebiet denkbar ist. Und wir sehen ferner, daß die anderen oben angeführten juristischen Formen, in denen ein wirtschaftlichpolitisches Kolonialverhältnis möglich ist, zum Teil Vorstufen zu einem eigentlichen, zentral geleiteten Kolonialregiment [2], zum Teil eine bereits der rein kolonisatorischen Verwaltung entwachsene und zur Selbständigkeit vorgeschrittene Stufe darstellen. Unser juristischer Kolonialbegriff ist also zwar im Verhältnis zu dem wirtschaftlichpolitischen Begriff ein rein f o r m a l e r, indem ein Kolonialverhältnis auch in anderen Rechtsformen möglich ist. Es besteht aber doch ein besonderes i n h a l t l i c h e s Verhältnis zwischen ihm und dem politischen Begriff, indem er d i e

[1] Ein ähnlicher Versuch den juristischen Begriff der Kolonie festzulegen bei v. S t e n g e l, Die Rechtsverhältnisse der deutschen Schutzgebiete (1901), S. 2, 3. Vgl. auch neuestens K ö b n e r, Einführ. i. d. Kolonialpolitik (1908) S. 6 f., 11 f.

[2] Ähnlich K ö b n e r bei Elster S. 188/9.

Form darstellt, in welcher der Staat selbst die kolonisatorische Tätigkeit leitet und vollzieht.

Die Konstruktion dieses der Staatsgewalt, aber nicht der Verfassung des Mutterlandes unterstellten Kolonialbesitzes ist das Problem, mit dem wir uns hier zu beschäftigen haben. Es ist das eigentliche Problem, dessen Lösung unsere Inselfälle versuchen. Auch bei uns hat die Wissenschaft und Praxis erst allmählich gelernt, die hierin liegenden Schwierigkeiten — wenigstens im Prinzip — zu heben.

Das Recht überhaupt Kolonialpolitik zu treiben kann keinem Staate abgesprochen werden. Er ist das souveräne Gemeinwesen, das jedwede Tätigkeit vollführen kann und darf, die es im Interesse seines Bestandes und seiner Kultur für notwendig erachtet. Dies ist auch noch von niemand bestritten worden. Selbst die Gegner der Kolonialpolitik in den Vereinigten Staaten, welche die Verfassungsmäßigkeit der inaugurierten Kolonialpolitik leugnen, haben niemals dem Staat überhaupt dies Recht abgesprochen. Ihre Behauptung geht — wie wir sehen werden — nur dahin, daß die Union auf Grund der konkreten Verfassung, nach der sie lebt und nach dem Willen ihrer Gründer leben soll, zu einer solchen Politik nicht befugt sei: wenn sie eine solche Politik für notwendig erachte, so habe sie im Wege der von der Konstitution vorgesehenen Verfassungsänderung die rechtlichen Grundlagen hierfür zu schaffen. Gegen diese Argumentation wird nichts einzuwenden sein: denn in der Tat, aus der für ein souveränes Gemeinwesen prinzipiell bestehenden Zulässigkeit alles zu tun, was das Staatsinteresse erheischt, folgt noch nicht, daß ein konkreter Staat auf Grund seiner momentanen Verfassung alles tun kann und darf. Es bedarf vielmehr jede Staatshandlung einer gesetzlichen, und diese wieder einer Verfassungsgrundlage, in der bestimmte Organe des Staates gerade zu dieser Handlung oder dieser Art von Handlungen für zuständig erklärt werden. Ohne solche Zuständigkeitserklärung bleibt jene Omnipotenz des Staates eine leere Möglichkeit, die zu keiner rechtsgemäßen Wirklichkeit werden kann. Das prinzipielle Allvermögen des souveränen Gemeinwesens bedeutet nur die Fähigkeit des Staates, sich selbst eine ihm und seinen Lebensbedürfnissen entsprechende Verfassung zu geben und die ererbte Verfassung diesen entsprechend abzuändern.

Die Frage nach der Zulässigkeit der Kolonialpolitik beantwortet sich also nicht durch Deduktionen aus dem Staats- und Souveränitätsbegriff; sondern es handelt sich einzig und allein um Fragen der Interpretation und der Konstruktion einer bestimmten Verfassung. Jeder Staat darf Kolonialpolitik treiben, und wäre es auch nur durch verfassungsändernde Gesetze. Ob aber diese Form, oder welche andere notwendig ist, das ist eine rein positivrechtliche Frage.

Wenn wir also auch den juristischen Begriff der Kolonie dahin festgelegt hatten, daß es ein der Staatsgewalt, aber nicht der Verfassung des Mutterlandes unterstelltes Gebiet ist, so ist damit natürlich nicht gesagt, daß die Staatsgewalt des Mutterlandes in ihren kolonialen Betätigungen außerhalb der Verfassung steht. Sie muß vielmehr hier wie dort auf dem Boden der Verfassung ruhen, und sie kann hier wie dort nur in ihrem Rahmen handeln [1]. Es fragt sich nur, ob dieser Rahmen so weit ist, daß auch eine Regierungstätigkeit zu kolonisatorischen Zwecken zulässig ist, ob eine Verfassungsklausel besteht, die den Staat ermächtigt, durch bestimmte Organe und in bestimmten, von den allgemeingültigen Verfassungsnormen abweichenden Formen tätig zu werden.

[1] Die Notwendigkeit einer Gegenzeichnung aller kaiserlichen Regierungsakte für die Kolonien ergibt sich also unmittelbar aus dem Artikel 17 der Reichsverfassung, weil die Schutzgewalt eine auf der Verfassung ruhende Reichsgewalt ist; sie „folgt“ nicht etwa erst aus der Fassung des § 1 des Schutzgebietsgesetzes, weil dieser von einem bloßen „Ausüben“ der Schutzgewalt „im Namen des Reiches“ spricht. So Köbner in der Enzyklopädie S. 1101; Laband, Reichsstaatsrecht, S. 194; Anschütz a. a. O. S. 563.

2. Die erste Verfassungsklausel, die sich als Grundlage für den Erwerb von Kolonien darbietet und auch bei unserer deutschen Kolonialpolitik darbot, ist die, welche die Vertretung des Reiches nach außen regelt.

Es muß in der Tat jeder koloniale Gebietserwerb zunächst eine solche völkerrechtliche Seite haben, ob er nun originär oder derivativ erfolgt. Zu solchen Vertrags- und Okkupationshandlungen ermächtigt jede Verfassung bestimmte Organe des Staates: über die verfassungsmäßige Zulässigkeit solcher „völkerrechtlichen" Akte läßt sich also nicht streiten. Keineswegs ist aber damit die Erwerbsfrage gelöst: denn jeder Erwerb bedeutet ja eine Herrschaftsunterstellung, eine Herrschaftseinverleibung. Und erst in dieser liegt das eigentliche Kolonialproblem: wenn diese verfassungsmäßig noch nicht zulässig ist, dann bedarf es eben zur Gültigkeit des völkerrechtlichen Aktes des staatsrechtlichen Aktes der Verfassungsänderung. Oder genauer, im Hinblick auf unsere Ausführungen über die Staatsverträge, ausgedrückt: die völkerrechtlichen Vertretungsorgane (die Staatshäupter) dürfen solche Initiativakte mit Rücksicht auf internationalen Treu und Glauben nur vornehmen, wenn sie der zur Gültigmachung dieser Handlungen erforderlichen (einfachen oder qualifizierten) Majorität sicher sind.

Diese Auffassung des Kolonialerwerbes ist weit entfernt allgemein anerkannt zu sein. Es sind im Gegenteil noch nicht einmal die Stimmen derer gänzlich verstummt, die das gesamte koloniale Verhältnis — nicht nur den Erwerb — auf die völkerrechtliche Vertretungsmacht gründen wollen. Diese Auffassung beruht auf dem Gedanken, daß es rechtlich zulässig und möglich ist, Gebiete auch auf die Dauer lediglich durch Organe der auswärtigen Gewalt souverän zu beherrschen, wie in jener Übergangszeit zwischen der Ratifikation des Zessionsvertrages und der staatsrechtlichen Einverleibung, also Landesteile zu besitzen ohne sie zu inkorporieren. Es ist dies die These nicht nur zahlreicher deutscher Konstruktionen, sondern sie ist auch gelegentlich von der Regierung der Vereinigten Staaten aufgestellt worden[1], und uns in einer Abart als die Meinung der Concurring Opinion des Downes-Falles entgegengetreten.

Wir glauben die Möglichkeit einer solchen Herrschaft mit aller Entschiedenheit verneinen zu müssen. Für uns war schon jenes Zwischenstadium im Erwerbsakt mit seinem „de facto government" etwas „Anomales", das juristisch nur im Hinblick auf die bevorstehende Tätigkeit der Legislative konstruierbar war: nicht mit Unrecht bezeichnen die Amerikaner diesen Schwebezustand als nur durch „the great law of necessity" oder ähnlich[2] gerechtfertigt. Nicht anders kann auch die „occupatio bellica" allein aus den besonderen Nötigungen des Kriegsrechtes verstanden werden. Die Verfassung ermächtigt die Organe der auswärtigen Gewalt nur zur Vertretung anderen Staaten gegenüber, nur zu völkerrechtlichen Handlungen. Als solche aber können die kolonialen Herrschaftsakte in keinem Sinne angesehen und bezeichnet werden: sie sind Betätigungen einer souveränen Staatsgewalt über ihr untergeordnete seßhafte Personen, die zu staatlichem Gehorsam verpflichtet sind.

Der Begriff einer dauernden souveränen Beherrschung von Kolonialgebieten unter Ausschluß ihrer staatsrechtlichen Einverleibung ist überhaupt in sich widerspruchsvoll, wenn man die Rechtsnatur des Gebietes und des Verfassungsstaates konsequent im Auge behält. Jene „Einverleibung" ist kein mysteriöser Akt, den man bei einer souveränen Beherrschung vornehmen oder auch unterlassen kann: sie ist vielmehr, wie wir sahen, mit souveräner Herrschaftsorganisation identisch! Dies zeigt sich auch hier schon an der etatrechtlichen Seite des Kolonialregiments: denn nur auf Grund eines nach den gemeingültigen Verfassungs-

[1] Vgl. Randolph a. a. O. S. 15 f.
[2] Vgl. z. B. Cooley, General principles, S. 166.

normen[1] jährlich im Voraus festzustellenden Etats kann rechtlich eine Kolonialherrschaft geführt werden. Zwar müssen auch die Kosten einer „occupatio bellica“ natürlich vorher im Wege der Gesetzgebung bewilligt werden. Bei dieser aber handelt es sich um große Pauschalsummen ohne jede budgetrechtliche Spezialisierung, die generell der Kriegsgewalt für ihre Zwecke zur Verfügung gestellt werden[2]. Von diesen Pauschalbewilligungen müssen auch die für die Herrschaft jenes „de facto government“ erforderlichen Summen bestritten werden, als für eine rein tatsächlich von der Kriegsgewalt fortgesetzte Herrschaft.

Die verschiedene rechtliche Natur beider Arten von Bewilligungen zeigt sich aber vor allem deutlich in Folgendem. Bei unseren allgemeinen Erörterungen über das Gebiet und seinen Erwerb erkannten wir die budgetrechtlichen Grundlagen als nur eine Seite des Gebietserwerbes, an welcher dessen rechtliche Natur zwar gut zuerst zum Bewußtsein gebracht werden kann, die aber doch nur eben als eine abstrakte Seite dieses in seiner Eigenheit und Selbständigkeit zu erfassenden Inkorporationsaktes erkannt werden müsse. Dieser Schritt der Loslösung vom Budgetrecht ist von unserer staatsrechtlichen Theorie und Praxis bisher für die meisten Gegenstände der jährlichen Bewilligungen noch nicht vollzogen: und doch halten wir ihn im Interesse der Klarheit der ganzen Etatlehre für unbedingt geboten. Es muß überall der Gedanke der Gebundenheit des Budgets an die vor und unabhängig von ihm bestehenden Gesetze betont und herausgearbeitet werden; und es darf nicht der Gedanke Platz greifen, daß die jährliche „Bewilligung“ gewisser Ausgaben stets von neuem in das legislative Belieben der Gesetzgebungsorgane

---

[1] Das Gesetz vom 30. Mai 1892 hat zwar besondere Normen für den Schutzgebietsetat geschaffen, die wegen der Verselbständigung der einzelnen Schutzgebietsfiszi nötig wurden: sie sind aber nur Modifikationen der gemeingültigen Bestimmungen.

[2] Vgl. z. B. die Gesetze vom 21. 7. 70., 29. 11. 70., 26. 4. 71. im B. G. Bl. f. d. Norddt. B. S. 491 f., 619 f.; B. G. Bl. f. d. Dt. B. S. 91 f.

gestellt ist. Dem kann nur dadurch abgeholfen werden, daß die gesetzlichen Grundlagen der jährlichen Ausgaben als solche erkannt und, dem Streite der wechselnden Majoritäten entzogen, als solche ausdrücklich formuliert werden: nur so kann sich der notwendige Gedanke der rechtlichen Verpflichtung und „Gebundenheit" der gesetzgebenden Organe bei gewissen „Ausgabebewilligungen" stärken und festigen[1]. — Dieser Schritt der Verselbständigung und Loslösung vom Budgetrecht ist bei den Pauschalbewilligungen an die Organe der Militärgewalt zu kriegerischen Zwecken weder möglich, noch überhaupt ein Ziel, bei den Geldern für eine dauernde und planmäßige Kolonialtätigkeit dagegen ein notwendiges Postulat.

Aber auch von anderen rein auf völkerrechtlicher Grundlage ruhenden, auf längere Dauer angelegten Herrschaftsverhältnissen unterscheidet sich das eigentliche Kolonialverhältnis in juristischer Beziehung scharf, so nahe sie faktisch und politisch diesem auch kommen mögen. Bei ihnen handelt es sich immer um ein völkerrechtliches Verhältnis, also um ein Rechtsverhältnis zu einem anderen Staat, zu einem anderen Herrschaftssubjekt, — während dessen Fehlen gerade die Eigenart der Kolonie im Rechtssinne ausmacht. Jedes noch so tief einschneidende Protektorat setzt immer einen „beschützten" Unterstaat, der völkerrechtliches Subjekt bleibt, voraus[2]. Die Besetzung Ägyptens durch England beruht auf einem Rechtsverhältnis zur Pforte und zu Ägypten selbst[3]. Das von den Vereinigten Staaten okkupierte und verwaltete Cuba[4] ist dem

[1] Für die „Einnahmenseite" des Etats hat in dieser Richtung die württembergische Verfassungsänderung von 1906 bedeutsame Spezialbestimmungen geschaffen: vgl. Jahrbuch des öffentlichen Rechts, Bd. I S. 274.

[2] Vgl. statt aller Heilborn in der Enzyklopädie S. 996/7.

[3] Verträge zwischen den beiden Völkerrechtssubjekten England und Ägypten, vgl. bei Fleischmann, Völkerrechtsquellen S. 138 f., 289 f.; siehe auch S. 346 Anm. 7 und S. 252 (Art. 22 des Vertrages mit dem Deutschen Reich).

[4] Über die Rechtsstellung von Cuba vgl. Randolph a. a. O.

Rechte nach ein staatliches Subjekt, welches nicht nur überhaupt völkerrechtliche Verträge abschließt, sondern sogar zu der Union selbst in Vertragsbeziehungen tritt[1]. Die Abhängigkeit des schwächeren und schutzbedürftigen Staates kann so weit gehen, daß der beschützende oder besetzende Staat eine dauernde Organisation mit regelmäßigen Zuschüssen errichtet, daß er für alle völkerrechtlichen Verletzungen aufzukommen verpflichtet ist, ja, der Protektoratsvertrag kann wegen der mit ihm verbundenen dauernden Lasten von dem Parlament des beschützenden Staates genehmigt sein, — es bleibt juristisch doch eine unüberbrückbare Kluft zwischen diesem Verhältnis und dem eigentlich kolonialen. „Abhängigkeit" ist, wie mehrfach von Jellinek zutreffend betont worden ist[2], eine soziale und keine juristische Kategorie. Trotz aller politischen und sozialen Annäherung bleibt der Gegensatz bestehen, daß bei diesen völkerrechtlichen Staatsverhältnissen zwei verschiedene staatliche Subjekte da sind, und daß jeder von beiden befugt ist, rein nach den Sätzen des Völkerrechts die zugrunde liegenden Verträge zu kündigen. Es ist eben eine juristische Koordination bei aller sozialen Abhängigkeit geblieben, die sich bei Änderungen der politischen Verhältnisse jederzeit offenbaren und in den Formen des Rechtes, auf die Initiative jedes Teiles hin, auch eine soziale Gleichordnung wieder herbeiführen kann. Selbst Bosnien und die Herzegowina können von der Türkei mit Zustimmung der Garantiemächte nach rein völkerrechtlichen Normen dem Nexus der österreichisch-ungarischen Herrschaft entzogen werden, so daß die zur Zeit — wie man zu sagen pflegt — nur als „nudum jus" bestehende Souveränität der Pforte wieder in volle Wirk-

S. 174 f., sowie Revue générale de droit international public, Bd. VI (1899) S. 603 f., 631; Bd. VIII (1901) S. 674, 675.

[1] Vgl. Revue générale de dr. internat. publ., Bd. XI (1904) S. 20/2; Bd. XII (1905) S. 153: daher unrichtig Randolph a. a. O. S. 179.

[2] Z. B. Jellinek, Allg. Staatsl. S. 728 Anm. 1.

samkeit treten kann. Daß dies aber bei Kolonien im Rechtssinne ausgeschlossen ist, macht ihr Wesen aus: sie sind dem Mutterlande staatsrechtlich unterworfen und haben — so weitgehende Selbstverwaltungsbefugnisse ihnen auch zustehen mögen — kein Recht einseitiger Aufhebung ihrer kolonialen Beherrschung.

Dies und nur dies bedeutet die „staatsrechtliche Einverleibung".

Hier muß auch auf die vorzüglichen Einwendungen hingewiesen werden, die der Amerikaner Randolph gegen die „völkerrechtliche" Konstruktion der Kolonialgewalt erhebt. Auch ihm ist die „Inkorporation" identisch mit dem Erwerb der Souveränität: „The rule that ceded land is incorporated into the domestic territory of the acquiring state is a consequence of the fact, that it falls at once in the territorial jurisdiction of the legislature". „Because it is within the jurisdiction, it cannot be foreign". Die Verfassung habe eine Regierung für die Vereinigten Staaten geschaffen, „and not for countries out of their limits". Ebenso wendet er sich gegen die Protektoratstheorie: „in theory of law a protected state is generally deemed to lie beyond the jurisdiction of the legislature of the protecting state, whose interests are menaged by its executive department acting in the domaine of foreign relations". Man hätte diesen Weg des Protektorates wohl einschlagen können, mit der Zession aber habe man den der staatsrechtlichen Einverleibung gewählt [1].

Bei uns liegt der nähere Grund für die noch herrschenden Unklarheiten außer den erwähnten atavistischen Vorstellungen über das Gebiet, in dem ursprünglichen Plane der Reichsregierung [2], das Kolonisieren kaufmännischen Privatunternehmungen zu überlassen und von Reichswegen nur eine

---

[1] Randolph a. a. O. S. 24—27.

[2] Vgl. z. B. Köbner in der Enzyklopädie Bd. II S. 1080/1.

„Schutzgewalt“ über ihnen zu errichten, und in der mit diesem Plane zusammenhängenden, freilich nur gesetzestechnischen Anlehnung der Schutzgebietsvorschriften an die des Konsularrechts[1]. Aber selbst in dieser Form wäre die Reichsschutzgewalt eine wirklich souveräne Staatsgewalt gewesen. Die kaufmännischen Kompanien bedurften eines „kaiserlichen Schutzbriefes“[2], der ihnen die Ausübung der notwendigen Hoheitsrechte „übertrug“, und der die dem Reiche verbliebenen Beaufsichtigungs- und Schutzrechte und damit dessen „Oberhoheit“ festlegte. Also auch in diesem Kolonialsystem hätte das Reich die „souveräne“ Gewalt besessen[3]: es war lediglich damals ein geringeres Maß an materiellen Hoheitsrechten vorgesehen, als sich später bewährte und praktisch durchführen ließ. Aber nicht um das Maß, sondern um Art und Charakter der Herrschaftsbefugnisse handelt es sich beim Souveränitätsbegriffe: das Maß hat historisch geschwankt und wird stets im Wechsel begriffen sein; fast jedes Gesetz öffentlich-rechtlichen Inhalts nimmt hierin Änderungen vor. Souverän ist die oberste und letzte Herrschaft, die nach eigenem Ermessen das Maß der unteren Herrschaften bestimmt und sie nach oben zur Universalität ergänzt und abschließt. Auch die ursprünglich projektierte „Schutzgewalt“ war demnach kein „völkerrechtliches Protektorat“, sondern souveräne Staatsgewalt. Die Reichsregierung war sich auch von Anfang an über den „territorialen“ und damit staatsrechtlichen Charakter ihrer kolonialen Herrschaft klar, wie mit aller Deutlichkeit schon aus ihrer Erklärung von 1884 hervorgeht[4].

Diese Erkenntnis hat sich denn auch bei uns immer mehr durchgesetzt und kann wohl bereits als die herrschende

---

[1] Vgl. Köbner a. a. O. S. 1087—1089.
[2] Vgl. Bornhak im Archiv f. öffentl. Recht, Bd. II S. 28 f.
[3] So auch Bornhak a. a. O. S. 33; u. a.
[4] Vgl. Laband, Staatsrecht, Bd. II S. 271.

bezeichnet werden[1]. Für eine Anwendung des Artikel 11 ist sonach in dem Verhältnis des Reiches zu seinen Kolonien nirgends ein Platz[2]. Er kommt nur in Betracht bei ihrer Erwerbung; und auch hier nur, soweit deren völkerrechtliche Seite, also im Verhältnis zu den anderen Staaten der Völkerrechtsgemeinschaft, in Frage steht: staatsrechtlich haben auch hier diese völkerrechtlichen Akte lediglich Initiativcharakter. Dieser Schluß scheint uns mit notwendiger Konsequenz aus der Erkenntnis der staatsrechtlichen Natur der Kolonialgewalt hervorzugehen. Auch die koloniale Besitzerweiterung ist eine Erweiterung der Herrschaftssphäre, eine Ausdehnung der staatlichen Regierungsbefugnisse, eine Vergrößerung des Staates selbst, des Staates als Subjekt.

Wenn man wirklich ernst macht mit der Einsicht, daß Gebietserwerb nichts weiter ist als die erste Organisation einer souveränen Regierungsgewalt auf diesem Gebiet, dann muß eine staatsrechtliche Konstruktion der bestehenden Kolonialgewalt, und daneben eine rein völkerrechtliche des Erwerbsaktes sofort als unmögliche Inkonsequenz einleuchten. Es ist interessant zu sehen, wie fest einmal gemachte falsche begriffliche Ansätze wurzeln, und wie langsam sich selbst ein als richtig

---

[1] So Laband, Zorn, Stengel, Köbner, Heimburger, Jellinek, Georg Meyer, Anschütz, Rehm, v. Poser u. Groß-Naedlitz u. a. m.

[2] Trotz der prinzipiellen Einsicht in den staatsrechtlichen Charakter der Kolonialgewalt halten Jellinek in einer gelegentlichen Bemerkung (Allgem. Staatslehre, S. 636 Anm. 1), Bornhak a. a. O. S. 11 f.) und Arndt (Staatsrecht, S. 758; Kommentar S. 90) den Artikel 11 der Reichsverfassung für maßgebend: die beiden letzteren unter Hinweis auf den Artikel 2, nach welchem die Reichsgesetzgebung nur „innerhalb" des „Bundesgebietes" ausgeübt werden könne. Dieser Einwand ist in überzeugender Weise von Haenel (a. a. O. S. 839/40 Anm. 6) durch eine Interpretation dieses „innerhalb" (ähnlich Meyer, Schutzgebiete, S. 53 Anm. 1) und durch einen Hinweis auf die Konsular- und analoge Gesetzgebung widerlegt worden. — Der Artikel 11 hat nur die „völkerrechtliche" Vertretung anderen Subjekten der Völkerrechtsgemeinschaft gegenüber im Auge und kann daher in rein staatsrechtlichen Herrschaftsverhältnissen keine Anwendung finden.

erkanntes Prinzip bis in alle Einzelheiten durchzusetzen vermag[1].

3. Die ganze Ungeklärtheit in der Auffassung der kolonialen Verhältnisse zeigt sich in den Diskussionen über die Anwendung der Begriffe „Inland" und „Ausland" auf das Kolonialgebiet. Die Schriftsteller sind noch immer nicht selten, welche trotz aller Anerkennung der staatsrechtlichen Natur der Schutzgewalt die Kolonien zum „Ausland" rechnen, und die dann kein Mittel der juristischen „Konstruktion" unversucht lassen, um über diesen Widerspruch hinwegzukommen: von privatrechtlichen Analogien und ganz inhaltsleeren Unterscheidungen bis zur Schaffung neuer Begriffe und zur völligen Verzerrung des Staatsbegriffes selbst.

Mit vollem Recht scheint mir Rehm gegen Laband auszuführen, daß aus seiner Prämisse, die Schutzgewalt sei souveräne Staatsgewalt, notwendig folgen müsse, daß die Schutzgebiete in das Reich „inkorporiert" seien, während er an anderer Stelle diese Konsequenz ausdrücklich ablehne[2]. Rehms eigene Lehre ist jedoch noch weniger haltbar und bewegt sich in noch viel größeren Widersprüchen. Auch er erkennt an, daß die Schutzgewalt „staatsrechtlicher Natur", und daß das Deutsche Reich „Subjekt der Schutzgewalt" sei, ja daß die koloniale Tätigkeit „Ausübung der Reichsgewalt im objektiven Sinne" und zwar die Verrichtung „innerer Reichsgeschäfte" sei. Trotzdem aber lehnt er die Inkorporierung und den Inlandcharakter noch energischer ab als Laband: er konstruiert die Schutzgebiete gar als „besondere Staaten", und zwar als nicht-souveräne Objektstaaten, und das Verhältnis zum Reiche als ein

---

[1] Ausdrücklich für ein Genügen der völkerrechtlichen Erwerbsakte: Bornhak a. a. O. S. 4; Seydel, Kommentar, S. 69; Meyer, Schutzgebiete, S. 33; v. Stengel a. a. O. S. 33; v. Poser und Groß-Naedlitz, Die rechtliche Stellung der deutschen Schutzgebiete, S. 4.

[2] Rehm, Allgem. Staatslehre, S, 163; Laband, Reichsstaatsrecht S. 192.

„staatsrechtliches Abhängigkeitsverhältnis“ [1]. Mit Recht ist hiergegen wiederum von Jellinek Protest erhoben worden, weil zwischen zwei Staaten immer nur völkerrechtliche Beziehungen bestehen können, und weil mit diesem Objektstaatsbegriff kein möglicher Sinn mehr verbunden werden kann [2].

In der Tat dürfte der Satz Rehms, den er über den „Objektstaat“ aufstellt: „Was ihm fehlt, ist nur die Staatspersönlichkeit“ [3] — deutlich zeigen, wohin ein rein formales Distingieren führt! — „Staatsrechtliche Abhängigkeit“ ist identisch mit staatlicher, das ist souveräner Beherrschung, und diese, nach Rehms eigener, Laband entgegengehaltener Ansicht, mit Inkorporation. Auch das Bundesstaatsrechtsverhältnis ist kein Beispiel für die staatsrechtlichen Beziehungen zweier Staaten zueinander: denn die Gliedstaaten sind eben nur in der Sphäre Staaten geblieben, wo sie materielle Hoheitsrechte unter Ausschluß der Bundesaufsicht und Bundesgesetzgebung in souveräner Weise ausüben; und in dieser Sphäre sind ihre Beziehungen zum Bunde allerdings völkerrechtlicher Natur. In ihrer der Bundesgewalt unterworfenen Sphäre, innerhalb der sie in einem „staatsrechtlichen Abhängigkeitsverhältnis“ zum Bunde stehen, aber sind sie gerade deshalb keine Staaten und haben nur die Rechtsnatur von Selbstverwaltungskörpern [4].

Nicht glücklich ist aber auch Jellineks eigene Konstruktion, nach der die Schutzgebiete unter seine neue Kategorie des „Staatsfragments“ oder „Landes“ fallen sollen, da sie, wenn auch nicht alle, so doch einige Merkmale des Staatsbegriffes, nämlich ein eigenes Gebiet und

---

[1] Rehm a. a. O. S. 79, 160, 163. Auf S. 80 erklärt er trotz seiner These, daß die Kolonialtätigkeit ein inneres Reichsgeschäft sei, — die Kolonialbeamten nur in Bezug auf ihr „Dienstverhältnis“, aber nicht auf den „Inhalt ihrer Tätigkeit“ für Reichsbeamte!

[2] Jellinek, Allgem. Staatslehre, S. 636 Anm. 1.

[3] Rehm a. a. O. S. 170.

[4] Vgl. statt aller Haenel a. a. O. S. 798; Laband, Reichsstaatsrecht, S. 27; Jellinek, Allgem. Staatslehre, S. 753.

eigene Angehörige besitzen[1]. Hiervon aber kann m. E. keine Rede sein. Wir haben schon einmal darauf hingewiesen, daß eine solche „Eigenheit" ein besonderes Subjekt voraussetzen muß, daß dies aber nach den Ausführungen von Jellinek selbst nicht vorhanden ist. Gebiet und Volk erhalten ihre staatsrechtliche Qualifikation lediglich durch die sie beherrschende Staatsgewalt; und in der staatsrechtlichen Abhängigkeit von derselben Staatsgewalt liegt eben die Inkorporation in diesen Staat. Ein Staat kann wohl — auch in nicht-kolonialen Verhältnissen — seine Gebietsteile nach verschiedenartigen Normen behandeln; aber darum bleibt das Ganze immer sein Gebiet, und nur in Bezug auf das Geltungsbereich der verschiedenen Normen kann man sagen, daß ein Gebietsteil für eins dieser Gesetze „Ausland" sei. v. Stengel und Köbner haben mit Recht auf die Brausteuergemeinschaft, auf „Zollausland" und ähnliche Verhältnisse unseres Reichsstaatsrechts hingewiesen, wo Gebietsteile, die zweifellos zum „Bundesgebiet" im Sinne des Artikel 1 der Reichsverfassung gehören, in Bezug auf die Geltung einzelner Gesetze „Ausland" sind[2]. Wenn man mit der „Raumtheorie" des Gebietes wirklich ernst macht, so ist eben „Inland" überall da vorhanden, wo dieselbe Staatsgewalt auf Grund derselben Verfassung souverän herrscht, ganz gleich, ob sie innerhalb dieses Gebietes Differenzierungen in der Art ihrer Herrschaftsübung vornimmt oder nicht[3].

Rosenberg wiederum hat einige zutreffende Bemerkungen gegen Jellineks Konstruktion, insbesondere gegen

---

[1] Jellinek, Staatsfragmente, S. 18.

[2] v. Stengel a. a. O. S. 35/6; Köbner in der Enzyklopädie S. 1091; jetzt auch andere.

[3] Rehms Satz: „Es kann nicht einen einfachen Staat mit zwei Staatsgebieten und verschiedenen Staatsangehörigkeiten ... geben" (a. a. O. S. 170) ist gegen Jellinek richtig. Aber es kann allerdings einen Staat geben, der einzelne Teile „seines" Gebietes verschieden behandelt und verschiedene Arten von „Staatsangehörigkeit" kennt.

seinen Begriff der „Eigenheit“ gerichtet[1]; jedoch ist seine Konstruktion noch viel weniger haltbar. Nach ihm sollen die Schutzgebiete „Territorien in völkerrechtlichem Sinne“ sein. Hierunter versteht er „alle begrenzten Teile der Erdoberfläche, welche von einem Staate beherrscht werden, demselben aber nicht inkorporiert sind“[2]. Bei dieser Konstruktion ist nicht einmal deutlich ersichtlich, ob er das Schutzgebietsverhältnis als staats- oder als völkerrechtliches ansieht. Auf das letztere scheint der Name hinzudeuten und sein an späterer Stelle befindlicher Hinweis auf die Besetzung der Insel Cypern und auf Bosnien und die Herzegowina. Demnach scheint er den grundsätzlichen Unterschied dieser einen anderen Staat voraussetzenden Verhältnisse von der „Schutzgewalt“ tatsächlich übersehen zu haben. Andrerseits klingt die nähere Definition seines neuen Begriffes völlig an staatsrechtliche Kategorien an. Er hat es jedenfalls unterlassen, uns ein Kriterium dafür zu geben, wie sich seine „Beherrschung“ von der „Inkorporation“ unterscheidet: ohne dies aber bleibt seine Distinktion inhaltsleer und unvollziehbar. Als ein solches Kriterium kann jedenfalls die Formel, daß „Gebietshoheit“ Herrschaft „innerhalb“ des Staatsgebietes, „Territorialhoheit“ aber eine solche „außerhalb“ des Staatsgebietes sei, nicht angesehen werden; denn der letztere Begriff ist ebenso unvollziehbar. Eine Herrschaft außerhalb des Staatsgebietes ist nur denkbar, wenn sie in „fremdem“ Gebiet auf völkerrechtlicher Grundlage geübt wird: von einem staatlichen Subjekt, dem dies fremde Gebiet eignet, ist aber gerade hier nichts zu finden[3].

Es würde zu weit führen, wenn wir außer dem hiermit gegebenen Ausschnitt aus der Literatur uns noch des Näheren auf die anderen Verlegenheitsunterscheidungen rein formaler und inhaltsloser Natur einließen. Alle jene

---

[1] Rosenberg a. a. O. S. 493.
[2] Rosenberg a. a. O. S 494/495.
[3] Rosenberg a. a. O. S. 660, 661.

künstlichen Antithesen: völkerrechtlich Inland, aber staatsrechtlich Ausland; nicht nur Nebenland, sondern Nebenstaat; dem Reich, aber nicht zum Reich gehörig; nicht Bestandteile, sondern Pertinenzen; oder gar: nicht Pertinenzen, sondern unwesentliche Bestandteile u. a. m. — beweisen nichts weiter, als daß eine positive Konstruktion der neuen Verhältnisse noch nicht gelungen ist.

Da wirkt es denn wahrhaft erfrischend, wenn man ohne dialektischen Formalismus die Sache selbst angefaßt sieht und ungekünstelte Worte liest. „In keinem Sinne und in keiner Weise — sagt Zorn — kann der Begriff Ausland rechtlich auf die deutschen Schutzgebiete bezogen werden"; „die Kolonien sind nicht Ausland, sondern ein rechtlich anders als das Bundesgebiet gestaltetes, zweites Inland." [1] In ähnlicher Weise sagt v. Stengel: „Ausland ist nur dasjenige Gebiet, welches entweder der Gewalt eines anderen Staates oder gar keiner Staatsgewalt unterworfen ist. Dagegen kann niemals ein Gebiet, welches unter der Souveränität des Reiches steht, als Ausland im eigentlichen Sinne bezeichnet werden" [2]. Interessant ist auch der Wortlaut des ersten Titels der „revidierten" belgischen Verfassung: unter der Überschrift „Du territoire et de ses divisions" handelt der Absatz 4 des ersten Artikels von den Kolonien: „Les colonies, possessions d'outremer ou protectorats que la Belgique peut acquérir sont régis par des lois particulières". Trotz dieser Geltung besonderer Gesetze aber gehören die Kolonien zum belgischen Staatsgebiet [3].

Ohne den Sinn des Staatsgewalt- und des Gebietsbegriffes völlig zu verschieben, scheint es mir in der Tat nicht möglich, von diesen Sätzen zu lassen. Aber es ist

---

[1] Zorn a. a. O. Bd. I S. 577, Anm. 27 auf S. 578/9.
[2] v. Stengel a. a. O. S. 35.
[3] Jahrbuch des öffentlichen Rechts, Bd. I S. 375. In dem ursprünglichen Verfassungstext fehlt dieser Hinweis auf die Kolonien: vgl. Dareste, Les Constitutions modernes, Bd. I S. 58.

etwas hiervon ganz Verschiedenes, ob die Schutzgebiete in den einzelnen Gesetzesparagraphen, in denen von Inland und Ausland die Rede ist, unter diesen oder jenen Begriff zu subsumieren sind. Denn diese Gesetze, an der Spitze die Reichsverfassung selbst, sind zum Teil entstanden, bevor wir in die Reihe der kolonisierenden Völker getreten waren, zum Teil haben sie bei der Verwendung dieser Begriffe nicht an die kolonialen Verhältnisse gedacht. Auch in der Behandlung dieser Fragen läßt sich wieder der Gegensatz deutscher und amerikanischer Rechtsbetrachtung in interessanter Weise verfolgen. Für ein streng rationalistisches Denken kommt dem Allgemeinbegriffe eines Gesetzes zeitlose Geltung zu, während der streng historistisch verfahrende Jurist nur die zur Zeit der Schaffung des Gesetzes darunter befaßten Gegenstände unter sie subsumieren wird.

Auf den rationalistischen Standpunkt stellt sich der die Opinion of the Court im De Lima-Fall entwickelnde Richter Brown und mit ihm die Majorität des Gerichtes. Sie erklären es für eine Unmöglichkeit, den Begriff „foreign" im Dingley-Act nur auf solche Länder zu beziehen, „as were foreign at the time the statute was enacted", da die juristischen Gesetzesbegriffe raum- und zeitlos gelten und alles umfassen müßten, was je entstehen würde und unter sie subsumierbar sei[1]. Ebenso steht die Opinion of the Court im Gonzales-Falle, wo es sich um die entsprechende Interpretation der Worte „alien immigrants" im Einwanderungsgesetze handelt, ungespalten auf dem rationalistischen Interpretationsstandpunkt: mit diesem Begriffe — so wird entschieden — sollen nicht nur die zur Zeit ausländischen Einwanderer gemeint sein, sondern alle Personen, die, solange das Gesetz gilt, einem anderen Staate Gehorsam zollen als der Union[2]. Um diese Entscheidung

[1] 182 U. S. 196 f.

[2] 192 U. S. 12, 13. Ein ähnliches Problem hat der Supreme

zu begründen, wird auf das inzwischen erlassene neue Einwanderungsgesetz von 1903 verwiesen, welches zwar nicht selbst in Betracht käme, aber zeige, wie man in solchen Gesetzen den Begriff des Auslandes auffasse: als Inland wird dort nun bezeichnet „the United States and any waters, territory or other place now subject to the jurisdiction thereof“ [1]. Dieser Hinweis mutet uns merkwürdig an, würden wir doch aus dem „now subject“ gerade die entgegengesetzte Konsequenz ziehen. Der Glaube an die raum- und zeitlose Geltung der Gesetzesbegriffe läßt dies die Amerikaner einfach übersehen. Eine solche These über die Geltung der Rechtsbegriffe werden wir in der deutschen Literatur vergeblich suchen: hier überwiegt zur Zeit noch die entgegengesetzte, historistische Meinung, nach der jedesmal ein besonderer Rechtsakt notwendig ist, um unsere Kolonien unter den Inlandsbegriff der einzelnen Gesetze zu bringen [2]. Erst allmählich bricht sich die kritische Einsicht Bahn, daß es einer besonderen Untersuchung bedarf, um festzustellen, ob nach der „ratio legis“ die Schutzgebiete jeweils unter den Inlands- oder den Auslandsbegriff zu subsumieren sind.

Da der Gesetzgeber selbst an die neuen Kolonialgebiete nicht gedacht hat, kann in der Tat allein eine Besinnung auf den legislatorischen Grund für die jeweilig verschiedene Behandlung des In- und Auslandes die entscheidenden Gesichtspunkte an die Hand geben. Nach wesentlich nur andeutenden Bemerkungen von Seiten anderer ist es Köbner gewesen, der die Frage zuerst von dieser Seite prinzipiell in Angriff genommen hat: er hat nicht nur selbst eine Reihe von „leitenden Gesichtspunkten“ herausgearbeitet, auf Grund deren bei jeder einzelnen Gesetzesbestimmung zu beantworten ist, inwieweit sie die Schutz-

Court in unserem Huus-Falle bereits entsprechend entschieden: vgl. 182 U. S. 393 f.

[1] 192 U. S. 14, 15.

[2] Z. B. Laband, Reichsstaatsr., S. 192; Rosenberg a. a. O. S. 657/8 u. a. m.

gebiete als Inland mitumfaßt oder nicht[1], sondern auch zu der verdienstlichen Arbeit von Sabersky über den „kolonialen Inlands- und Auslandsbegriff" Anregung gegeben, die in Einzeluntersuchungen die ratio legis bei den verschiedenen in Betracht kommenden Gesetzesnormen festzustellen unternommen hat[2]. Es kann hier natürlich nicht auf diese Fragen im einzelnen eingegangen, sondern nur die Methode als zutreffend bezeichnet werden: mit Recht wird es von Köbner und Sabersky abgelehnt, die einzelnen ausdrücklich durch Gesetz oder Verordnung erfolgten Ausdehnungen des Inlandsbegriffes auf die Kolonien zu argumentis e contrario zu verwenden, wie bisher meist geschehen ist, sondern es wird vielmehr erstrebt, die in solchen Ausdehnungen liegenden Prinzipien zu erfassen und zu Analogieschlüssen zu verwenden.

Es geht jedenfalls nicht an, in schematischer und mechanischer Weise die Kolonien entweder unter den einen oder den anderen Begriff zu subsumieren, je nachdem man sich anfangs zu der Inlands- oder Auslandstheorie bekannt hat. Sowohl der Rationalismus als auch der Historismus, die in diesen Interpretationsarten liegen, werden dem Gesetze nicht gerecht: jener holt aus den Begriffen zu viel, dieser zu wenig heraus. Beide leiten demnach das Leben in Bahnen, die den im Gesetz vorgesehenen nicht entsprechen; beide hypostasieren also den Willen des empirischen Gesetzgebers und die von ihm sanktionierten Begriffe zu überempirischen Wesenheiten, denen eine von jenem Willen unabhängige, eigengesetzliche Kraft innewohnt. Jene kritische, auf die ratio legis zurückgehende Interpretation dagegen entlockt den Begriffen nur Konsequenzen, deren allgemeines Prinzip von dem Willen des empirischen Gesetzgebers notwendig mitgemeint und mitumfaßt war. Die rationalistische Deutung der Gesetzesnormen ist letzten Endes

[1] Köbner in der Enzyklopädie S. 1091—1095.

[2] Sabersky, Der koloniale Inlands- und Auslandsbegriff, Berlin 1907: vgl. das Vorwort sowie S. 12–21.

unrational, da sie ein lediglich Historisches und Irrationales wie etwas Rationales behandelt; und die historistische Deutungsart ist letzten Endes unhistorisch, da sie ein vom historischen Gesetzgeber zugleich prinzipiell Gemeintes zu einem bloß Partikularen macht. Unsere kritische Interpretation dagegen anerkennt die rationale, raum- und zeitlose Gültigkeit der gesetzlichen Begriffe, aber unter vollster Berücksichtigung der historisch-empirischen Bedingungen, unter denen sie bestehen: sie vereinigt die Einsicht in die rationale Geltungskraft der Gesetzesbegriffe mit einer rein empirisch verfahrenden Entwicklung ihres Inhalts.

Bei einer richtigen Einsicht in das Wesen der gesetzlichen Begriffe kann also nichts Anstößiges bei jenem dem amerikanischen Empfinden so unmöglich scheinenden und von ihm a limine abgewiesenen Resultate gefunden werden, daß dasselbe Kolonialgebiet in den Zollgesetzen unter den Begriff „Ausland" und in anderen unter den Begriff „Inland" zu subsumieren ist. Ebenso unberührt von diesem Wechsel der Subsumtion kann und muß aber auch die Einsicht bestehen, daß die Kolonialgebiete in Bezug auf die Verfassung und die Staatsgewalt des sie beherrschenden Mutterstaates niemals als Ausland angesehen werden können: ja diese Erkenntnis ist die notwendige Voraussetzung und Grundlage für die Prüfung der einzelnen Gesetzesbestimmungen auf die ratio hin, welche die verschiedene rechtliche Behandlung von Inland und Ausland zur Folge hat.

4. Haben wir bisher nur ein Nichtgenügen der völkerrechtlichen Vertretungsbefugnisse des Kaisers für den Erwerb und die Regierung der Schutzgebiete dargetan, so sind wir noch nicht imstande, auch positiv zu sagen, in welchen Formen des Reichsstaatsrechts sich die Einverleibung und Beherrschung der Kolonien zu vollziehen hat.

Zweifellos war es zunächst die Auffassung der Kolonialgewalt als einer völkerrechtlichen, auf Grund deren schon vor irgendwelcher gesetzlicher Regelung der Kaiser die Schutzgewalt ausübte. Mit der Einsicht in deren Unhaltbarkeit mußte man daher eine andere Konstruktion der kaiserlichen Zuständigkeit versuchen: wir finden aber auch hier unsere Staatsrechtswissenschaft zunächst auf Wegen, deren Berechtigung wir verneinen zu müssen glauben. Man meinte, daß nach der ganzen Struktur des Reiches und seiner Verfassung der Bundesrat als „Zentralorgan" und „Träger der Reichsgewalt" die „Vermutung der Zuständigkeit" in allen keinem besonderen Reichsorgane zugewiesenen Angelegenheiten habe, daß er also „an sich" Inhaber der Kolonialgewalt sein müßte: er aber habe stillschweigend „aus Gründen praktischer Zweckmäßigkeit" dem Kaiser diesen Zweig der Verwaltung „übertragen" [1].

An dieser Konstruktion scheint mir nichts weniger als alles unrichtig zu sein. Die Lehre von der „praesumtio" für den Bundesrat, die hier freilich nicht im Kern beleuchtet und widerlegt werden kann, beruht m. E. auf keinen irgendwie in der Verfassung und ihrem Geiste liegenden Gründen [2]. Der Bundesrat hat ganz ebenso wie alle andern Reichsorgane „aufgezählte" Befugnisse; die seine Zuständigkeit regelnden Artikel geben ihm „bestimmte" Gesetzgebungs-, Verwaltungs- und Richterfunktionen; von irgend einer Generalklausel ist nirgends etwas zu finden. Es ist daher gar nicht einzusehen, woher eine Allgemeinberechtigung stammen, und worauf sie begründet sein könnte. Die Reichsgesetzgebung, Reichsverwaltung und Reichsjustiz sind von der Verfassung zwischen den einzelnen Organen in bestimmter Ordnung aufgeteilt; und es ist nicht ersichtlich, was außer diesen Formen, in denen eine jede Staatstätigkeit sich abspielen muß, noch übrig bleiben kann. Im Verfassungs-

---

[1] So insbesondere Seydel, Kommentar S. 69/70 im Anschluß an die bekannten „vorsichtigen" (Meyer a. a. O. S. 51) Erklärungen des Staatssekretärs v. Schelling; ferner Anschütz a. a. O. S. 562; v. Poser und Groß-Naedlitz a. a. O. S. 55/6.

[2] Soweit ich sehe, ist Haenel der einzige Autor, der eine Konstruktion des Reiches vornimmt, ohne dem Bundesrat diese Stellung als „Träger der Reichsgewalt" oder „Zentralorgan" zu vindizieren.

staat kann es einen solchen „Rest“ überhaupt nicht geben, da die Verteilung der formellen Hoheitsrechte, Gesetz, Verwaltung und Justiz, auf die verschiedenen Organe notwendig den Sinn der Ausschließlichkeit haben muß. Neu aufkommende Staatstätigkeiten, die in das bisherige Verteilungsschema der materiellen Hoheitsrechte nicht hineinpassen, bedürfen eben einer neuen Verfassungsgrundlage, die nur in der Form des verfassungsändernden Gesetzes gewonnen werden kann. Die zu Verfassungsänderungen berufenen Organe sind im Verfassungsstaat die einzigen Organe, von denen man sagen kann, daß sie die „im Zweifel“ zuständigen sind, und daß für sie eine „Präsumtion“ streitet.

Vollends unmöglich aber ist die Idee einer „Übertragung“ „aus Gründen praktischer Zweckmäßigkeit“, und noch dazu einer stillschweigenden Übertragung. Dieses dialektische aus der Scholastik des Mittelalters stammende Kunstmittel kann im modernen Staate keinen Platz mehr finden: mit ihm kann man nachgerade alles „beweisen“ [1]. Es ist merkwürdig, daß selbst die Notwendigkeit zu dieser „ultima ratio“ des „konstruierenden“ Juristen zu greifen, nicht darauf aufmerksam gemacht hat, daß die These von der Bundesratspräsumtion unhaltbar ist. Das einzige Mal, wo sie bisher Gelegenheit hatte, sich zu bewähren, beim Aufkommen der Kolonialtätigkeit, ist das Leben über sie hinweggeschritten und hat — zunächst ohne gesetzliche Grundlage — den Kaiser zum kolonialen Organ erhoben.

Wenn sich demnach in der Reichsverfassung keine Bestimmung aufzeigen läßt, die als Grundlage der Kolonial-

[1] So ist es denn bezeichnend, daß z. B. Köbner, der auch gelegentlich diese Begriffe verwendet, nicht nur den Bundesrat, sondern auch den Reichstag „verzichten“ und ihre Befugnisse auf den Kaiser „übertragen“ läßt (bei Elster S. 233). Mit diesen Kategorien kann man mit gleichem Recht und Unrecht alles sagen. Bei Arndt (Staatsrecht S. 759) kann man sogar den Satz lesen: „Vertreter des Reichs schon auf Grund der Verfassung ist auch in den Schutzgebieten der Kaiser, allerdings kraft Übertragung von Seiten der Bundesregierungen“.

politik dienen kann, d. h. die — sei es selbst, sei es im Zusammenhang mit anderen Normen — bestimmte Organe für eine kolonial-staatsrechtliche Tätigkeit für zuständig erklärt, dann bedarf eine solche Tätigkeit, und nicht minder jeder Erwerb von Kolonialgebiet, der ja nur die erste Einrichtung einer solchen Tätigkeit bedeutet, eines verfassungsändernden Gesetzes. Dieser Schluß scheint uns unbedingt durch die Natur unseres Rechts- und Verfassungsstaates, sowie durch die des Gebietes geboten zu sein. Beides ist generell bereits richtig erfaßt, nur bei der Anwendung auf das Kolonialrecht, an dem als einem Novum es sich doch vor allem bewähren sollte und müßte, zaudert man noch immer.

5. Eine Verfassungsklausel der gesuchten Art haben wir meines Erachtens in der Bestimmung des Artikel 4 Ziffer 1:

> „Der Beaufsichtigung seitens des Reiches und der Gesetzgebung desselben unterliegen ... die Bestimmungen ... über die Kolonisation".

Die, wie man wohl sagen kann, meisten Schriftsteller sind freilich über diesen Artikel andrer Ansicht. Der Grund der Differenz beruht auf einem Punkt, den wir in anderem Zusammenhang bereits erörtern mußten. Laband [1], und mit ihm die herrschende Meinung, ist der Ansicht, daß der Artikel 4 nur eine Regelung der „Kompetenz des Reiches, im Gegensatz zu der Kompetenz der Einzelstaaten" vornehmen will, daß sich aber aus ihm nichts ergebe „für die Beantwortung der Frage, inwieweit die einzelnen Organe des Reiches an der Regelung und Handhabung der Schutzgewalt mitzuwirken haben". Wir haben demgegenüber darauf hingewiesen, daß diese Interpretation des Artikel 4 die Bedeutung der Gesetzgebung gegenüber den anderen Staatsfunktionen verkennt. Denn

---

[1] Laband a. a. O. Bd. II S. 281; ebenso Zorn a. a. O. Bd. I S. 570; v. Poser und Groß-Naedlitz a. a. O. S. 55 u. a. m.

die Gesetzgebung ist unter den anderen Funktionen in dem Sinne die souveräne, daß sie von einem in Angriff zu nehmenden Gebiet staatlicher Tätigkeit zuerst einmal Besitz ergriffen und für diese Tätigkeit die rechtliche Grundlage geschaffen haben muß: denn sie ist es, welche die Grenze zwischen der Tätigkeit des Staates und der der Privatpersonen zu ziehen und eine Kompetenzverteilung unter den einzelnen Staatsorganen vorzunehmen hat.

Die Labandsche Theorie kommt, wie Haenel zutreffend bemerkt hat, darauf hinaus, das Wort „Gesetzgebung" als nicht geschrieben anzusehen. Das auf Grund unserer Verfassungsklausel zustande gekommene Gesetz ist natürlich vollkommen frei darin, welchem Organ es die Schutzgewalt zuschreiben will; und wenn es hierfür den Kaiser bestellt, so beruht dessen Zuständigkeit in Kolonialsachen eben auf gesetzlicher Berufung, die ihrerseits auf der Verfassung beruht, — keinesfalls aber auf irgend einer zu subintelligierenden, mit modernen Begriffen garnicht faßbaren, scholastischen „Übertragung" durch den „an sich" zuständigen Bundesrat.

Wie Laband bei diesem Tatbestand dazu kommen kann, diese — zuerst folgerichtig von Haenel entwickelte — Konstruktion des Artikel 4 [1] als „Trugschluß" zu brandmarken [2], muß unverständlich bleiben: kann doch vielmehr er für seine These, daß Artikel 4 nur eine Kompetenzverteilung zwischen Reich und Einzelstaaten, jedoch keine unter den Organen des Reiches vornehmen wolle, keine

[1] Haenel a. a. O. S. 838 f.; vgl. übrigens auch Loening, Grundzüge der Verfassung d. Deutschen Reiches, S. 131; sowie etwas zögernd Meyer, Schutzgebiete, S. 52. Auch die Abgeordneten Windthorst und Rintelen stimmten Haenel bei (vgl. v. Poser und Groß-Naedlitz a. a. O. S. 54). Offenbar war dies auch die Auffassung des Bundeskommissars v. Savigny, der ad vocem „Kolonisation" im Artikel 4 im konstituierenden Reichstage unter anderem ausdrücklich sagte: „Damit bleibt aber nicht ausgeschlossen, daß die Gesetzgebung sich auch überhaupt mit Kolonisationsfragen beschäftigen kann" (vgl. Seydel, Kommentar S. 68 und Laband, Staatsrecht Bd. II S. 281).

[2] Laband a. a. O. Bd. II S. 281, 282.

Gründe und Tatsachen vorbringen. Und ebensowenig dürfte seinen weiteren Deduktionen Überzeugungskraft innewohnen. Laband beginnt damit, zu behaupten, daß die Berechtigung des Reiches zu einer Kolonialpolitik „überhaupt nicht auf einer speziellen Klausel der Reichsverfassung“ beruht, sondern „auf der Eigenschaft des Reiches als eines souveränen Staates“. Er fängt also seine Argumentation über die Verfassungsgrundlagen des Schutzgebietsgesetzes damit an, daß er von der einzigen über die „Kolonisation“ handelnden Verfassungsstelle absieht! nicht genug, daß er bereits das Wort „Gesetzgebung“ im Artikel 4 für nicht geschrieben betrachtete. Daß aber aus dem Begriffe der Souveränität nichts folge, haben wir schon mehrfach gesehen. Die völkerrechtliche Befugnis zum Erwerbe von Kolonien — an diese denkt wohl Laband — folgt aber nicht aus dem Begriffe der Souveränität, sondern aus dem des völkerrechtlichen Rechtssubjektes, das nach Laband selbst auch nicht-souverän sein kann. Wozu dann überhaupt der Artikel 4, wenn sich sein Inhalt aus dem Begriffe der Souveränität ableiten läßt? wozu eine verfassungsmäßige Grenze für die Reichszuständigkeit, wenn das Reich als souveräner Staat selbst und ohne besondere Verfassungsermächtigungen seine Kompetenzen aufstellen kann?! —

Laband fährt dann fort, daß für die Ausübung dieser dem Reich als souveränem Staate zustehenden Schutzgewalt alle diejenigen Rechtsregeln Anwendung zu finden haben, „welche für die Willensakte des Reiches überhaupt gelten“. Da nun — wie wir wissen und wie Laband selbst an den betreffenden Stellen seines Werkes ausgeführt hat — Reichsverordnungen nur auf Grund besonderer gesetzlicher Ermächtigung oder als „zur Ausführung der Reichsgesetze erforderliche allgemeine Verwaltungsvorschriften“ möglich sind, und da Justizakte hier nicht in Frage kommen, so folgt mit logischer Konsequenz, daß die notwendige Form, in der auf die Schutzgewalt bezügliche Willensakte auftreten müssen, nur die Form der Gesetzgebung sein kann. Trotzdem fährt er fort, daß die Gesetzgebung nur eine der Formen ist, die hier „Verwendung finden kann“ und die „verfassungsmäßig zulässig“ ist. Erst nach dieser Erklärung führt er aus, daß jede „selbständige Zuständigkeit“ der einzelnen Reichsorgane „das Vorhandensein eines Reichsgesetzes voraussetzt“, und daß „diesen Verfassungsgrundsätzen entsprechend“ das Schutzgebietsgesetz erlassen sei. Nichts anderes als dies aber besagte nach unserer Auffassung das Wort „Gesetzgebung“ im Artikel 4, nichts anderes besagte die Haenelsche Konstruktion, die Laband als „Trugschluß“ bezeichnet: der Artikel 4 formuliert die Reichskompetenz eben darum mit einer Zuweisung an die Organe der Reichsgesetzgebung, weil die Verfassung Verordnungen des Reiches von dem vorherigen Bestehen von Gesetzen des Reiches abhängig macht. Eine bloße Kompetenzabgrenzung zwischen dem Reich und den Einzelstaaten ohne gleichzeitige Zuständigkeitserklärung bestimmter Organe für deren Ausübung hätte auch gar keinen Sinn, oder sie würde im Verfassungs- und Rechtsstaat eben auch ohne solche Zuständigkeitserklärung immer nur von selbst das Platzgreifen der Gesetzgebungsorgane bedeuten können.

Weil also die Reichsverfassung im Artikel 4 die „Bestimmungen über die Kolonisation“ der Gesetzgebung des Reiches zuweist, mußten die Schutzgebietsverhältnisse durch Gesetz geregelt werden. Deshalb bedurfte es aber auch zum Erwerbe der einzelnen Kolonialgebiete, „um die völkerrechtlich gültig angeeigneten Gebiete in das verfassungsmäßige Rechtsverhältnis einer Kolonie zum Reiche zu setzen, des Eintretens der Reichsgesetzgebung“ [1], wie mit aller Schärfe allein Haenel erkannt hat. Wer von der Theorie des bloß völkerrechtlichen Erwerbes der Kolonie herkommt, wird hierin eine Erschwerung der Erwerbsform

---

[1] Haenel a. a. O. S. 839.

sehen. U. E. liegt umgekehrt in der Zulassung der einfachen Gesetzgebung statt der Verfassungsänderung eine Erleichterung, die der Aufnahme des Wortes „Kolonisation“ [1] in den Artikel 4 zu danken ist. Nicht nur die Rechtsverhältnisse der Schutzgebiete mußten in Gesetzesform geregelt werden; sondern auch ihr Erwerb, der ja nichts anderes ist als die erste Regelung der Rechtsverhältnisse, kann sich staatsrechtlich nicht anders vollziehen. Etwas zögernd bekennt sich auch Zorn zu dieser Einsicht: die Frage sei „immerhin als eine offene zu betrachten“: da jedoch jeder Kolonialerwerb immer „budgetrechtliche Folgen“ haben müsse, so könne „die Ansicht juristisch gerechtfertigt werden“, daß Erwerbung und Aufgebung von Kolonien der Zustimmung der gesetzgebenden Faktoren bedürfen [2]. In der Praxis war es denn auch diese „budgetrechtliche“ Seite, welche die Pionierarbeit für die Mitwirkung der Legislativorgane des Reiches an dem Erwerbe und der Einverleibung unserer Kolonien ausführte: aber es muß, wie wir sahen, gefordert werden, daß sich die gesetzgebende Mitwirkung von den „Klauseln des Etatgesetzes“ [3] emanzipiert und in ihrer Selbständigkeit als Inkorporations- und Organisierungsakt offenbart.

6. Bestehen nun für die Konstruktion der Kolonialgewalt in der Verfassung der Vereinigten Staaten von Amerika besondere Probleme?

Entsprechend unserem Artikel 4 Ziffer 1 gewährt Article IV section 3 clause 2 der Union das Recht zu „Besitzungen“:

> „The Congress shall have power to dispose of and make all needfull rules and regulations respecting the territory or other property belonging to the United States“.

---

[1] Dafür, daß das Wort „Kolonisation“ nicht nur „Flottenstationen“, sondern eine wirkliche Kolonialtätigkeit umfaßt, vgl. statt aller Meyer, Schutzgebiete, S. 52 Anmerkung; und die erwähnte Erklärung v. Savignys im Reichstage.

[2] Zorn a. a. O. Bd. I S. 569, 570.

[3] Haenel a. a. O. S. 839.

Schon der Wortlaut dieser Verfassungsklausel zeigt einen wesentlichen Unterschied von der entsprechenden Bestimmung der Reichsverfassung: es fehlt der Hinweis auf den „kolonisatorischen" Zweck des „Territorial"-besitzes! Die Grundfrage, die sich hier daher erhebt, ist die, ob sich ein solcher Zweck vereinigen läßt mit den Beschränkungen, welche die Unionsverfassung der Regierung auferlegt: mit den Freiheitsrechten und Immunitäten, welche sie jedem Untertan garantiert! — Kann ein von unzivilisierter Bevölkerung bewohntes und unter ganz anderen Lebensbedingungen stehendes Land regiert werden nach den Normen, die die Verfassung ihrem hochstehenden Bürger gewährt? Ist es also rechtlich zulässig, ein Gebiet wohl der Herrschaft, aber nicht der gesamten Verfassung der Vereinigten Staaten zu unterstellen?

Daß ein Ausschluß der Territorialbewohner von den „aktiven Bürgerrechten" zulässig ist, ist implicite mit unserer Verfassungsbestimmung gesagt: denn diese Aktivrechte sind an die Zugehörigkeit zu einem der Einzelstaaten geknüpft, und hier wird ausdrücklich ein nicht-staatliches Territorialgebiet anerkannt. Ist aber nicht — und das ist der springende Punkt des amerikanischen Kolonialproblems — die Territorialregierung an die „Freiheitsrechte" der Untertanen gebunden?

Nur wenn sich die Unbeschränktheit der Territorialgewalt durch diese Restriktionen erweisen läßt, nur dann ist eine amerikanische Kolonialpolitik rechtlich möglich. Dies aber ist die Zentralfrage, die in den Inselfällen zur Diskussion steht: sind die „uniformity clause" und die Verfassungsnormen über die Jury auch für die Territorialregierung bindend? — Wir haben daher nunmehr einzutreten in die Diskussion der für und gegen die Bejahung dieser Frage in unseren Entscheidungen angeführten Argumentationen. Sie werden uns sofort auf den Kernpunkt der Konstruktion des gesamten Unionsverfassungsrechtes führen.

II.

Der Standpunkt der spezifisch-amerikanischen Staatslehre.

1. Es sind in unseren Fällen die Kläger, welche die unbedingte Anwendbarkeit aller Immunitäten auch auf die Territorialregierung behaupten, um damit das Verstoßen des während der Präsidentschaftsregierung erlassenen Zolltarifes im De Lima-Falle, und des Foraker Act im Downes-Falle gegen die „uniformity-clause“ zu begründen.

Gerade das Wesen und die Eigenart des Unionsverfassungsrechtes soll darin bestehen, daß die Regierung nicht alles vermag, sondern daß sie infolge der von der Verfassung aufgerichteten „Schranken“ eine Grenze findet an den Rechten der Individuen. Wenn von der gegnerischen Seite behauptet wird, daß sich diese Schranken nur auf das ursprünglich von der Verfassung beherrschte Gebiet beziehe, und daß es der Union bei der Erweiterung ihres Gebietes freistehen müsse, diese auf das neuerworbene Land auszudehnen oder hiervon vorläufig abzusehen, so wenden sie sich gerade gegen diese Theorie von der Ausdehnung oder Ausdehnbarkeit der Verfassung, die ihrer Meinung nach, ebenso wie die von ihnen gleichfalls bekämpfte Vertragskonstruktion, auf einer bloßen Übernahme europäisch-konstitutioneller Begriffe beruhe, in Amerika aber keine Berechtigung habe: die Auffassung, daß bisher immer „Congress has legislated that Constitution into the territories, i. e. extented the Constitution“[1], verkenne die spezifisch-amerikanische Bedeutung der Begriffe „Constitution“, „sovereignty“, „State“, „government“.

Die Amerikaner unterschieden scharf zwischen „state“ und „government“, was in Europa, insbesondere in Deutschland, nicht geschehe: bei uns werde nicht die Nation, das Volk, der Staat, sondern das „government“, die Regierung, als Souverän behandelt. Darum

---

[1] 182 U. S. 35.

könne es bei uns auch keine wirklichen Verfassungen geben[1]: „the same power which legislates also makes the Constitution. Many of the European nations have a so-called constitution, but that instrument is not a constitution strictely, but merely a „charte constitutionelle" or charter, an instrument by which the government gives to the people certain rights. The government possessing all the rights of the sovereign nation, and being itself sovereign can, when acting in territory not covered by this charte, govern as it whishes". In Europa könne es daher keine von der verfassungsgebenden „Nation" für sich selbst „zurückbehaltene" Rechte geben.

Gerade umgekehrt aber liege es in der Union. Hier sei niemand souverän als die Nation selbst, als der Staat, das Volk. „Sovereignty is something which cannot be limited. It is the ultimate power. The sovereign cannot be limited, for he is the source of all law". Nur von der Nation, dem Volk selbst könne daher die Verfassung ausgehen, und die von ihr eingesetzte Regierung könne lediglich die ihr ausdrücklich gegebenen Befugnisse haben und nur innerhalb dieser Schranken rechtlich handeln. Das souveräne verfassungssetzende Volk selbst dagegen könne tun und lassen, was es wolle: das „government" habe seinem Wesen nach nur beschränkte Kompetenzen. Das „Volk" könne diese im Wege der Verfassungsänderung natürlich erweitern; aber immer bedürfe es hierzu eines Aktes eben des souveränen Volkes: niemals könne das „government" solches aus sich selbst und von selbst tun.

Die „Constitution" sei eben nicht „a system of laws applicable to any particular territory", sondern sie sei „a creation of a government"[2]. Auf Land und Leute wirke sie nur indirekt; direkt wirke sie allein auf das von ihr kreierte „government": „the Constitution does not act

---

[1] 182 U. S. 36 f., 43 f.
[2] 182 U. S. 34.

directly upon the people of Porto Rico or the United States. It is upon the government that the Constitution acts directly“ [1]. Und wenn schließlich die ganze Erde unter die Herrschaft der Union käme, so wäre nicht etwa die Verfassung auf weitere Gebiete „ausgedehnt“, sondern dasselbe von der Verfassung geschaffene „government“ hätte seinen Wirkungskreis ausgedehnt: „the Constitution would be the same instrument operating in the same way, viz. upon the government“ [2].

Von einer „Ausdehnung“ der Verfassung könne schon darum nicht gesprochen werden, weil ja der Kongreß, der über diese Ausdehnung oder Nichtausdehnung zu beschließen hätte, hierzu gar nicht fähig sein könne: sei er selbst doch nichts als ein bloßer Zweig des von der Verfassung erst geschaffenen government; das Geschöpf könne aber nicht über die Macht seines eigenen Schöpfers nach Belieben verfügen dürfen. Die Verfassung sei überhaupt etwas, was sich einer „Ausdehnung“ seiner Natur nach entziehe: „the Constitution is not a physical substance. It is in the nature of a grant or power or what could be termed in private law a power of attorney“ [3]. Sie sei eine die Regierung schaffende und zwar als begrenzt schaffende Macht: sie habe ihr „essential limitations inherent the very existence of the American government“ mitgegeben. Es komme daher gar nicht darauf an, für welches Land und für welche Menschen diese „limitations“ ursprünglich geschaffen sind; sie seien der Regierung selbst auferlegt, wo sie auch handelnd auftreten möge. Wenn die souveräne Nation diese Schranken irgendwo oder irgendwann nicht mehr für angemessen erachte, so habe sie die Macht, sie zu ändern; niemals aber sei hierzu das government oder ein Zweig desselben — und wäre es auch die Legislative — befugt. „There are certain spheres within which

---

[1] 182 U. S. 38.
[2] 182 U. S. 43.
[3] 182 U. S. 35.

the government, at least under normal circumstances — that is to say peace — cannot tread, by reason of those inhibitions of the Constitution"[1].

Aus dieser strikten Auffassung von dem Wesen der Verfassung und aus dieser Konstruktion der verfassungsrechtlichen Grundbegriffe folgt mit Notwendigkeit der Schluß der Kläger: Die Regierung kann wohl Kriege führen und neue Gebiete erwerben; sobald aber der Friede geschlossen ist, müssen die Handlungen der Regierung auf dem erworbenen Gebiete an die verfassungsmäßigen Schranken gebunden sein; außerhalb dieser Schranken stünde sie auch außerhalb der Verfassung. Die Immunitäten sind „essential limitations inherent in the very existence of the American government"!

Solange Kriegszustand war, beruhte die Macht des Präsidenten auf seinem von den Immunitäten entbundenen „war power". Aber dies war power müsse, seinem Begriff gemäß, aufhören, sobald der Friedensschluß dem Kriegszustande ein Ende gemacht habe. In zwei Präjudizien (Cross v. Harrison und Leitendorfer v. Webb) sei zwar angenommen worden, daß das „presidentical government originated in belligerent rights and remained the de facto-government until Congress chose to legislate othervise"[2]. Aber die strikte Verfassungsauslegung der Kläger duldet ein „de facto-government" nicht: mit dem Friedensschlusse können nur noch solche Verfügungen des Präsidenten in Kraft bleiben, die mit den Immunitäten in Einklang seien: alle anderen würden sofort ipso facto aufgehoben. Ebenso bleibe wohl nach den Grundsätzen des Völkerrechts, die auch der Supreme Court mehrfach anerkannt habe, in neuerworbenen Gebieten das bisherige Recht des alten Souveränes solange in Kraft, bis der neue Souverän es aufhebe. Da diese Weitergeltung aber nur darauf beruhe, daß es als „usages of the inhabitants, sanctioned by the

---

[1] 182 U. S. 37/8.
[2] 182 U. S. 40/41.

new sovereign" anzusehen seien[1], so könnten auch sie den Immunitäten der Verfassung nicht zuwiderlaufen: sie gälten nur soweit, als sie sich nicht in Konflikt befänden „with the fundamental principles of the new sovereigns Constitution". Jenseits dieser Prinzipien könne die amerikanische Regierung eine rechtlich gültige Handlung überhaupt nicht vornehmen.

2. Darum kann für die Kläger auch das gegnerische Argument, daß die Immunitäten der Verfassung nur für die Staaten nicht aber für die Territorien gelte, keine Beweiskraft haben. Beide Teile sind sich zwar darüber einig, daß die von der Verfassung den einzelnen Individuen verliehenen staatsbürgerlichen Rechte, die „political rights", nur den Bewohnern der Staaten, nicht auch den Territorialbewohnern zustehen. Die Kläger halten jedoch dafür, daß die in der Verfassung gewährten Immunitäten, die sogen. bürgerlichen Freiheitsrechte, die „private and civil rights", nicht an die Zugehörigkeit zu einem Staate gebunden seien.

Das hierin liegende Problem: inwieweit die Verfassung eines Bundesstaates, welche an sich nur eine Regelung der Kompetenz- und Funktionsverhältnisse für die der Bundessphäre überwiesenen Angelegenheiten enthält, auf nichteinzelstaatliches Bundesgebiet (Reichsland Elsaß-Lothringen, Distrikt Columbia, Territorien) Anwendung findet, kann in verschiedener Weise legislatorisch gelöst werden. — Bei uns finden alle Verfassungsnormen, soweit nicht ausdrücklich ausgenommen, auch in Elsaß-Lothringen Anwendung, so daß hier jene der Konstruktion so schwierige Scheidung zwischen den elsaß-lothringischen Reichs- und Landesangelegenheiten notwendig wurde, von denen jene nach den Normen der allgemeingültigen Reichskompetenz, diese nach besonderen Normen besorgt werden. Die Unionsverfassung hat im Gegensatz hierzu in den Artikeln I

[1] 182 U. S. 42.

section 8 clause 17 und IV section 3 clause 2 eine besondere Kompetenz des Kongresses für die gesamten Angelegenheiten der Unionsländer (Distrikt und Territorien) geschaffen, so daß hier jene Scheidung von „General- und Lokalregierung" wegfällt[1], — ein System, das wir für die Kolonialregierung adoptiert haben. Bei uns steht daher den reichsländischen unmittelbaren Deutschen das Reichstagswahlrecht ebenso zu, wie den mittelbaren, einem Einzelstaat zugehörigen deutschen Staatsbürgern; nur der Bundesrat ist den „Mitgliedern des Bundes", den Staaten, vorbehalten. Dagegen ist in der Union den Territorialbewohnern überhaupt kein „aktiver Status" verliehen: die Mitwirkung bei der Berufung der Unionsorgane, des Repräsentantenhauses, des Senates und des Präsidenten, hat die Zugehörigkeit zu einem der Einzelstaaten zur Voraussetzung.

Über diese Prinzipien besteht zwischen den Klägern und ihren Gegnern kein Zweifel. Da aber für die Kläger die Immunitäten primär gar keine den Individuen verliehenen Rechte sind, sondern der Existenz des „government" notwendig innewohnende Schranken darstellen, deren Geltendmachung im Wege der Klage nur den Individuen übertragen ist, so ist dieser „negative Status" keineswegs an den „positiven Status" gebunden: er hat vielmehr lediglich die Unterwerfung unter das „government" der Union zur Voraussetzung. Die Kläger meinen daher, daß die gegnerische Ansicht die Doppelbedeutung des Wortes „citizen" verkenne[2]: dies Wort werde einerseits nur für die mit den „political rights" ausgestatteten Aktivbürger gebraucht, anderseits aber bedeute es lediglich „subject to the allegiance of „the United States" oder „national". Wenn der Pariser Vertrag daher auch die Regelung der „political rights" in Porto Rico dem Kon-

[1] Vgl. z. B. auch Orlando F. Bump, Notes of constitutional decisions, being a digest of the judicial interpretation of the Constit. (New York 1878), S. 303 Absatz 4.

[2] 182 U. S. 24, 68 f.

greß überlasse, so sei damit gar nichts über die Immunitäten gesagt: der Gegner „confuse the idea of acquiring territory and thus enlarging the boundaries of the United States, with the withholding of political rights". Wenn er sage: „The de jure title to the soil was in the United States, but its inhabitants were foreigners to the Union", — so sei das richtig, wenn man unter „foreigners to the Union" verstehe „persons without political rights", — falsch dagegen, wenn man darunter Personen verstehe, die nicht „subject to the allegiance of the Union" seien: denn auch sie seien dem „government" der Union unterworfen, das eben außerhalb der verfassungsmäßigen Schranken garnicht handeln könne [1].

Wenn sich die Gegner der Kläger allen diesen Deduktionen gegenüber auf die bisherige Praxis berufen, nach der immer Kongreßakte notwendig waren, um die Bestimmungen der Verfassung einschließlich der Immunitäten auf die neuerworbenen Landesteile auszudehnen, so erwidern jene, unerschütterlich auf dem Boden ihrer Konstruktion verharrend, daß alle diese Legislativakte „were merely declaratory of its own powers" [2].

Die Immunitäten der Verfassung, und unter ihnen die uniformity clause, müßten also unvermeidlich in den Territorien Anwendung finden, so daß sowohl die vor dem Foraker Act erhobenen Zölle zu Unrecht erhoben seien, als auch der Foraker Act selbst, insoweit er Zölle vorschreibe, „unconstitutional" und nichtig sei. Der Kongreß sei eben kein europäisches Parlament, das souverän, von keinem Gericht kontrolliert, jedes ihm gut dünkende Gesetz erlassen dürfe. In diesem Kern- und Angelpunkt der amerikanischen Freiheit könne es keine Kompromisse mit europäischen Grundsätzen geben.

Im übrigen sei der gegnerische Vorwurf, daß eine solche

---

[1] 182 U. S. 27/8, 37, 73.
[2] 182 U. S. 21, 34/5.

Auslegung der Verfassung die Union zu einer krüppelhaften, im Wettkampf der Völker notwendig unterlegenen Nation mache, unbegründet: denn nicht der souveränen Nation, sondern lediglich dem auf positiven Verfassungsrecht ruhenden „government" werde dies Recht einer schrankenlosen Kolonialgewalt abgesprochen; die Nation selbst könne auf Grund der in ihr ruhenden verfassungssetzenden und verfassungsändernden Gewalt tun und lassen was sie für gut halte. Die „uniformity clause" aber sei geltendes Recht, ob man nun politisch eine Überschwemmung des inneren Marktes mit Kolonialprodukten befürchte oder für gut halte. Ihr Sinn sei, den kleinen Staaten vor einer Überstimmung und Übervorteilung im Kongreß Schutz zu gewähren; a fortiori sei sie daher für die Territorien eine unbedingte Notwendigkeit, da diese im Kongreß überhaupt nicht vertreten seien und sonst völlig „defenceless" wären [1].

Diese Konstruktion der staatsrechtlichen Grundverhältnisse ist der Stolz jedes Amerikaners; hierin glaubt er sich allen andern Kulturnationen überlegen, denn durch sie allein hält er wahre politische Freiheit und staatliche Ordnung für verbürgt. Nur in den vorübergehenden Zeiten eines Krieges sei die Macht der Regierung von den Schranken der Freiheitsrechte entbunden; aber jede auf die Dauer angelegte Regierungsgewalt, welche ohne diese Fesseln einherschreiten wolle, widerstreite dem Grundprinzip der Souveränität der Nation, des Volkes, des Staates, da sie das government selbst souverän mache. Man begreift, welche Schwierigkeiten es dem Gerichtshof machen mußte, sich über diese Grundsätze hinwegzusetzen und eine Kolonialgewalt für verfassungsmäßig zulässig zu erklären!

Mit welch zäher Macht diese Anschauungen in jedem Amerikaner wurzeln, werden wir noch sehen, wenn wir uns den Argumentationen zuwenden werden, die die verfassungsmäßige Berechtigung der Kolonialregierung zu begründen

---

[1] 182 U. S. 87/92, 92/4.

versuchen: ernsthaft und konsequent an den Grundsäulen dieser Konstruktion zu rütteln, wagen nicht einmal Attorney und Sollicitor General, deren energische Vorstöße gegen die herrschende Staatsvertragslehre wir bereits bewundert haben.

Aber ehe wir alle diese Ansichten darstellen, müssen wir, um die zu deren Verständnis notwendigen Kategorien zu bekommen, die Bedeutung dieser amerikanischen Grundanschauung und ihr Verhältnis zu den uns geläufigen Begriffen kritisch zu würdigen versuchen.

III.

Kritische Würdigung der amerikanischen Staatslehre.

1. Die deutsche Wissenschaft dankt es den bedeutsamen Untersuchungen von Jellinek über „die Erklärung der Menschen- und Bürgerrechte“ [1], daß wir über den Geist, aus dem heraus die amerikanischen Freiheitsrechte entstanden sind, sowie über deren Bedeutung für den modernen Staat im Ganzen unterrichtet sind.

Sein Nachweis, daß die Prinzipien der individuellen Freiheit nicht, wie die bei uns noch immer nicht ganz überwundene, dem Zeitalter der Romantik und der Gegenrevolution entstammende Staatslehre des monarchischen Prinzips glauben machen möchte, ein Werk der staatszerstörenden Revolution sind, sondern vielmehr aus dem tiefen und positiven religiösen Enthusiasmus stammen [2], der sich jenseits des Ozeans als wahrhaft staatsgründend und staatserhaltend bewährt hat, dieser Nachweis verdiente endlich Gemeingut unserer Staatslehre zu werden. Während Jellinek sich aber, dem ganzen Rahmen seiner Arbeit entsprechend, im wesentlichen darauf beschränkte, den Geist

---

[1] Jellinek, Die Erklärung der Menschen- und Bürgerrechte. Ein Beitrag zur modernen Verfassungsgeschichte. 2. Aufl. 1904.

[2] Vgl. auch David G. Ritchie, Natural rights. A criticism of some political and ethical conceptions. 1895. S. 3 f., 6 f.

der Theorie und der Gesamtlage, der die Grundlage für die Entstehung jener Prinzipien abgibt, historisch zu begreifen, und dem der französischen Revolution vergleichend gegenüberzustellen, müssen wir uns vornehmlich mit der Stellung, welche die heutige amerikanische Staatslehre zu dem Problem der Freiheitsrechte einnimmt, beschäftigen und in systematischer Erwägung dies fortgeschrittene Stadium staatsrechtlicher Reflexion gegen die bei uns gebräuchlichen Grundbegriffe halten und kritisieren, — schon weil in den dargelegten Argumentationen der Inselfälle dieser Vergleich, verbunden mit Vorwürfen gegen unsere Art zu konstruieren, heraufbeschworen ist. Unsere folgenden Erörterungen wollen daher eine Ergänzung der Jellinekschen Ausführungen zu geben versuchen.

Wenn wir unbefangen den Gegensatz prüfen, den die klägerischen Argumentationen zwischen der Souveränität des Staates, der Nation, des Volkes und der verfassungsmäßig umschriebenen und begrenzten Kompetenz des „government“ aufstellen, und wenn wir uns hierbei rein an das von jenem Gegensatz wirklich begrifflich Gemeinte halten und von dem bloßen, uns fremdartig anmutenden Wortausdruck absehen, so wird man dem, auch von unserem Standpunkt der Staatssouveränität, die wir nicht mit Volks- und Nationalsouveränität gleichzusetzen gewohnt sind, nur beipflichten können. Auch wir schreiben die „Souveränität“ nur dem Staatsganzen zu, und lassen dieses Staatsganze rechtswirksam handelnd nur auftreten in seinen „Organen“, deren Kompetenz durch Verfassungsrechtssätze fest umschrieben und begrenzt ist, die außerhalb dieser Kompetenz keine „Staatshandlungen“ vornehmen können: auch wir leugnen, wie die Amerikaner, die Souveränität des „government“, die Organsouveränität, zugunsten der Souveränität des Staates selbst. Wir brauchen also, um die Gleichheit unserer Grundanschauungen mit der der Union zu erkennen, nur das Wort „government“ durch das der „Organe“ zu ersetzen; und wir müssen uns daran erinnern, daß auch wir unter dem Staat die „leibliche Gestalt der geistigen Volksgemeinschaft“ [1] verstehen, daß noch der Begründer unserer Lehre von der Souveränität des Staatsganzen, Hegel, diese mit einer richtig verstandenen Volkssouveränität gleichgesetzt hat [2], und daß endlich die Worte Nation und Nationalsouveränität nur durch eine besondere Verkettung der politischen Zustände zu der Zeit als unsere staatsrechtlichen Grundbegriffe festgelegt wurden, den Beigeschmack der umwälzenden Unzufriedenheit mit den bestehenden politischen Zuständen erhalten haben, der ja auch heute wohl wieder im Schwinden begriffen zu sein scheint.

Diese grundlegende Verwandtschaft zwischen dem amerikanischen Volkssouveränitätsprinzip und unseren Anschauungen hat Burgeß in seinem interessanten und verdienstlichen Buche „Political science and comparative constitutional law“ unter vollster Berücksichtigung der weiterhin trennenden Verschiedenheiten treffend erkannt. Er nennt mit Vorliebe die Volkssouveränität die „sovereignty of the State“, oder um den Gegensatz zu der verfassungsrechtlich umgrenzten Zuständigkeit der Organe, des „government“, zu betonen: „the sovereignty back of the government“. Der „constitutional state“ ist ihm „the state which is organized back of the government, which limits the powers of the government and which creates the means for restraining the government from violating these limitations“ [3]. Es ist wiederum dasselbe, was wir etwa dahin formulieren würden, daß der Verfassungsstaat die Kompetenzen der einzelnen zu seiner Darstellung berufenen Organe durch feste Rechtssätze umschreibt und begrenzt, und daß er durch seine Institutionen die Garantie gewähren will, daß diese Grenzen innegehalten werden.

---

[1] Savigny, System des heutigen römischen Rechts, Bd. I (1840) S. 22.

[2] Hegel, Grundlinien der Philosophie des Rechts (WW. Bd. VIII) S. 360.

[3] Burgeß, Political science and comparative constitutional law, Vol. I S. 57 f., 174 f.

Diese Gleichheit in der Grundanschauung muß m. E. zunächst einmal konstatiert und festgehalten werden, um dann von hier aus zu einer treffenden Charakteristik der wirklichen Verschiedenheiten und zu einer gerechten Würdigung derselben zu gelangen.

2. Einer solchen bedarf es vor allem für die Erkenntnis der Bedeutung und konstruktiven Stellung der Immunitäten, der Grund- und Freiheitsrechte. Jellinek hat ihre ursprüngliche Eigenart gegenüber der englischen bill of rights dahin charakterisiert, daß die englische bill „nicht die Kraft und die Absicht" hatte, „die gesetzgebenden Faktoren einzuschränken und Prinzipien für eine künftige Gesetzgebung zu bilden", daß sie nicht Rechte des Menschen schlechthin gegen den Staat, sondern nur „Pflichten der Regierung" gegen den staatlichen Menschen, den „englischen Untertan" aufstellen wollte, daß der bill also lediglich die Bedeutung „objektiven", nicht auch „subjektiven" Rechtes zukomme, während umgekehrt die amerikanischen „bills" mit den inhaltlich zwar meist gleichlautenden Rechten der Engländer die „tiefgreifende Umwandlung ... von objektivem zu subjektivem Rechte" vollzogen haben, so daß sie „nicht nur gewisse Prinzipien für die staatliche Organisation aufstellen", sondern vielmehr subjektive Rechte der Individuen „im Staat und an den Staat, die nicht vom Staate stammen" begründen wollten, um so eine „vom Staate unabhängige, von ihm schlechthin anzuerkennende Rechtssphäre des Individuums" festzulegen[1].

Schon ein flüchtiger Blick der Vergleichung dieser ursprünglichen Konstruktion der Freiheitsrechte mit der von den Klägern vorgetragenen, und auch von den anderen Ansichten prinzipiell festgehaltenen, belehrt uns, daß die amerikanische Staatslehre nicht stehen geblieben ist, ja bedeutsame Veränderungen durchgemacht hat. Es wäre interessant,

---

[1] Jellinek a. a. O. S. 28, 29, 30, 32, 34, 52, 53, 56.

diese Wandlungen einmal im einzelnen zu verfolgen. Merriam meint, es sei deutschen Einflüssen zu danken, daß die amerikanische Staatslehre die Vertragstheorie verlassen und sich einer organischen Staatsauffassung zugewendet habe: er nennt als bahnbrechend in dieser Richtung die Schriften von Francis Lieber († 1853) und rühmt Burgeß als denjenigen, der die Ergebnisse dieser Wandlung in endgültige wissenschaftliche Form gebracht hat[1]. Er selbst steht auf den Schultern von Burgeß einer- und unserem Gierke anderseits[2]. Mit dieser Entwicklung muß auch der Wechsel in den Anschauungen über die Rechtsnatur der Immunitäten zusammenhängen: denn bei einer Vertragstheorie konnten und mußten die Freiheitsrechte als „unveräußerlicher“ Rest dessen konstruiert werden, was die staatsgründenden Individuen nicht mit übertragen haben, während sich ein solcher „Rest“ mit der organischen Staatslehre nicht mehr verträgt.

So definiert nunmehr selbst Tucker, der, wie wir sehen werden, an der alten Konstruktion der Immunitäten festhält, den Staat als „the organism in unity of the many human beings, associated by jural bond for the objects of the social state in which is vested all rightful power over its members for the common good of all“[3]. Eine interessante Zwischenstellung scheint Story eingenommen zu haben. Er hält daran fest, daß es „theoretisch“ richtig ist, den Staat durch den „social compact or contract“ zu konstruieren; aber er ist an der Durchführbarkeit und an den Konsequenzen dieser „Theorie“ bereits irre geworden. Einmal machen ihn die „infants, minors, women, persons insane“, und für die Verhältnisse der Union außerdem noch „all the people within the territorial jurisdiction“ stutzig,

---

[1] C. E. Merriam, History of American political theories (New York 1903), S. 305 f., 308, 312 f., 325 f., 338 f.; sowie Desselben, History of the theory of sovereignty since Rousseau (in den erwähnten Columbia-University-Studien, Bd. XII) S 176, 179 f.

[2] Vgl. das Vorwort zu der genannten Schrift.

[3] Tucker a. a. O. S. 2 § 4.

da doch der Staat auf deren „assent“ nicht gegründet ist[1]: aber er beruhigt sich schließlich doch damit, daß der Staat trotzdem wenigstens auf den „good sense and integrity and justice of the majority of the people“ basiert sei, was ja auch „according to Mr. Locke is the true sense of the original compact“. Sodann aber scheint ihm die Kündbarkeit aller Verträge für die Herrschaft des Staates gefährlich. „They may be deemed compacts in the sense of their being founded on the voluntary consent or agreement of a majority of the qualified voters of the State; but they are not treated as contracts or conventions between independent individuals“. Die Verfassung sei vielmehr ein Gesetz, „a fundamental law“: „ordain and establish“ sei der Ausdruck, den selbst die Verfassung von Massachusetts gebrauche, welche mehr als alle andern an die strikte Vertragstheorie erinnere. Er kommt daher schließlich zu dem Resultat, daß die Constitution nicht sei „a mere contract of government during the good pleasure of all the persons who were originally bound by it or assented to it“[2]; und „a State Constitution is no further to be deemed a compact than that it is a matter of consent by the people, binding them to obedience to its requisitions“.

Die von der anfänglichen amerikanischen Lehre abgelehnte — englische — Auffassung, daß die Immunitäten wesentlich Beschränkungen der Regierung gegenüber den Untertanen darstellen, gerade sie bildet den Clou der klägerischen Argumentation: denn gerade mit ihr wird die „extention theory“ abgelehnt und die notwendige Gebundenheit der Unionsregierung an diese ihr immanenten Schranken auch in den Territorien begründet. Und weiter. Früher hatte man die Freiheitsrechte, im Gegensatz zu den

[1] Story a. a. O. § 327. Vgl. über Story auch Merriam, Americ. politic. theor. S. 200, 201. Wir werden noch sehen, wie Tucker um diese Frage herumkommt.

[2] Story a. a. O. §§ 337 f., 349.

englischen, als Rechte des Individuums schlechthin, als nicht vom Staate stammende, als vom Staate unabhängige Rechte bezeichnet. Dagegen hatten wir den Kläger stets versichern hören, daß er gegen eine prinzipielle Aufhebung dieser Rechte für die Kolonialregierung oder gegen eine Änderung derselben durch den Staat garnichts einzuwenden hätte, daß dies Recht nur dem auf dem Grunde der staatlichen Verfassung ruhenden „government" nicht zustehen könne; der Staat sei souverän und in seiner Souveränität unbeschränkt und unbeschränkbar. Der Kläger hatte ausdrücklich dem amerikanischen Untertan diese Rechte zugesprochen, dem „subject to the jurisdiction of the United States", dem „citizen" im Sinne von „national".

Diese Konstruktion der Immunitäten ist nicht nur Gemeingut aller Meinungen, die in den Inselfällen zur Sprache kommen, sondern sie entspricht auch vollkommen der Auffassung, die z. B. Burgeß in seinem erwähnten rechtsvergleichenden Werke als die amerikanische Auffassung vorträgt. Gleich im Anfang seiner Ausführungen über die „individual liberty" sagt er über deren „Idee": „it is a domain in which the government shall not penetrate. It is not, however, shielded from the power of the state"[1]. Weiter heißt es dann ausdrücklich: „we affirm that the state is the source of individual liberty". Und weiter: „the ultimate sovereignty, the state, cannot be limited either by individual liberty or governmental powers; and this it would be if individual liberty had its source outside of the state". Die heutige amerikanische Auffassung besteht eben gerade darin, daß es die „sovereignty back of the government", die Staatssouveränität ist, „which defines and defends individual liberty"[2]. — Man sieht, wie wesentlich dem amerikanischen Empfinden und seinem Konstruktionsbedürfnis der Begriff der Staats- oder Volks-

---

[1] Burgeß a. a. O. Bd. I S. 174. Die Unterstreichungen sind von Burgeß.

[2] Burgeß a. a. O. Bd. I S. 175, 177, 178.

souveränität und die Unterscheidung des souveränen Staates oder Volkes von dem nicht-souveränen „government" geworden ist.

Gerade diese Unterscheidung aber lag außerhalb des Bewußtseins jener Zeit, in der die bürgerlichen Freiheitsrechte entstanden. Ein beredtes Zeugnis für die ursprüngliche Auffassung der Grundrechte legt die Formulierung der Sektion 14 der Ordinance von 1787 ab, jenes Gesetzes, welches die Verhältnisse des *Nordwestterritoriums* regeln wollte. Es handelte sich darum, die Segnungen der Grundrechte auch diesem Gebiete zukommen zu lassen; so wurde bei der damaligen Konstruktion dieser Rechte folgende Formulierung notwendig: „It is hereby ordained and declared, by the authority aforesaid, that the following articles shall be considered as articles of compact between the original States and the people and the States in the said territory, and forever remain unalterable unless common consent"[1]; — es folgen dann die Grundrechte in sechs Artikeln. Der Umweg über den — wenigstens fingierten — vorstaatlichen Sozialvertrag war für jene Zeit notwendig, um Grundrechte überhaupt konstruieren und als solche denken zu können.

Wenn es damals den amerikanischen „bills of rights" also darauf ankam, vor allem die Grenzlinie zwischen Staat und Individuum zu ziehen, dem Individuum subjektive Rechte zuzusprechen, „die nicht vom Staate stammen", und „die Vorstellung einer vom Staate unabhängigen Rechtssphäre" zu begründen[2], so ist heute in allen diesen Sätzen das Wort „Staat" durch seinen Gegensatz „government" zu ersetzen. — Merriam glaubt feststellen zu dürfen, daß heute die alte Lehre von der vorstaatlichen Natur der Freiheitsrechte „has been generally given up"[3].

---

[1] Macdonald a. a. O. Bd. S. 26.
[2] Jellinek a. a. O. S. 29, 53, 56.
[3] Merriam, Americ. politic. theor. S. 310.

Die Notwendigkeit dieser neuen Unterscheidung hat sich unmittelbar aus der Sache selbst ergeben. Die Immunitäten beruhen auf der Verfassung der Union oder auf den „Articles in addition to, and amendment of the Constitution“, also auf staatlicher Normierung; ihre Abänderung und Ergänzung hat in den staatlich festgesetzten Normen der Verfassungsänderung zu erfolgen; und zu ihrem Schutze sind die staatlichen Gerichte berufen, die, selbst auf der Staatsverfassung beruhend, zu dem „government“ gehören. Das Bewußtwerden dieser Tatsachen hat dazu führen müssen, sie auch in die Konstruktion der Freiheitsrechte einzubeziehen.

Es scheint die Unionsverfassung in ihrem Unterschiede von den Einzelstaatsverfassungen gewesen zu sein, an der sich dieses Bewußtwerden vollzog. Die Einzelstaatsverfassungen waren ja auch die eigentlichen Träger der alt-amerikanischen Auffassung des Verhältnisses von Staat und Individuum: sie begannen mit jenen „bills of rights“ als dem wichtigsten Stücke. Dagegen enthielt die Unionsverfassung ursprünglich keine solche bill. Da sie nur ein government mit „enumerated powers“ schaffen wollte, und da sie es nicht nötig hatte sich gegen monarchische Übergriffe zu schützen, wie dies die Einzelstaatsverfassungen noch wollten, so schien eine Erklärung der Rechte nicht nur überflüssig, sondern dem Wesen einer auf Republiken aufbauenden Bundesgewalt sogar widersprechend. Erst die ersten zehn amendments kamen den immer von neuem auftretenden Forderungen nach einer Formulierung der Freiheiten des Unionsvolkes nach[1]. Dieser Unterschied zwischen der Union und den Einzelstaaten klingt deutlich noch in den Ausführungen von Cooley nach, welcher die Freiheitsrechte der Einzelstaaten ganz in der alten

[1] Story a. a. O. § 301 f.; Cooley, A treatise on the Constitutional limitations which rest upon the legislative power of the States of the American Union (6th edition by Angell; 1890) S. 311 f.; Pomeroy a. a. O. S. 143; und vor allem Federalist a. a. O. S. 627 f., 631 f.

Weise konstruiert[1], ihren Gegensatz zu denen der Union voll empfindet, für diese aber keine rechten positiven Kategorien zu finden vermag.

„In considering State constitutions — sagte er — we must not commit the mistake of supposing, that, because individual rights are guarded and protected by them, they must also be considered as owing their origin of them". Das Volk sei schon im Besitze der Freiheiten gewesen, „before the Constitution was made". Er stimmt hierin mit Calhoun überein, der auch sagte: „written constitution sanctify and confirm great principles, but the latter are prior in existence to the former". Die Einzelstaatsverfassungen sind ihm überhaupt nicht „the beginning of a community nor the origin of private rights", sondern nur „the framework of the political government, and necessarily based upon the pre-existing condition of laws, rights, habits and modes of thought"[2]. Im Gegensatz hierzu aber stehe die Verfassung der Union: sie sei es, die den ganzen Bundesstaat als solchen allererst schafft, und nicht voraussetzt; sie enthält erst die Ermächtigung zu einem staatlichen Zusammenschluß und zu einer staatlichen Herrschaft, welche die Einzelstaatsverfassungen bereits als gegebene Tatsachen vorfanden. Aus diesen Grundpositionen folgt eine abweichende Stellung der Freiheitsrechte in der Unionsverfassung: denn wenn die Bundesstaatsgewalt nur eine „übertragene" und von den Einzelstaatsvölkern „geschaffene" ist, so können die Immunitäten des Unionsvolkes keine ursprünglichen und präexistierenden sein[3], wie sie ja auch tatsächlich erst

---

[1] Vgl. den genauen Titel seines Buches, das nur von den Einzelstaaten handeln will.

[2] Cooley, Const. Limit. S. 49.

[3] „The government of the United States is one of enumerated powers, the national Constitution being the instrument which specifies them, and in which authority should be found for the exercise of any power which the national government assumes to possess. In this respect it differs from the constitutions of the several States, which are not grants of powers

später eingefügt worden sind. Die Hoheitsrechte der Union werden daher von Cooley „conferred" genannt, er spricht von der „incorporation of a bill of rights and liberties in the Constitution", die zehn ersten amendments „give new rights", „impose limitations on the powers of the several departments of the federal government"[1]: alles Ausdrücke, die in schroffem Gegensatz zu dem über die Einzelstaatsverfassungen Gesagten stehen. Cooley sagt einmal: „Whatever is not conferred is withheld, and belongs to the States or to the people thereof"; außer dem letzten Wort, ist an dem Satze nichts Besonderes, da er nur dasselbe will wie das X. Amendment[2]: aber die Hinzufügung dieses „thereof" sagt im Gegensatz zur zehnten Verfassungsänderung, daß für Cooley die „residuary powers" nicht im Unionsvolke, sondern in den Einzelstaatsvölkern liegen[3]. Er kann die Immunitäten eben nur verstehen als dem eigentlichen Staate präexistierende und in ihn hineinragende Freiheiten des „Individuums": der Verfasser des bekannten Werkes über die Constitutional Limitations in den Einzelstaaten findet daher in seinem Buche über das Bundesrecht keine positiven Begriffe, um die hier bestehenden zu konstruieren.

Von diesen Tatsachen aus fällt ein interessantes Licht auf die Verbindung der „staatenrechtlichen" mit den „demokratisch"-individualistischen Gedanken: wer an der ursprünglichen Konstruktion der Freiheitsrechte festhielt, der muß in der Union immer nur den sekundären und geschaffenen Staat mit nur abgeleiteten und übertragenen Gewalten

---

to the States, but which apportion and impose restrictions upon the powers which the States inherently possess". (Cooley, Constit. Limitations S. 11.)

[1] Cooley, General principles S. 29, 30, 35, 199.

[2] Der Artikel X lautet: „The powers not delegated to the United States by the Constitution, nor prohibited by it to the States, are reserved to the States respectively, or to the people".

[3] Es ist bezeichnend, daß sich die Hinzufügung von „thereof" im Entwurf der Verfassung „of the Confederate States" vom 1. März 1861 findet: vgl. Macdonald a. a. O. Bd. II S. 454.

sehen, und der muß bei jeder Stärkung der Bundesgewalt eine Gefahr für die alten Freiheiten befürchten. So fanden wir Calhoun auf der Seite der alten Auffassung, wenn er auch, um seine Sklaventheorie zu begründen, jene „natural rights" nicht mehr dem Menschen schlechthin zusprach: aber für die „races and individuals properly qualified for its possession", hielt er an der Unveräußerlichkeit und vorstaatlichen Natur jener Rechte fest [1]. Ebenso war Jefferson ein Hauptverkünder dieser Lehre [2]. Und auch heute wird von dem „staatenrechtlich" gesonnenen Tucker wieder die alte Auffassung der Immunitäten vertreten. Auch ihm sind sie „inalienable and indefeasible rights which are not rightful within the sovereignty of the Body-politic" [3]. Der Staat sei von Gott verordnet; aber die Rechte des Individuums stammten aus derselben Quelle: „deriving his title from God, his claim is higher then the power of all government; his right procedes its powers; and power is God-given, to guard God-given right". „The power of government is ordained of God, but so is the right of the man; and the power of the one is limited to the conservation of the other" [4].

Diese Thesen versucht Tucker mit seinem organischen Staatsbegriff und seiner Unterscheidung zwischen „Body-politic" und „government" dadurch zu vereinen, daß Souveränität für ihn weder „originäre" noch „unbeschränkte" Gewalt bedeuten soll: „sovereignty ... is neither absolute nor autocratic, but is delegated by the Supreme Being and limited by the reserved right of individuals" [5]. Und an anderer Stelle hebt er hervor, daß zum Begriffe der souveränen Gewalt die beiden Momente „vested" und „rightful"

---

[1] Merriam, Am. polit. theor. S. 232 f., 234, 312.

[2] Merriam a. a. O. S. 147 f.; Blumenthal, Die polit. Einrichtungen d. V. St. (1904) S. 13, 47, 60. Vgl. auch die hierher gehörigen allgemeinen Bemerkungen auf S. 46.

[3] Tucker a. a. O. S. 57; S. 55: „rights of individuals, which are inalienable by the man himself and indefeasible by any other man or any body of man".

[4] Tucker a. a. O. S. 12, 14; sowie ähnlich S. 55, 59 und passim.

[5] Tucker a. a. O. S. 55.

gehörten, von denen das eine ihre „Derivation", das andere ihre „Limitation" bedeute[1]. — Gelingen aber konnte ihm dieser Vereinigungsversuch nicht: denn der ganze Sinn jener Unterscheidung von „state" und „government" war ja der, die Immunitäten zwar als Schranken des „government", aber als vom „State" gesetzte und abänderbare Rechte zu konstruieren. So kann denn der Widerspruch mit jener emphatisch an den Anfang seines Werkes gestellten These, daß die „distinction between the body-politic and the government is fundamental and essential", nicht ausbleiben: wenn er sagt, daß die Freiheitsrechte „are beyond the reach of the power of any government o r of any Body-politic"[2], so vollzieht er hier eine Gleichsetzung der beiden fundamental entgegengesetzten Begriffe gerade in dem Punkt, der ihrer Unterscheidung zugrunde liegt.

Das Interessante und Bedeutsame an den klägerischen Ausführungen in unseren Inselfällen scheint mir darin zu liegen, daß hier von „demokratischer" Seite und zu politisch „demokratischen" Zwecken die neue und richtige Konstruktion der Immunitäten durchgeführt wird. Das Versagen Cooleys gegenüber der Unionsverfassung und das Scheitern Tuckers dürften Bestätigungen für die Unhaltbarkeit der aus der Doktrin des 17. und 18. Jahrhunderts stammenden ursprünglichen Auffassung der „bill of rights" sein.

3. Der wirkliche Unterschied der amerikanischen Immunitäten von den europäischen kann also nicht in ihrer verschiedenen Stellung zum Staate und zur Regierung gesehen werden: hier wie dort ist ihre Quelle der Staat, und hier wie dort wollen sie dem government, den Organen des Staates, Schranken zur Pflicht machen, jenseits derer das Individuum sich frei bewegen kann. Der Unterschied liegt allein darin, daß es verschiedene Organe sind, denen

[1] Tucker a. a. O. S. 2.
[2] Tucker a. a. O. S. 55.

über die Innehaltung dieser Schranken die letzte Entscheidung anvertraut ist. In der Union sind hierzu die Gerichte berufen; und in Europa ist es (meist) die Legislative, die in letzter Instanz über die von den Staatsorganen den Individuen gegenüber einzuhaltenden Grenzen zu urteilen hat. In Amerika ist es der von unabhängigen Gerichten ergangene Rechtsspruch, in Europa der von den unabhängigen Organen der Gesetzgebung erlassene Rechtssatz. Beide Systeme erstreben den Rechtsstaat: Amerika in der Form des Justizstaates, Europa durch die Herrschaft des Gesetzes. Hier wie dort aber sind unabhängige Organe für diese wichtige Funktion berufen.

Dieser Gegensatz, der sich auf jener gemeinsamen Grundlage erhebt, ist groß und bedeutsam! Es ist eine völlig verschiedene Grundanschauung von Staat und Recht, eine völlig verschiedene Weltanschauung, die aus beiden Systemen spricht! Aus dem amerikanischen System spricht die Weltanschauung eines konsequenten und selbstbewußten Rationalismus, aus dem europäischen ein starkes Gefühl für die Irrationalität der Welt, ein Gefühl, welches sich in Europa selbst nicht von allem Rationalismus hatte ertöten lassen, das aber erst die deutsche Philosophie und Staatslehre des 19. Jahrhunderts tatsächlich ins Bewußtsein zu heben vermocht hat.

Der Rationalismus glaubt an die Möglichkeit, dies bunte und unendlich mannigfaltige Leben letztlich in Denkbestimmungen auflösen, es durch logische Denktätigkeit begreifen, meistern und beherrschen zu können. Er will daher im Staats- und Rechtsleben nicht nur jeden Akt der Verwaltung unter den abstrakten Rechtssatz bringen, um ihn danach zu richten und zu beurteilen; sondern er sieht auch in dem Akte der Gesetzgebung selbst noch einen irrationalen Rest: das vielgestaltige, vielköpfige und bunte Parlament ist ihm noch ein unberechenbarer Faktor, der nach freiem und unkontrolliertem Ermessen seine Rechtssätze aufstellt[1]. Er empfindet daher auch ihm gegenüber noch das Bedürfnis, seine Akte einer richtenden reinen Denktätigkeit zu unterwerfen, die losgelöst von allen empirischen Beeinflussungen allein den logischen Denkgesetzen unterworfen ist und in völliger Unabhängigkeit den Stoff der Gesetzgebung nach allgemeingültiger und unfehlbarer Methode erwägt und richtet. Der Federalist sagt vom „judiciary power": „it may be said to have neither force nor will, but merely judgment"[2].

Dem Irrationalismus dagegen fehlt dieser Glaube an die rationale Auflösbarkeit des empirischen Stoffes. Er sieht und weiß, daß in allen Dingen ein nicht-auflösbarer irrationaler Rest der reinen Denkformen spottet. Er ist sich vollkommen bewußt, daß auch in der Gesetzgebung jener unberechenbare und unkontrollierte Rest übrig bleibt. Nur sieht er in diesem Rest etwas Unvermeidliches, das auch in der „unabhängigen" Justiz nicht etwa aufgehoben ist. Denn auch die Justiztätigkeit wird von irrationalen Menschen geübt, die dem Irrtum und schlechten Einflüssen zugänglich bleiben, die eben überhaupt unberechenbaren und unkontrollierbaren Motivationen unterworfen sind. Die Güte einer Verfassung und die Garantie für ihre Innehaltung muß unvermeidlich immer zuletzt auf einem irrationalen Faktor ruhen: auf der Gesundheit, Zuverlässigkeit und dem guten Willen der letztlich maßgebenden Organe, ob dies nun Organe der Rechtsprechung oder der Gesetzgebung sind. Bis zur Forderung einer Unterstellung der gesamten Gesetzgebung unter die richtenden und bloß nach den abstrakten Denkgesetzen urteilenden Gerichte hatte das rationalistische Naturrecht Europas niemals geführt.

Bei aller Anerkennung, welche die freie Rechtssphäre des Individuums seit je im germanischen Staate gefunden hatte, und bei der besonders im Mutterlande des europäischen Konstitutionalismus, in England, stets lebendigen Über-

---

[1] Vgl. Hershey a. a. O. S. 2f.; Federalist a. a. O. S. 383f.
[2] Federalist a. a. O. S. 575; ähnlich S. 579.

zeugung, daß die formal-juristisch zwar schrankenlose Macht von König und Parlament „materiellen Schranken" unterworfen sei [1], war die Forderung des Rechtsstaates doch niemals über den Satz hinausgegangen, daß jede Einschränkung der individuellen Freiheit nur auf Grund eines Aktes der Gesetzgebung geschehen dürfe [2]. Das Gesetz war und blieb das Höchste und Letzte, das man weiter zu rationalisieren kein Bedürfnis empfand. Das absolutistische Naturrecht begnügte sich sogar mit der bloßen Forderung einer Gebundenheit der monarchischen Regierungsgewalt an die abstrakten „Zwecke" des Staates: an eine rationale staatliche Instanz über dem Fürsten dachte niemand. Auch nicht das konstitutionelle Naturrecht ging bis zu solchen Postulaten; seinen Ansprüchen war genügt, wenn eine Vertretung des ganzen Volkes an der Gesetzgebung teilnahm. Wenn jeder einzelne mitwirkt an der Schaffung der jeden einzelnen bindenden Gesetze und dadurch die Rechtsnormen zu „Selbstbindungen" werden, ist für sein Gefühl der Kreis geschlossen. So erklärt Locke für ein Gesetz als „absolutely necessary to its being a law, the consent of the society, over whom nobody can have a power to make laws, but by their own consent and by authority received from them" [3]. Und Rousseau meint: „Quand tout le peuple statue sur tout le peuple, il ne considère que lui-même". Das so entstandene Gesetz, „réunissant l'universalité de la volonté et celle de l'objet" [4], ist auch für ihn das Letzte. Selbst bei Montesquieu, der außer diesem Gedanken der Selbstbindung des Volkes an die selbstgeschaffenen Gesetze noch ein Gleichgewicht der sich gegenseitig balancierenden Gewalten für den Verfassungsstaat fordert, bleibt in letzter Linie die Legislative souverän: und so sehr er sich auch bemüht Legislative und Exekutive

---

[1] Vgl. Jellinek a. a. O. S. 59.
[2] Jellinek a. a. O. S. 31 f.
[3] Locke a. a. O. § 134.
[4] Rousseau, Contr. soc., Livre II chap. VI.

gegeneinander auszubalancieren, von einem Gegengewicht der Justiz gegen die Macht der Legislative ist auch nicht andeutungsweise die Rede. Der große rationalistische Denker Christian Wolf hat als letztes Kriterium für die konstitutionelle Vortrefflichkeit eines Staates ein rein irrationales Moment: „metiendum ex voluntate quae populo fuit, cum imperium transferret“ — sagt er von den verschiedenen Verfassungsnormen in seinem Werke, welches den bezeichnenden Titel führt „Institutiones juris naturae ac gentium in quibus ex ipsa hominis natura continuo nexu omnes obligationes et jura omnia deducuntur“ [1].

Mit am deutlichsten hat wohl Locke den irrationalen Rest in der Legislative empfunden und formuliert: obgleich sie das „supreme power“ ist, darf sie doch nicht „absolutely arbitrary“ sein. Er stellt vier ausdrückliche Postulate auf, denen auch die Legislative unterworfen sein muß [2]. Diese Lehre von den der Gesetzgebung inhärierenden Schranken hat die amerikanische Konstruktion der Legislative tiefgehend beeinflußt und zum Teil direkt auf die Formulierung einiger ihrer Grundrechte gewirkt. Aber weder Locke noch das spätere europäische Naturrecht denken daran, die Justiz als rationale Instanz zur Prüferin der Einhaltung jener Grenzen zu machen. Locke wirft zwar selbst die Frage auf [3], wer der Richter „between the people and the legislative“ zu sein habe, aber nur um sie dahin zu beantworten, daß es einen solchen auf Erden nicht geben könne. Für den europäischen Konstitutionalismus des 18. Jahrhunderts bleibt, wenn die letzte Macht zur „Tyrannenmacht“ wird und ihre „Grenze“ überschreitet, nichts übrig, als getrosten Mutes in den Himmel hinaufzugreifen und die ewigen Rechte herunterzuholen, die droben hangen unveräußerlich und unzerbrechlich wie die Sterne selbst. „People have — so sagt Locke — no other remedy . . . but to appeal to Heaven.“

---

[1] Christian Wolf, Institutiones juris naturae etc. (1763) § 982.
[2] Locke a. a. O. §§ 135—142.
[3] Locke a. a. O. § 168.

Es war der deutschen spekulativen Philosophie vorbehalten, diesen notwendigen irrationalen Faktor als solchen zu erkennen und seine Unvermeidlichkeit auch für das Rechts- und Staatsleben zum Bewußtsein zu bringen. Etwa gleichzeitig haben Schelling[1] und Hegel[2] darauf hingewiesen, daß jeder Staat in letzter Instanz auf irrationalen Faktoren ruhen müsse, und daß eine rein beurteilende formale Funktion, wie das Ephorat in Fichtes Naturrecht, nicht die letzte Instanz einer realen Verfassung sein könne. Die Gesundheit und Zuverlässigkeit der höchsten Organe und das Vertrauen zu ihnen kann allein die letzte Garantie einer guten Verfassung sein. Der konsequente und strikte Antirationalismus ging sogar in Schelling und Konstantin Frantz[3] so weit, nicht nur den Justiz-, sondern auch den Gesetzesstaat als notwendiges Ideal des Rechtsstaates abzulehnen: das abstrakte Gesetz ist ihnen bereits des Rationalismus verdächtig. Wenn die Exekutive gesund, zuverlässig und stark ist, scheint ihnen das gedeihlichste Staatsleben garantiert zu sein. Jeder Kenner der deutschen politischen Anschauungen des 19. Jahrhunderts wird sofort sehen, wie tief selbst diese extrem irrationalistischen Gedankengänge uns heute noch im Blute liegen.

Es ist also eine in einer verschiedenen Weltanschauung wurzelnde, völlig verschiedene Wertung der einzelnen Funktionen des Staates, auf der der Gegensatz der europäischen und der amerikanischen Freiheitsrechte beruht. Mit feinem Verständnis hat dies wiederum Burgeß, bei dem wir bereits eine richtige Würdigung des Verhältnisses der Freiheitsrechte zur Staatssouveränität

---

[1] Schelling, System d. transzend. Idealism., WW. Bd. III S. 584; Vorles. üb. d. Methode d. akad. Stud., Bd. V S. 316.

[2] Hegel, Über d. wissenschaftl. Behandlungsarten d. Naturrechts, WW. Bd. I S. 363 f. Und später die großartigen Ausführungen in seinen Vorlesungen üb. d. Philos. d. Geschichte (Leipzig, Reclam) S. 554 f.

[3] Schelling, System des transzendentalen Idealismus, WW. Bd. III S. 586; Konstantin Frantz, Vorschule zur Physiologie der Staaten (1857) S. 200 f., 207 f.

konstatieren konnten, herausgefunden. „The divergence is chiefly — so formuliert er — in the character of the organs which garantee the enjoyment of these rights and immunities". In der Union ist es die Justiz; in Europa „the legislative interpretation is the most ultimate"[1]. Und er sieht weiterhin vollkommen zutreffend ein, daß bei uns die Immunitäten gegenüber der Legislative zwar keine durch besondere Institute garantierten „Ansprüche" darstellen und nur soweit gehen, als die Legislative selbst es für angemessen hält; aber: „this does not mean that the individual has no liberty in the German state. The legislative and the executive have created for him a sphere of freedom, and have made it very nearly extensive with the same domain in the United States"[2].

4. Es kann jedoch unseres Erachtens Burgeß nicht recht gegeben werden in der höheren Wertschätzung, die er dem amerikanischen System gegenüber dem europäischen zuteil werden läßt. Er sieht in der eigentümlichen Stellung, die die Justiz in der Union einnimmt „the special point in which the constitutional law of the United States is far in advance of that of the European states"; und er meint, daß „the distinction between state and government is still in its infancy in this system"[3]. Diese Wertbeurteilung beruht auf extrem rationalistischen Maßstäben, die wir nicht anzuerkennen vermögen. Ebenso unberechtigt wäre freilich das entgegengesetzte irrationalistische Urteil, das die Stellung der Justiz im amerikanischen System unbedingt verurteilte. Kritisch berechtigt ist es allein, wenn wir die irrationalistischen Momente auch der Justiz voll anerkennen, ihre spezifische Eigenart ins Auge fassen und uns die Frage vorlegen, ob diese irrationalen Voraussetzungen in den Vereinigten Staaten gegeben sind.

---

[1] Burgeß a. a. O. S. 177/8.
[2] Burgeß a. a. O. S. 180.
[3] Burgeß a. a. O. S. 179, 180.

Und diese Frage scheint bejaht werden zu müssen. Die Gesundheit und Zuverlässigkeit des zuletzt maßgebenden Organes und das Vertrauen zu ihm bezeichneten wir als letzte Voraussetzung für die Güte einer Verfassung. Hören wir hierzu Münsterberg, einen der feinsten Kenner des amerikanischen Lebens: „Präsident und Kabinett, Senat und Haus erfüllen die Amerikaner mit Stolz, aber überall mischt sich in die Zufriedenheit ein kritisches Bedenken gegen dies und das, und die Parteigegnerschaft mag zu lebhaftem Unmut führen. Auf den Obersten Gerichtshof aber blickt jeder Amerikaner, der zum Urteil berufen ist, mit ungemischtem Hochgefühl. Er weiß zu wohl, daß keine Kraft mehr dazu beigetragen hat, den Frieden, das Gedeihen, die Größe der Vereinigten Staaten zu sichern“ [1]. Und sodann: die Konstruktion jedes neu aufkommenden Rechtsfalles aus den Vorentscheidungen, die eine stete Wechselwirkung und Auseinandersetzung zwischen dem „täglich werdenden“ und dem „historisch gewordenen Rechtsbewußtsein“ zur Folge habe, die weiter dem Rechtsanwalt bei jedem Einzelprozeß von den zufälligen Schranken des Einzelfalles und der augenblicklichen Parteiinteressen löse, um ihn mit der objektiven noch immer lebendigen historischen Vergangenheit zu verbinden und zu einem wirklichen Organe des lebenden und zu schaffenden Rechtes, statt der bloßen Parteiinteressen zu erheben, — das starke Rechtsbewußtsein, das jedem Amerikaner eigen sei, und das auch bisher stets dahin geführt habe, daß es „Ehrensache“ jeder Partei war, in die höchsten Richterämter wirklich die größten Juristen zu bringen, die für alle Zeiten der Administration Ehre machen“ und in ihren Entscheidungen nicht die Stimme der politischen Parteianschauungen zum Worte kommen lassen [2] — alle diese — und wie anzuerkennen sein wird: alle diese höchst irrationalen Umstände dürften dazu beitragen, das Recht der

[1] Münsterberg a. a. O. Bd. I S. 175.
[2] Münsterberg a. a. O. Bd. I 3 S. 179, 191.

amerikanischen Justiz, wenigstens soweit sie von der letzten und höchsten Instanz, dem Supreme Court of the United States, ausgeht, auf ihre bedeutsame Rolle im Staatsleben zu begründen.

Hierzu kommt ein weiterer bedeutsamer Grund, der in der Eigenart der anglo-amerikanischen Rechtsquellenlehre und ihrer Wertschätzung des gewöhnlichen Gesetzesrechtes, des „statute-law", liegt. Eine kunstgerechte und technische Interpretation und Konstruktion der bestehenden Gesetze, eine Erforschung des „Willens des Gesetzgebers", ist der englischen Jurisprudenz und Rechtsprechung fremd. Die kontinentale Ehrfurcht vor dem geschriebenen positiven Gesetz ist dem englischen Juristen unbekannt: der Einblick in die parlamentarische Gesetzesmaschinerie mit ihrem Parteigetriebe, ihrem Feilschen, Handeln, Kompromittieren, mit ihren Gelegenheits- und rein parteitaktischen Interessen entspringenden Gesetzen läßt ihn von allen „statute-laws" gering denken. Und diese Einsicht in die Irrationalität aller Gesetzesmacherei muß eine andere Stellung und Wertschätzung der richterlichen Tätigkeit hervorrufen, deren Rationalität diese Irrationalität kompensieren muß [1].

In den Vereinigten Staaten, wo ganz ähnliche Ansichten über die legislative Funktion lebendig sind [2], tritt dies bereits deutlich in der Tatsache hervor, daß die Verfassungen Geschöpfe eines „höheren Gesetzgebers" sind, an denen die bloßen „statute-laws" gemessen und nach denen sie gerichtet werden sollen. Die Immunitäten sollen eine Garantie und eine Schutzwehr bilden, daß keine Strömungen im Schoße der Legislative die Oberhand gewinnen, welche Minoritäten vergewaltigen [3], — ein Gedanke, dem man auch, ja gerade von nicht-demokratischem Standpunkte aus seine

---

[1] Vgl. Hatschek, Englisches Staatsrecht, Bd. I S. 94—140, besonders die Zusammenfassung S. 139, 140.

[2] Freund, Jurisprudenz und Gesetzgebung im Jahrbuch für öffentliches Recht, Bd. 1 S. 142 f., besonders S. 146 f.

[3] Vgl. Cooley, Constit. Limit. Kap. 7; sowie auch Blumenthal a. a. O. S. 15 und 182 U. S. 87 f., 92 f.

große Berechtigung und Feinheit wird zuerkennen müssen. In unseren monarchischen Verfassungen haben wir in der fürstlichen Mitwirkung an der Gesetzgebung ein Moment, welches demselben Prinzip einer Zurückdrängung augenblicklicher Majoritätsströmungen und einer Berücksichtigung der bleibenden über die Generationen greifenden Gesichtspunkte dienen soll und zugleich der Gesetzgebung selbst eine Stabilität und höhere Sanktion zu geben bestimmt ist. In einem auf demokratischer und rationalistischer Grundlage ruhenden Staatswesen kann ein solcher historisch-irrationalistischer Gedanke natürlich keine Stätte haben; und es kann nur die Justiz, welche sogar nach dem Ausspruche eines Mannes wie Freund, der dem amerikanischen System durchaus nicht kritiklos und ohne tiefe Zweifel gegenübersteht, „nach Logik und Vernunft" urteilt[1], diese Funktion übernehmen.

Um aber diese Stellung der Richter zur Gesetzgebung und zu den abstrakten und schwer zu interpretierenden Immunitäten zu „rechtfertigen", bedarf es weiterer Voraussetzungen „irrationaler" Art, — wie sie in der Union auch tatsächlich vorlagen. Im Gegensatz zur Funktion der Gesetzgebung, in deren Schoße sich rechtspolitische Erwägungen pro und contra abzuspielen haben, und die aus der bunten Fülle verschiedener möglicher Entscheidungen eine bestimmte zu treffen hat, muß der richterliche Spruch etwas unmittelbar Einleuchtendes und Überzeugendes haben. Auch wo dem „Ermessen" des Richters ein weiter Spielraum gelassen ist, darf sich dies nur auf die freiere Betrachtung der Feinheiten des vorliegenden Einzelfalles beziehen: das Prinzip, nach welchem dies zu erfolgen hat, muß immer schon legislatorisch so weit festliegen, daß dem richterlichen Wahrspruch jener Charakter der Unmittelbarkeit erhalten bleibt. Jene rechtspolitischen Erwägungen pro und contra, die vor der positiven legis-

[1] Freund a. a. O. S. 142, 147.

latorischen Entscheidung liegen, müssen zum Schweigen gekommen sein, wenn der Richter seines Amtes zu walten beginnen darf.

Die justizmäßige Beurteilung der Gesetze in Bezug auf die Einhaltung der höchst abstrakten Freiheitsrechte, wie z. B. der Rechtsgleichheit, der Religions-, Press-, Versammlungsfreiheit, der Vertragsfreiheit, des Rechtes auf nur vernünftige Durchsuchungen und Verhaftungen usw. usw., muß daher eine bürgerliche Gesellschaft voraussetzen, bei der jene rechtspolitischen Erwägungen dessen, was Gleichheit, Freiheit, Vernünftigkeit bedeutet, mit unmittelbarer Überzeugungskraft entschieden werden können, bei der die Grenze zwischen „Recht" und „Willkür" unmittelbar einleuchtend ist. Dies aber ist nur möglich in einer durchaus homogenen Gesellschaft, in der die stillschweigenden, unbewußten Voraussetzungen des Naturrechtes tatsächlich erfüllt sind, — wie sie eben nur in dem individualistischen Kolonistenvolk jenseits des Ozeans erfüllt waren[1]. Denn dies Volk bestand wirklich aus starken, auf sich selbst ruhenden Individuen, die sich losgelöst hatten aus ihren sozialen und geschichtlichen Zusammenhängen, um in jungfräulichen Gebieten unter gleichen Chancen den Kampf ums Dasein zu führen und in freier Selbsttätigkeit ein Land von unbegrenzten Handlungsmöglichkeiten zu unterwerfen und zu beherrschen. In dieser Gesellschaft, die sich voll kühnen Selbstbewußtseins in der Wirklichkeit auf den rationalen Vertrag gegründet hatte, in dieser Gesellschaft der allgemeinen gleichen Lebensbedingungen und der gleichen sozialen Lage kann es allerdings dem Richter und seinen rationalen Erwägungen überlassen werden, zu beurteilen,

[1] Diese Gesellschaft war so homogen und indifferenziert, daß die Kolonisten bei der „Gleichartigkeit der Bevölkerung" Schwierigkeiten fanden, ein Wahlverfahren zu schaffen, welches der ersten Kammer eine andere Grundlage geben konnte, als der zweiten: Koch a. a. O. Bd. II S. 150. — Vgl. auch die tiefdringenden Bemerkungen über die amerikanische Gesellschaft bei Hegel, Vorles. üb. d. Philos. d. Geschichte S. 131—134.

ob die Schranken, die die Gesetzgebung dem Individuum zieht, „richtig“ gezogen sind.

Ganz anders aber liegen diese Probleme in der reich gegliederten und höchst differenzierten Gesellschaft Europas mit ihren zahlreichen historischen und sozialen Schichten, die einst in der Vergangenheit eine Rolle gespielt, die sinken und steigen, die um Existenz und Stellung kämpfen [1]. Hier muß naturgemäß das abstrakte naturrechtliche Prinzip als justizmäßiges versagen. Sofern es sich um eine „rechtliche“ Ordnung dieses komplizierten und differenzierten Gesellschaftlebens handelt, müssen natürlich jene rationalen Prinzipien der Gleichheit, Freiheit, Vernünftigkeit usw. auch hier die Richtlinie und die „Methode“ bilden, nach welcher der Stoff vom Gesetzgeber erwogen und beurteilt wird. Aber sie können hier nicht jene unmittelbare Evidenz in der Anwendung besitzen, wie sie für eine Zugrundelegung bei dem richterlichen Rechtsspruch die Voraussetzung wäre: sie können nur als die „Normen“ in Betracht kommen, nach denen die rechtlichen Diskussionen innerhalb des Gesetzgebungsorganes vor sich gehen, — die eben darum in der Legislative stark und kräftig leben müssen. Einer richterlichen Nachprüfung aber müssen sie sich in unseren Verhältnissen entziehen; denn das würde die Justiz aus ihrer spezifischen Stellung reißen und sie mitten in die politischen und sozialen Kämpfe und Diskussionen hineinziehen. Bei uns können und dürfen die Freiheitsrechte daher nicht jene justizmäßige Stellung gewinnen, die ihnen die ursprünglichen Anschauungen und Verhältnisse jenseits des Ozeans einräumen konnten: sie durften nicht zu „subjektiven Rechten“ werden wie in Amerika [2]. Ich glaube daher, daß sich

[1] Vgl. auch die treffenden Bemerkungen von Ritchie a. a. O. S. 79: „In homogeneous societies there will generally be very little difference of opinion about moral rights ... Whenever we have a very mixed and heterogeneous society, consisting of persons of different religious beliefs, of different stages of religious disbelief and of very different grades of intellectual development, questions of moral obligation become more difficult to decide“.

[2] Vgl. Jellinek, Allg. Staatsl. S. 406; Giese, Die Grundrechte (1905) S. 70 f.

unserem Empfinden mit Recht die schweizerischen und österreichischen Gerichtsentscheidungen als der Justiz unangemessen darstellen [1]. Und es dürfte nicht bloß charakteristisch für unsere europäischen Anschauungen, sondern auch durchaus berechtigt sein, daß der größte Teil unserer „Freiheitsrechte" lediglich fordert, daß die Legislative und nicht die Verwaltung in Wirksamkeit treten muß, um bestimmte Beschränkungen der individuellen Freiheit vorzunehmen [2]. Wirkliche Bedeutung haben jedenfalls nur sie erlangen können. Die Verfassung selber endlich mußte unseren Anschauungen und Verhältnissen entsprechend den Charakter größerer Fähigkeit, sich den irrationalen Tatsachen und ihrem Wandel anzuschmiegen, bekommen und jene abstrakt-rationale Starrheit der Konstitution mit ihren schweren Formen der Änderung ablehnen.

Mit der fortschreitenden sozialen Differenzierung und Schichtung auch des amerikanischen Lebens und seiner immer mehr hervortretenden Annäherung an die europäischen Verhältnisse und Probleme muß sich daher wohl auch dort ein Wandel in der Bedeutung der Freiheitsrechte und ihrer eigenartigen Stellung vollziehen. So haben die amerikanischen Gerichte zahlreiche sozialpolitische Gesetze, die einen Schutz der Arbeiter bezwecken, für verfassungswidrig erklärt, weil sie gegen die Freiheitsrechte verstoßen sollten [3]. Wir sehen also: gerade an dem Punkte begann das Prinzip der amerikanischen Immunitäten zu versagen, den unsere Erörterungen als entscheidend für das Pro und Kontra darzutun

---

[1] So m. E. mit Recht Jellinek, System d. subjekt. öffentl. Rechts S. 98/9. Anders die Auffassung von Stammler, Privilegien u. Vorrechte (1903) S. 44 f.

[2] Vgl. z. B. Preußische Verfassungsurk. Artikel 3, 4 Satz 3, 5, 6, 8, 9, 17, 19, 26, 27 Abs. 2, 30 Abs. 2 u. 3, 31, 33, 34, 36, 37, 40, 42 — und halte dagegen die entsprechenden Normen der Unionsverfassung und ihrer Articles in addition.

[3] Vgl. Loewy, D. bestrittene Verfassungsmäßigkeit d. Arbeiterges. in d. V. St. (1905) S. 27 f., 54 f., 57 f.; sowie Jellinek, System S. 101; Staatsl. S. 600; Freund a. a. O. S. 144.

versuchten: bei der Schichtung der dort ursprünglich homogenen Gesellschaft in soziale Klassen, die nicht mehr die naturrechtliche Voraussetzung gleicher Stärke und gleicher Unabhängigkeit gegeneinander erfüllen, von denen die eine des Schutzes vor der Übermacht der anderen bedarf. Unsere elastische und schmiegsame Verfassung und die bei uns in den Freiheitsrechten letztinstanzlich entscheidende Legislative haben diese Probleme leicht zu lösen vermocht, und werden, nachdem dies Prinzip des Schutzes sich einmal in der Gesetzgebung Geltung verschafft hat, noch großen Aufgaben gerecht werden. Es ist ja zwar zweifellos zuzugeben, daß die Gerichte bei einer freieren und richtigeren, weniger schematischen Anwendung der abstrakten Immunitäten zu besseren Entscheidungen hätten kommen können; aber es scheint mir zugleich sicher zu sein, daß allen solchen Entscheidungen niemals die unmittelbare und von persönlichen Erwägungen und Stellungnahmen unabhängige Evidenz beiwohnen kann, die nun einmal zum Wesen der Justiz gehört, und die auch allein fähig ist, der Justiz die ihr gebührende Stellung im Leben des Rechts zu gewährleisten [1].

Selbst diejenigen Freiheitsrechte, die weniger abstrakt und formal sind und eine konkrete Anwendung ermöglichen, wie das der „Gleichmäßigkeit" der finanziellen Lasten oder der Notwendigkeit einer Anklage- und Urteilsjury, widerstreben doch in ihrer abstrakten und schematischen Starrheit den komplizierten und differenzierten Verhältnissen des modernen leicht beweglichen Lebens. Die mechanische Gleichmäßigkeit kann, wenn sie nicht zur Ungerechtigkeit werden will, Anwendung finden nur auf im wesentlichen unter den gleichen Lebensverhältnissen stehende Gebiete. Sobald man aber das Prinzip der Gleichmäßigkeit freier und im Sinne einer „gerechten" Würdigung der Verschiedenheit auffaßt, wird es sofort zu einem abstrakten und formalen Prinzip, das nur in der homogenen Gesellschaft des Naturrechts einen

---

[1] Siehe unten C V 1 u. 3.

justizmäßigen Charakter annehmen kann, unter differenzierten Lebensverhältnissen aber lediglich ein Ausdruck für die den Gastgeber als „Rechts"-finder leitenden Grundsätze der Gerechtigkeit ist. Ähnlich ist die Notwendigkeit einer Anklage- und Urteilsjury als wirkliches Freiheitsrecht und Rechtsprinzip nur in einer Gesellschaft möglich, in der gleichmäßige und allgemein anerkannte Rechtsanschauungen leben, unmöglich aber, sobald es sich um Hebung und Erziehung weniger hochstehender Völkerschaften *zu höheren und geläuterten Kulturanschauungen handelt.*

Es sind dies Schwierigkeiten und Probleme, die wir mit unseren, dem Zeitalter des Irrationalismus entstammenden elastischen und schmiegsamen Verfassungen, mühelos zu überwinden vermocht haben[1]. Aber es ist gerade diese abstrakte und auf formalen Prinzipien ruhende Starrheit der Unionsverfassung, die den Stolz des Amerikaners ausmacht: hierin sehen sie die eigenartige Ausprägung, die der Gedanke der Staatssouveränität bei ihnen gefunden hat, den Vorsprung, den sie allen europäischen Nationen, insbesondere auch den Deutschen voraushaben. — Der hierin liegenden Kritik unseres Konstitutionalismus haben wir uns nunmehr im einzelnen zuzuwenden.

5. Eine objektive Würdigung der deutschen Staatslehre des 19. Jahrhunderts muß m. E. in der Tat zugeben, daß die Vorwürfe, die wir von Seiten der Kläger im Namen der amerikanischen Staatslehre haben erheben hören, zum Teil nicht ganz unberechtigt sind.

---

[1] Gute Bemerkungen über starre und elastische Verfassungen bei Ritchie a. a. O. S. 115 f. Er hält die Starrheit („rigidity") der Unionsverfassung für ein Glück in diesem Lande, als „a safeguard against the instability", die einem Volke notwendig anhaften müsse, das seine Geschichte mit einem Bruch der Geschichte und einem Revolutionskriege begann, und dessen Bewohner „recruited by the fragments and seperated atoms of alien societies" seien. Zugleich aber habe diese „rigidity" bereits einen Krieg nötig gemacht, um das Institut der Sklaverei abzuschaffen; und er befürchtet endlich, daß schwere Konflikte „between modern needs and the theories of the 18th century about individual rights may prove harsher and more terrible because of barriers placed in the way of change".

Die offizielle und herrschende Staatslehre des 19. Jahrhunderts ist in der Tat die Staatslehre des monarchischen Prinzips gewesen; und diese hat gerade darin ihren Stolz gesehen, daß sie das Grundprinzip des fürstlichen Absolutismus, die „Vereinigung der gesamten Staatsgewalt im Souverän", mit dem Konstitutionalismus in Einklang gebracht zu haben behauptet. Sie hat in der Tat, wie im De Lima-Fall und auch sonst ausgeführt wird, die staatliche Souveränität ganz in die persönliche, fürstliche Regierung verlegt, und die Verfassungen als nicht vom Staatsganzen ausgegangene konstituierende Grundgesetze, sondern als freiwillige Selbstbeschränkungen des an sich souveränen Monarchen konstruiert; ja sie selbst hat anfänglich, um diesen Charakter der Verfassung zu betonen, den Titel „charte constitutionelle" gewählt. Eine ehrliche Selbstprüfung wird also alle jene Vorwürfe als nicht aus der Luft gegriffen hinstellen dürfen. Und wir werden weiter zugeben müssen, daß jene Staatslehre des monarchischen Prinzipes auch heute noch nicht zu den Toten gerechnet werden darf; trotz aller einzelnen Ansätze zu ihrer Überwindung, sind wir noch kaum berechtigt, von einem bloßen Umgehen ihrer Schatten zu sprechen: ihre Geister sind immer noch allzu lebendig! Wir werden also freimütig bekennen müssen: in der scharfen begrifflichen Trennung von „state" und „government" war uns die amerikanische Staatslehre voraus.

Es müssen jedoch auf dies Bekenntnis zwei „Aber" folgen, deren Anerkennung wir wiederum glauben jedem Amerikaner zumuten zu dürfen. Neben der herrschenden Staatslehre des monarchischen Prinzips ist als Unter- und Gegenströmung eine tiefe Erfassung des Wesens der echten Staatssouveränität seit dem zweiten Jahrzehnt des 19. Jahrhunderts lebendig gewesen. Es war Hegel, der schon 1821 in seiner Rechtsphilosophie aus dem wahren Prinzip der Staatssouveränität folgerte, daß auch die fürstliche Gewalt nur ein „immanentes organisches Moment des Staates" sei[1]; und dann ausdrücklich formulierte, daß „die Vereinigung aller konkreten Staatsgewalten in eine Existenz" den Grundprinzipien staatlicher Freiheit „widerstreitet"[2]. Die Schriften Albrechts, Savignys und sodann Schmitthenners, denen wir hier die weiteren Aufschlüsse verdanken, haben die Staatslehre des monarchischen Prinzips selbst veredelt: Gerber, zwar noch auf ihrem Boden stehend, hat unter dem Einfluß der genannten Männer zuerst den Rechtsbegriff des Organes formuliert. Es ist dann die wissenschaftliche Großtat Gierkes[3] gewesen, als erster vermittelst dieses Organbegriffes und der Staatssouveränität die Konstruktion des modernen Staates auf breitester historischer Grundlage durchgeführt zu haben. Und sodann hat Haenel, der Meister unserer Wissenschaft des neuen Reichsstaatsrechts, diese Gedanken zum Kern- und Angelpunkt seiner bedeutsamen Forschungen gemacht. Wenn auch diese Taten noch immer nicht den alten Feind übermocht haben, und für den flüchtigen, insbesondere ausländischen Beobachter der Gedanke der reinen Staatssouveränität noch immer nicht den prädominierenden Grundton in unserer Wissenschaft bildet, so dürfen wir Jüngeren doch vertrauen, daß die ihm innewohnende sieghafte Kraft, die es schon vermocht hat, die Staatslehre des monarchischen Prinzips zu heben, das Feld behalten wird.

Und ferner: Mit dieser unserer deutschen Erfassung der Staatssouveränität und mit unserem Organbegriff ist ein Stadium erreicht, das weit höher steht als die amerikanische Scheidung von „state" und „government".

Denn bei dieser Scheidung gehören die verfassungssetzenden und verfassungsändernden „constituent conventions" nicht zum government! Sie sollen vielmehr gerade die Darstellung des Staates selbst und seiner

[1] Hegel, Grundlin. d. Phil. d. Rechts S. 361.
[2] Hegel, Enzyklopädie der philos. Wissensch. § 542.
[3] Vgl. auch Jellinek, Allgemeine Staatslehre, S. 566/7 Anmerkung.

Souveränität sein, „the original sovereign state which ordains the Constitution both of government and of liberty". Es ist also der amerikanischen Staatslehre nicht zum Bewußtsein gekommen, daß die „constituent convention" auch nur eine Organisation des Staates ist, in welcher er sich lediglich für diese Eine Funktion der Verfassungssetzung und -änderung äußert, und daß es doch auch nur ein Verfassungsrechtssatz ist, auf Grund dessen diese Funktion von einem gerade so gearteten „Organe", wie es die „constituent convention" ist, versehen wird. Es besteht keine konstitutionelle Notwendigkeit, daß das verfassungssetzende und -ändernde Organ eine bestimmte Gestalt haben muß; und es können insbesondere die komplizierten Normen der Unionsverfassung diesen Charakter der Unvermeidlichkeit keineswegs beanspruchen. Das souveräne Staatsganze bedarf für seine Betätigungen je nach deren Eigenart verfassungsmäßig vorgesehener und vorgeschriebener Organe: die Setzung und Änderung der Verfassung ist zwar eine höchst wichtige, ja die bedeutsamste und verantwortungsvollste Betätigung des Staatsganzen; aber sie bleibt doch immer nur eine von vielen Betätigungen des Staatsganzen, und das hierfür zuständige Organ bleibt immer ein Organ des Staates und ist niemals der Staat selbst. Dieser tritt bei dem wirklichen Prinzip der Souveränität des Staatsganzen nur in der Gesamtheit seiner Organe, in deren verfassungsmäßiger Zusammenordnung in die Erscheinung.

Die amerikanische Lehre der Staatssouveränität verfällt somit selbst in den von ihr gerügten Fehler, ein einzelnes, zwar höchst wichtiges, aber doch immer ein einzelnes Organ zum „original sovereign state" zu machen. Die begriffliche Scheidung von state und government war bedeutsam und treffend: da man aber die „constituent conventions" nicht zum „government" rechnete, sondern als die eigentliche Darstellung des „state" ansah, schob man dieser begrifflichen Scheidung eine reale Verschiedenheit unter, die das erreichte Gute wieder zerstörte. Der Ausspruch von Burgeß: „We have the distinction already in objective reality"[1] ist daher eine treffende Formulierung des amerikanischen Standpunktes; aber er ist zugleich der Ausdruck dafür, daß dieser Standpunkt den wahren Begriff der Staatssouveränität noch nicht erreicht hat. Denn die Staatssouveränität bedeutet gerade, daß kein einzelnes Organ und keine einzelne Funktion den ganzen Staat, den Staat selbst darstellt. Es war zutreffend von einer „sovereignty back of the government" zu sprechen; es bedeutet aber einen Rückfall in die alte Organsouveränitätslehre, wenn man wieder von einer „organization" dieser Souveränität, ja ganz ausdrücklich von der „sovereignty of the constituent convention" spricht, wie Burgeß tut.

Dieser Rückfall stellt die amerikanische Staatslehre daher schließlich trotz der bedeutungsvollen Anfangsunterscheidungen doch auf eine Stufe mit der so streng von ihr verketzerten Staatslehre des monarchischen Prinzips: sie ist nicht zur wirklichen Staatssouveränität vorgedrungen, sondern im letzten Grunde Volkssouveränitätslehre im verwerflichen Sinne dieses Wortes geblieben. Und diese ist nichts anderes als eine Staatslehre des monarchischen Prinzips mit negativem Vorzeichen: beide Lehren bilden nur die entgegengesetzten Endpunkte derselben geraden Strecke, an deren spezifischen Eigenarten und Fehlern beide gleichen Anteil haben. Beide verkennen die Organqualität der verfassungssetzenden Personen, beide sehen nicht, daß auch über diesen das Staatsganze steht, daß der Staat sich nicht in einem bestimmten Zentralpunkt verkörpert, von dem die Verfassung und alles andere nur „delegiert", nur zur „Ausübung" „übertragen" ist, nur „emaniert", daß der souveräne Staat sich je nach der Funktion, die er zu erfüllen hat, in verschiedenen ver-

[1] Burgeß a. a. O. Vol. I S. 57.

fassungsmäßig berufenen Organen darstellt und als Ganzer nur in der Gesamtheit dieser Organe zutage tritt. Beide sind dieser funktionellen Auffassung des Staates gleich unfähig und verlegen ihn seiner ganzen „Substanz“ nach in ein der Verfassung „präexistierendes“ Organ.

Die Volkssouveränitätslehre hat auch kein Recht der Staatslehre des monarchischen Prinzipes vorzuwerfen, daß sie keine verfassungsmäßigen Mittel gegen Willkürlichkeit des Fürsten besitze; denn auch ihr fehlt es an solchen Mitteln — gegen die Beschlüsse der „constituent convention“! Ein „Letztes“ muß es eben in jeder Staatsverfassung geben, und es fragt sich lediglich, welche Gestalt dies Letzte haben muß, um der Gesamtstruktur der politischen und sozialen Verhältnisse in dem betreffenden Staate entsprechend, die meisten Garantien zu bieten für eine „richtige“ und nicht „willkürliche“ Verrichtung seiner Aufgaben. Die Lösung der Aufgabe, sich am eigenen Zopfe aus dem Sumpfe der „Willkür“ auf den festen Boden unwandelbarer „Gerechtigkeit“ zu ziehen, kann weder dem monarchischen Prinzip noch der Volkssouveränitätslehre gelingen. Jene versucht diese Münchhauseniade durch die theistische Beziehung des persönlichen Souveränes auf einen persönlichen Gott, durch das Gottesgnadentum des Monarchen zu vollziehen, — diese durch den naiven Glauben, daß je mehr Menschen an einem Akte teilnehmen, um so größer auch seine Vortrefflichkeit sein müsse, also auch durch ein Gottesgnadentum, nur nicht ein solches des historisch mit dem Staate verwachsenen Monarchen, sondern ein Gottesgnadentum der großen Masse. Der Volkssouveränitätslehre der Amerikaner liegt eben trotz aller Tendenzen zur wahren Volkssouveränität im Sinne einer Souveränität des nationalen Staatsganzen doch zuletzt die „wüste“ Vorstellung vom Volke zugrunde, die Hegel von diesem Begriff ferngehalten wissen wollte[1]. Wenn Burgeß daher der Staatslehre des

[1] Hegel, Grundlin. d. Philos. d. Rechts, WW. Bd. VIII S. 360.

monarchischen Prinzipes vorwirft, daß sie die fürstliche Gewalt als „sovereignty“ statt als bloßes „office“ faßt, so ist ihm entgegenzuhalten, daß er selbst von der „sovereignty of the constituent convention“ spricht, daß er also in analoger Weise die Verfassungsgewalt mit dem souveränen Staate selbst gleichsetzt, anstatt sie als bloße Funktion und „office“ zu konstruieren.

Der einzige amerikanische Schriftsteller, bei dem ich eine Rezeption unseres Organbegriffes gefunden habe, ist der mit unter dem Einflusse Gierkes stehende, bereits erwähnte Merriam; er hebt ausdrücklich hervor, daß es sich bei diesem Begriff nicht um einen „agent of people“, sondern um ein „organ of the State“ handele[1]. Trotzdem aber und trotz aller Anerkennung der Gierkeschen Begriffe liegt auch ihm die amerikanische Volkssouveränitätslehre zu tief im Blute, als daß er es vermocht hätte, ihrer ganz Herr zu werden. Denn auch er unterscheidet von den „ordinary organs“, der „ordinary organization“, die „ultimate organization“, den „State in ultimate organization“[2]. Mag hierbei auch lobend hervorgehoben werden, daß er die „constitutional convention“ unter Begriffe subsumiert, die deren Funktion und Organstellung richtig betonen, so verfällt doch auch Merriam immer wieder in die Verwechslung dieser obersten und höchsten Organe mit dem „eigentlichen“ Staat und damit in die Vorstellung der Volkssouveränitätslehre[3]. Er nimmt damit historisch etwa die Stellung ein, die Gerber in der Entwicklung unserer Staatslehre innehat: auch dieser wendet den Organbegriff auf den Fürsten an, hält aber trotzdem an der Vereinigung der gesamten Staatsgewalt im Monarchen als ihrem eigentlichen „Träger“ fest[4]. Es ist ein Übergangs- und Vermittlungs-

---

[1] Merriam in den Columbia-University-Studien S. 126—128.
[2] Merriam a. a. O. S. 180 f.
[3] Merriam a. a. O S. 221 f.
[4] Vgl. z. B. Gerber a. a. O. S. 76 f. mit S. 131 f.

standpunkt, der übrigens auch heute noch durchaus der „herrschende" genannt werden muß[1].

Daß die alte naive und unbekümmerte Gleichsetzung des Gesamtvolkes mit den in den „constituent conventions" vertretenen stimmberechtigten Bürgern bereits ins Schwanken geraten war, sahen wir schon bei den Ausführungen von Story über die Vertragstheorie und die bindende Kraft der Verfassung für alle Volksgenossen, ob sie nun ihre Stimmen überhaupt nicht abgegeben haben oder überstimmt worden sind. Interessant ist es auch, die verzweifelten Anstrengungen und die gewundenen Formulierungen zu verfolgen, die Cooley macht, um sich über diese Tatsachen hinwegzutäuschen. Grundthese ist auch für ihn, daß die Souveränität „in the great body of the people" „residiert"; trotzdem hält er jeden Versuch der „excluded classes" in anderer Weise als durch das Medium der öffentlichen Meinung an den Abstimmungen des „Volkes" teilzunehmen für einen „attempt of revolution", der mit „military power" niederzuschlagen sei[2]. So sieht er sich denn genötigt Unterscheidungen einzuführen: „though the sovereignty is in the people, as a practical fact it resides in those persons who by the Constitution of the State are permitted to exercise the elective franchise"[3]; und entsprechend wird neben den eigentlichen „Volks"begriff der des „people in the legal sense" gestellt. Dies ist ihm dann „the whole organ through which the will of the body politic can be expressed"[4]. Ja, er kommt der Erkenntnis der Organnatur der „constitutional convention" ganz nahe, wenn er sie bezeichnet als „the representatif of sovereignty only in a very qualified sense, and for the specific purpose, and with the restricted authority to put in proper

---

[1] Z. B. Meyer a. a. O. S. 17 f.; Anschütz a. a. O. S. 472 und bei Meyer Anm. 6; Rehm a. a. O. S. 176 f.; Laband, Staatsrecht, Bd. I S. 195, 214 u. a. m.

[2] Cooley, Constit. Limit., S. 41, 42.

[3] Cooley a. a. O. S. 752.

[4] Cooley a. a. O. S. 42.

form the questions of amendment upon which the people are to pass"[1]. Aber zu der Einsicht, daß die „constitutional convention" dann doch dem „government" in allen wesentlichen Punkten gleichartig ist, und daß beide unter denselben Organbegriff fallen, weil sich der Staat doch auch im government für spezifische Zwecke und Funktionen darstellt, findet sich nicht einmal der erste Schritt.

Noch interessanter und seltsamer sind die Konstruktionsversuche Tuckers. Ähnlich wie Cooley Volk im eigentlichen und im juristischen Sinne unterschied, unterscheidet er den „Body-politic itself" und den „de facto Body-politic". Den Sprung von dem einen zum andern vermittelt ihm die Fiktion: „the de facto Body-politic and the de facto government must be assumed to be de jure —" dekretiert er. Diese Annahme ruhe auf keiner „original theory", sondern sei ein „initial point", weil sonst „political anarchy and social chaos" eintreten würden: „reason ex necessitate sanctions the above postulate"[2]. Zugleich aber bemüht er sich, außer dieser Fiktionstheorie noch andere Gründe zu finden. Da muß denn die alte Aristotelische Vorstellung, daß der Staat auf Familien aufbaut, aushelfen: der Staat sei eine „aggregation of families, of which the chiefs are the representatives". Da dem Haupt jeder Familie eine Stimme zustehe, and „as each suffragean intelligently voices the will, rights and interests of his own family, no essential wrong can be done"[3]. Diese patriarchalische Auffassung ist doppelt merkwürdig und befremdend bei einem so extrem individualistischen Autor, wie wir ihn in Tucker bei seiner Immunitätenlehre kennen gelernt haben. Seine ganz in den Vorstellungen des 18. Jahrhunderts wurzelnde Anschauungsweise tritt dann auch wieder deutlich hervor in der Beantwortung der Frage,

---

[1] Cooley a. a. O. S. 44 und ähnlich S. 747.

[2] Tucker a. a. O. S. 47; vgl. auch S. 54: „take ex hypothesi de Body-politic de facto as the Body-politic de jure".

[3] Tucker a. a. O. S. 54 f.

wie die Zusammensetzung und die Tätigkeit der constitutional conventions geregelt sei: Tucker meint, dies geschehe „by an instrumental, not an enabling act passed by the de facto legislature of the Body-politic“[1]. Es ist unmöglich die in dieser „Konstruktion“ liegende Unterscheidung wirklich ernsthaft zu vollziehen: der de facto Body-politic soll sich selbst konstituieren, aber nicht etwa indem er sich selbst eine Ermächtigung erteilt, — denn er besitzt ja alles bereits „von Natur aus“, kann also nichts „verliehen“ bekommen — sondern durch eine bloß instrumentale Deklaration seiner Befugnisse. Auch in Amerika gibt es also noch Juristen, die etwas für juristisch erklärt und „konstruiert“ halten, wenn sie eine haarscharfe „Distinktion“ aufgestellt haben: die Möglichkeit zu unterscheiden hat aber, wenigstens im juristischen Begriffshimmel, nirgends eine Grenze!

6. Wir haben also keine Veranlassung, den von unserer Wissenschaft herausgearbeiteten Begriff des „Organes“ und der „Staatssouveränität“ zugunsten der amerikanischen Unterscheidung von „state“ und „government“ aufzugeben. Wir glauben uns im Gegenteil berechtigt, ihnen unsere Begriffe und unsere Konstruktionsmethode zuzumuten: denn diese sind in der Tat imstande auch ihre Verfassungsbestimmungen restlos und widerspruchslos zu erfassen und die wahre Natur und Bedeutung jener eigentümlichen Starrheit der Unionsverfassung, die den Stolz der Amerikaner ausmacht, zu begreifen. Wir muten ihnen hiermit keine irrationalistisch-historistischen Begriffe zu, die ihren auf ganz anderen geschichtlichen Voraussetzungen ruhenden Verhältnissen notwendig fremd sein müssen, sondern Begriffe, die dem fruchtbaren Boden des „Kritizismus“ entstammen. Es sind Begriffe, die jenen Gegensatz aufgehoben und hinter sich gelassen haben, die von der ursprünglichen Konstruktion der Staatslehre des monarchischen Prinzipes ebensoweit entfernt sind wie von

---

[1] Tucker a. a. O. S. 68.

der amerikanischen Volkssouveränitätslehre. Denn diese Begriffe haben sich auch bei uns nur im harten Kampfe gegen die historistischen Anschauungen des monarchischen Prinzipes durchsetzen können, und auch wir müssen, nicht minder wie die Amerikaner, von dem Wortlaut und den Formulierungen unserer Verfassungsurkunden zu ihrem eigentlichen sachlichen Gehalt vordringen, wenn wir diese „Kategorien" anwenden wollen. Es sind in der Tat rein formale Kategorien, die alles Inhaltliche und Genetische hinter sich gelassen haben, während sowohl die Staatslehre des monarchischen Prinzipes als auch die Volkssouveränitätslehre historisch zufällige „Inhalte", und zwar Inhalte „genetischer" Natur hypostasiert haben: denn der Monarch und die „constituent convention" sind die geschichtlichen Faktoren, von denen die Entstehung des Verfassungsstaates hier und dort stammt.

Unsere Ausführungen haben vielleicht nur längst bekannte Resultate über die Eigenart der amerikanischen Verfassung und Staatslehre noch einmal eindringlich herausgestellt. Wir haben uns jedenfalls bemüht, diese Resultate durch eine Auseinandersetzung mit der amerikanischen Staatslehre selbst zu gewinnen, diese objektiv zu würdigen, ihr zu folgen, soweit es uns wissenschaftlich zulässig erscheint, und die mit uns gemeinsame Grundtendenz kräftiger zu betonen, als dies meistens geschieht; wir haben aber zugleich versucht den eigentlichen Differenzpunkt auf dem globus intellectualis festzulegen und ihn philosophie- und kulturgeschichtlich zu begreifen, indem wir einen Standpunkt über beiden Grundanschauungen zu gewinnen und beide auf denselben Generalnenner zu bringen versuchten. Dieser Standpunkt aber konnte kein anderer sein als der der kritischen Philosophie.

Nichts hat jedenfalls diesen Erörterungen über die amerikanische Volkssouveränitätslehre ferner gelegen als eine ablehnende Kritik der einschlägigen Verfassungsbestimmungen selbst: nur die Konstruktionsmethode, die die amerikanische Staatslehre zur theoretischen Bewältigung dieser Bestimmungen anwendet, sollte abgelehnt werden. Auch unsere kritischen Bemerkungen über die amerikanischen Freiheitsrechte hatten niemals den Zweck, diese als nicht wertvoll abzulehnen. Es sollten nur die Bedingungen aufgezeigt werden, unter denen sie allein berechtigt sind; und es sollten die Methode und die Gesichtspunkte entwickelt werden, die einer sachlichen Diskussion über deren Richtigkeit zugrunde liegen müssen: jedes weitergehende inhaltliche Urteil sollte und mußte abgelehnt werden.

Wir vermögen es daher auch nicht Jellinek in seiner Würdigung der Bedeutung des „negativen Status", des „status libertatis" zu folgen. Sein unbedingtes Urteil, daß die abstrakten Freiheitsrechte, wie z. B. das der Rechtsgleichheit, stets „konkreter Ausgestaltung durch den Gesetzgeber" bedürfen, daß der dies „Vacuum" ausfüllende Richter nicht „Gesetzesanwendung" treibe, sondern sich „an die Stelle des Gesetzgebers" setze und ein „adiuvare supplere corrigere" vornehme, welches beim Richter notwendig „willkürlich" sei[1], — dies unbedingte Urteil scheint uns nur bedingt richtig. Denn es sind unseres Erachtens wohl gesellschaftliche Zustände möglich, bei denen alle diese Befürchtungen Jellineks nicht zutreffend sind. Wie weit solche Zustände noch heute in der Union vorhanden sind, oder in der Zukunft zu erwarten sind, ist eine andere von dieser wesensverschiedene Frage: eine „quaestio facti", welche die „quaestio iuris" nicht zu berühren vermag. Bisher aber haben wir andeuten wollen, wo die Fortgeltung der Immunitäten im alten Sinne bei den neuen Verhältnissen in Zweifel gezogen werden kann, aus welchen Gesichtspunkten solche Zweifel auftreten können und nach welchen sie zu beantworten sein müssen.

---

[1] Jellinek, System, S. 97/8.

Mit diesen Andeutungen müssen wir daher zugleich den Blick auf die Punkte gelenkt haben, welche in den Diskussionen der Inselfälle auch tatsächlich von den Gegnern der Kläger hervorgehoben werden. Es sind absichtlich gerade die Immunitäten der Gleichmäßigkeit und der Jurys als Beispiele von uns herangezogen worden, weil sie in den Inselfällen die entscheidende Rolle spielen. Und wir werden in der Tat sehen, daß die Argumentationen, welche die klägerischen Ausführungen zu bekämpfen versuchen, im Gegensatz zu deren rationalistischen Gedankenreihen immer gerade auf die tiefen individuellen irrationalen Verschiedenheiten hinweisen, die die moderne Weltpolitik geschaffen hat, und daß sie betonen, wie die letzte Garantie für die Vortrefflichkeit und Rechtlichkeit der Gesetze in dem irrationalen gesunden und gerechten Sinn der anglo-amerikanischen Rasse liegt.

Diesen Darlegungen der Inselfälle haben wir uns nunmehr zuzuwenden.

IV.

Die Lösungsversuche der Inselfälle.

1. Die Vertreter der Vereinigten Staaten, Attorney und Sollicitor General, suchen einen Standpunkt über den klägerischen Ausführungen dadurch zu gewinnen, daß sie mit ihren Argumentationen bei anderen, nicht weniger unbestrittenen Ausgangspunkten einsetzen und etwa Folgendes darlegen.

Die Unionsverfassung sei von zunächst unabhängigen Staaten für einen aus ihnen zu bildenden Staatenstaat geschaffen: sie ständen „on a perfect equality each other" und hätten sich durch einen „compact of submission" der gemeinsamen Bundesgewalt unterworfen[1]. Der berühmte Chief Justice Marshall habe mit Recht gesagt: „The members

---

[1] 182 U. S. 139, 141.

of the American Confederacy only are the States contemplated in the Constitution". Das Repräsentantenhaus bestehe aus den vom Volk der Einzelstaaten gewählten Mitgliedern; der Senat werde aus den Delegierten der Einzelstaatslegislaturen gebildet; und für die Bestellung des Exekutivhauptes wähle das Volk jedes Einzelstaates eine bestimmte Anzahl von Wahlmännern. Und Marshall schließe dann: „These clauses show that the word „State" is used in the Constitution as designating a member of the Union"[1]. Uns ist diese reine Durchführung des staatenstaatlichen Prinzipes in der Unionsverfassung bereits von früheren Ausführungen her bekannt: nur die Staaten, und diese in prinzipieller Koordination und Gleichberechtigung, nicht aber auch die Territorien, sind die aktiven Glieder des Bundes. Darum, so argumentieren die Vertreter der Vereinigten Staaten, kann auch der Sinn der „uniformity clause", welche eine Gleichmäßigkeit der Steuern und Zölle „throughout the United States" fordert, keinen andern Sinn haben, als diese Gleichberechtigung der Staaten auf dem Gebiet der Steuern und Zölle zu gewährleisten.

Dies bezeuge nicht nur der Historiker Story, sondern auch der als Theoretiker und Praktiker gleich hervorragende Senator Benton (um 1870)[2], welcher darauf hinweise, daß schon zur Zeit der Verfassungsschöpfung das Nordwestterritorium bestanden, und daß die Verfassung es trotzdem nicht in ihre Normierungen einbezogen habe: ja „far from embracing the territories, the Constitution ignores them". „The whole Constitution was carried on upon the principle of ignoring the existence of territories". Besonders charakteristisch erscheint ihnen hierfür der Artikel IV section 2 clause 3, der bestimmt, daß „no person held to service or labor in one State ... escaping into another, shall ... be discharged from such service or labor, but

---

[1] 182 U. S. 140—150.
[2] 182 U. S. 105 f.; auch 141.

shall be delivered" usw. Dieser Rechtssatz, dessen Ausdehnung auf die Territorien an sich nichts im Wege gestanden hätte, ja unmittelbares Bedürfnis im Interesse der Disziplin gewesen wäre, habe trotzdem dort auf Grund der Verfassung keine Geltung beanspruchen können, sondern habe durch die „Ordinance" von 1787, welche die Verhältnisse der Territorien regelte, besonders eingeführt werden müssen [1]. „How can the Constitution go to them of itself, when no act of Congress under it go to them unless specially extended?" Daß sich insbesondere die „uniformity clause" nur auf die Staaten beziehen sollte, gehe schon daraus hervor, daß sie im ursprünglichen Entwurf mit der Bestimmung, daß die Häfen der einzelnen Staaten gleich zu behandeln seien, in demselben Paragraphen gestanden habe: sie sollte also zweifellos nur eine der zahlreichen Klauseln sein, deren Bestimmung es sei, die Koordination der zur Union vereinigten Staaten zu garantieren. Dementsprechend habe auch der Supreme Court im Cherokee Tobacco-Falle entschieden, daß das „Indian territory" nicht unter die „uniformity clause" falle [2].

In Bezug auf die Verfassungssätze über die Stellung und Organisation der Gerichte habe weder die Gesetzgebung noch auch der Supreme Court jemals bezweifelt, daß die „territorial courts" nicht den Bestimmungen des Artikel III unterliegen (z. B. Marshall im Falle American Insurance Company v. Canter) [3]. In Miners Bank v. Jowa sei ferner festgestellt, daß der Supreme Court nur für Angelegenheiten der Staaten, nicht aber für Territorialangelegenheiten zuständig sei [4].

Besonders beweiskräftig erscheinen dem Attorney und dem Sollicitor sodann die Normen und die Fassung des vierten

---

[1] Es ist bezeichnend, daß der Verfassungsentwurf der Confederate States von 1861 ausdrücklich „or Territory" hinzufügt: vgl. Macdonald a. a. O. Bd. II S. 453. S. auch oben S. 175 Anm. 3.
[2] 182 U. S. 144/5.
[3] 182 U. S. 151.
[4] 182 U. S. 148/9.

Artikels zu sein: die Sektion 2 behandelt in ihren drei Absätzen die Gleichberechtigung der Einzelstaatsbürger in allen Staaten, die „fugitives from justice“ und die „persons hold to service escaping“ —; es folgt dann die Sektion 3, die im ersten Absatz die Aufnahme neuer Staaten in die Union regelt; und schließlich garantiert die Sektion 4 jedem Staat eine republikanische Verfassung. Überall sei hier ausdrücklich nur von den Staaten die Rede: sogar die letzte Klausel sage ausdrücklich „guarantee to every State“. Dies sei um so auffallender, als unmittelbar vor ihr im Absatz 2 der Sektion 3 die Territorialklausel stehe, so daß die Verfassung also die Territorien nicht vergessen haben könne, sondern sie absichtlich von dieser Verheißung, die gerade für sie von hohem Werte gewesen wäre, ausgeschlossen haben müsse. In der Tat habe tatsächlich das Gesetz vom Oktober 1803 über die Verhältnisse von Louisiana keinen Anstand genommen, dem Präsidenten Befugnisse zu verleihen, welche eine bloße „continuation of the Spanish royal despotism“ bedeuteten. Und dies alles im Beisein und unter Zustimmung der Männer der Revolution, der Verfassung, der Ordinance von 1787, der ersten Beamten des „federal governments“: und „no such discovery was made“.

Attorney und Sollicitor General führen sodann weiter unter Zitierung einer fast erdrückenden Menge von einzelnen Gesetzen den strikten Nachweis, daß sich der Kongreß bei der bisherigen Territorialgesetzgebung niemals und nirgends an die Immunitäten der Verfassung gehalten habe, und daß die einzelnen für die Vereinigten Staaten ergangenen Steuergesetze stets ausdrückliche Bestimmungen dafür enthalten hätten, ob und inwieweit sie auf die einzelnen Territorien Anwendung finden sollten. Von einer selbstverständlichen Geltung der Proportionalitäts- und der Gleichmäßigkeitsklausel für die Territorien könne daher keine Rede sein: und die klägerische These, daß die legislative Ausdehnung der Verfassungsimmunitäten auf die

Territorien „merely declaratory of its own rights“ gewesen sei, müsse durch die bunte Fülle verschiedener und verschieden abgestufter Ausdehnungen ganzer Gesetze, oder nur einzelner Normen, auf alle, oder auch nur auf einige Territorien als widerlegt anzusehen sein [1].

Ebenso sei das klägerische Argument, daß die Territorien um so mehr des Schutzes der „uniformity clause“ und der anderen Immunitäten bedürften, als sie im Kongreß nicht vertreten seien, nicht stichhaltig. Denn die Territorien seien nach der Auffassung der Verfassung keine aktiven und koordinierten Gliedsubjekte, sondern „common property of the United States“: „property belonging to the United States“ sei der Ausdruck, den die Constitution von ihnen gebrauche. Die Eigentümer seien berechtigt mit ihnen zu tun und zu lassen, was ihnen gut dünke: es komme nur darauf an, daß alles, was mit ihnen vorgenommen wird, geschehe „by the authority of the States and for their equal benefit“. „The owner and the thing owned are not the same“. Die Verfassung, die von Staaten für Staaten gemacht sei, bezeichne die Territorien in der einzigen Klausel, die von ihnen handele, als solches: „Notice the phraseology! — sagt der Sollicitor — Territory is treated as something distinct from the United States“ [2]. Darum sei diese Klausel auch im Gegensatz zu den sonstigen Verfassungsnormen in ihren Ausdrücken „absolute, unlimited, arbitray“. Der Supreme Court habe in mehreren Entscheidungen die souveräne Macht des Kongresses in allen Territorialangelegenheiten anerkannt. Gelegentlich des Falles Loughborough v. Blake sei z. B. für die direkten Steuern gesagt worden, daß die Proportionalitätsklausel nicht in den Territorien gelte. Die Territorialkompetenz des Kongresses sei eben „full and complete, and is unhampered by those limitations and restrictions which were intended to apply only within

[1] 182 U. S. 105 f., 148 f.
[2] 182 U. S. 147.

the States of the Union"[1]. Jedenfalls ist ihrer Meinung nach die These der Kläger, daß eine immunitätenfreie Gesetzgebung für die Territorien notwendig verfassungswidrig sei, weil die Constitution nur eine immunitätengebundene Legislative kennen könne, unzutreffend: die Territorialklausel werde von ihnen ja so aufgefaßt, daß hier die Verfassung selbst dem Kongreß eine souveräne Gewalt verliehen habe. Der Senator Benton habe treffend formuliert: „Certainly all this legislation was incompatible with the Constitution, but no violation of it, because the Constitution did not reach the territories, neither civilized nor savage". So absolut und unbegrenzt diese Kompetenz des Kongresses auch sei, so sei sie doch weder „despotic" noch „unconstitutional", sondern „a power under the Constitution, in the Constitution, not outside, nor beyond it, nor contrary to it".

2. Und diese Stellung der Verfassung scheint ihnen auch gerecht und zweckentsprechend zu sein: es bestehen „obvious reasons of prudence and policy" für Staaten und Territorien, führen sie, nunmehr mit einem echt irrationalistischen Argument, aus. Die Kläger dagegen hatten in echt rationalistischer Weise gesagt, daß die Verfassung nicht etwa ein System von Normen darstelle, die nur auf ein „besonderes Gebiet" anwendbar seien, sondern die Schaffung einer Regierungsgewalt, welche die ganze Erde zu beherrschen fähig sei[2]: für ihr rationalistisches Denken liegt in dem Argument des Generalstaatsanwaltes nur eine juristisch völlig belanglose Verweisung auf bloß tatsächliche Verhältnisse. — Über eine rein rationalistische Betrachtung der Dinge geht auch die Behauptung des Sollicitor, daß die im Kongreß nicht vertretenen Territorien des Immunitätenschutzes entbehren könnten, weil hier die „United States in Congress assembled for their equal benefit" beschlössen: die Anerkennung dieses Gesichtspunktes als eines letzten ist wiederum echt irratio-

[1] 182 U. S. 147, 148, 150, 151.

[2] Vgl. oben S. 118/9, 121, 158/9.

nalistisch. Ja, der Sollicitor General betont sogar, daß es auch sonst in der Verfassung Fälle gibt, in denen der Kongreß ohne justizmäßige Kontrolle als letzte Instanz frei entscheidet, so wenn ihm das „regulate commerce among the several States“ übertragen sei; und er nimmt hieran so wenig Anstoß, daß er sich auf einen Ausspruch des Chief Justice Marshall bezieht, in welchem als letzte Garantie für die Vortrefflichkeit und Gerechtigkeit aller Gesetze rein irrationalistische, echt europäische Gesichtspunkte bezeichnet werden: „The wisdom and the discretion of Congress, their identity with the people, and the influence which their constituents possess at elections are, . . . in many . . . instances . . ., the sole restraints on which they have relied to secure them from its abuse. They are the restraints on which the people must often rely solely in all representative governments“[1]. Besser und treffender kann man diese im Prinzip irrationalistischen Gedanken kaum ausdrücken!

Aber trotz dieser kühnen Vorstöße gegen den amerikanischen Rationalismus wagt selbst der Sollicitor General nicht wirklich ernst mit seiner Theorie zu machen. Es wiederholt sich hier dasselbe Bild, das wir schon oben in der Vertragslehre kennen gelernt haben: die ursprünglich amerikanische rationalistische Auffassung liegt auch ihm zu tief im Blute, als daß er zu einer konsequenten Abstreifung derselben gelangen könnte. Auch er kommt immer wieder darauf zurück, daß auch die Territorialgewalt Grenzen haben müsse, wenn dies auch nicht eben so enge seien wie bei der eigentlichen Bundesregierung. Es gibt auch für den Sollicitor General Freiheitsrechte so allgemeiner und fundamentaler Natur, so ohne jeden lokalen Charakter, daß ihre Geltung selbst für die Territorien unanfechtbar sein muß. Dazu rechnet er das Verbot des Adels, und das

---

[1] 182 U. S. 154, 155.

von „bills of attainder", ein anderes mal auch das von „ex post facto laws", und dann wieder außerdem noch die zehn ersten amendments. Er verlangt daher, daß die Gerichte jedes Mal ausdrücklich zu prüfen haben, welche Art Immunität im einzelnen Falle vorliegt; und will schließlich sogar nur die Freiheitsrechte auf die Staaten beschränkt wissen, deren deutlicher Sinn es sei, die Gleichwertigkeit und die Eifersucht der Staaten untereinander zu schützen.

Auch der Sollicitor General kommt eben nicht über die amerikanische Grundauffassung hinaus, „that it is a government framed by the people among other things to establish justice and to secure the blessings of liberty", die er sich nicht anders gesichert denken kann als auf dem rationalistischen Wege einer letztinstanzlichen Justizentscheidung. Es gibt für ihn Freiheitsrechte, die den „first principles of the social compact" entsprechen. Diese Prinzipien sind für ihn, ganz ebenso wie für die Kläger, „not intended to limit the powers of the state governments in respect to their own citizens, but to operate upon the National Government alone".

Es ist für die Halbheit und die Hilflosigkeit dieses Standpunktes höchst bezeichnend, wenn der Sollicitor z. B. folgenden Satz aus dem Mormon Church-Fall anführt, der in seiner ersten Hälfte alles gibt, um es in der zweiten wieder zu nehmen: „Doubtless Congress, in legislating for the territories, would be subject to those fundamental limitations which are formulated in the Constitution and its amendments; but these limitations would exist rather by inference and the general spirit of the Constitution from which Congress derives all its powers, than by any express and direct application of its provisions"[1]. Und es ist sogar komisch, wie diese Hilflosigkeit in die Erscheinung tritt, als ein Mitglied des Gerichtshofes ihn auffordert, diese fundamen-

---

[1] 182 U. S. 155.

talen auch für die Territorien geltenden „restraints“ aufzuführen, und er sich — unter dem Gelächter des Gerichtshofes — nur durch die Bemerkung, er halte es für „presumptuous“, sich auf diesem schwierigen Gebiete zum Pionier zu machen und dem hohen Gerichtshof vorzugreifen, aus der Schlinge zu ziehen versucht.

3. Mit diesen Konzessionen an die herrschenden rationalistischen Grundanschauungen rücken Attorney und Sollicitor General in eine geistige Verwandtschaft mit den Richtern White und Genossen der Concurring Opinion, die sich diese Vermittelung zwischen der strengen amerikanischen Staatslehre und den Bedürfnissen des modernen Lebens als besonderes Ziel gesetzt haben. Diese Richter halten an der Grundauffassung fest, daß die Constitution eine durchweg begrenzte und an Immunitäten gebundene Regierung geschaffen hat, und daß eine Ausdehnung der Verfassung durch Akte der von der Verfassung überhaupt erst geschaffenen Legislative eine Unmöglichkeit ist [1]. Sie suchen die Weltpolitik der Union dadurch zu ermöglichen, daß sie außer einem inkorporierenden Erwerb von Ländern noch einen bloßen Eigentumserwerb ohne „Einverleibung“ kennen: für diesen erworbenen aber nicht inkorporierten Besitz lassen sie dem government in weitgehendstem Maße freie Hand, um hier eine Regierung zuzulassen, die sich dem besonderen Zwecke, dem das Land dienen soll, sowie den individuellen Kulturverhältnissen seiner Bewohner anpassen kann. Die Regierung „may exercise such jurisdiction and for such a period as it seems fit over territory so acquired“ [2].

Aber, da die Unionsregierung — so wahr sie einem freien Volksstaate angehöre — stets ein government mit „restrained powers“ sei, so könne sie selbst für diese ihr bloß zu Eigentum gehörenden Gebiete trotz der ihr all-

[1] 182 U. S. 294.
[2] 182 U. S. 307.

seitig zuerkannten „widest latitude of discretion“ [1] doch nicht ganz immunitätenfrei herrschen: es gebe „inherent principles of so fundamental a nature that they cannot be transgressed“. Neben diesen „absolute withdrawals“, die ein „absolute denial of authority“ bedeuten und die in jedem Status der Zugehörigkeit eines Gebietes zur Union Platz greifen, gebe es aber auch bloß „regulative“ Restriktionen („which regulate a granted power“), die nur in den Staaten und inkorporierten Territorien Anwendung fänden [2]. Aber auf die nunmehr brennend wichtige Frage, wo die Grenze zwischen diesen beiden Immunitätsarten verläuft, wissen auch sie keine präzise und befriedigende Antwort. Sie fühlen selber, daß ihrer Theorie durch jede Fixierung die Geschmeidigkeit und Anpassungsfähigkeit genommen würde, die ihr gerade wesentlich sein muß. So stellen sie als einziges Kriterium auf: die „applicability“ der einzelnen Immunitäten auf die gerade vorliegenden Verhältnisse.

Mit diesem weiten und geschickt formulierten Begriff sind sie natürlich imstande alle bisherigen Entscheidungen, ob sie nun für oder gegen die Anwendung einer Immunität in Territorien ergangen sind, zu rechtfertigen und als Stütze für ihre Konstruktion zu beanspruchen. Ihnen gelingt so selbst die schwierige Vereinigung der Konsulargerichtsbarkeit mit den strikten Prinzipien der amerikanischen Staatslehre: wenn hier auch Recht von absetzbaren Richtern und ohne Geschworenenbank gesprochen werde, so schade dies nicht, denn „the provisions of the Constitution relating to grand and petty juries were inapplicable to consular courts exercising their jurisdiction in certain countries foreign to the United States“ [3]. Bei alledem bereitet es ihnen gar keine Bedenken, daß sich in der Verfassung, die ihre Theorie gerade so hoch zu stellen bestrebt ist, nicht der

---

[1] 182 U. S. 290—292.
[2] 182 U. S. 294.
[3] 182 U. S. 293/4.

geringste Anhaltspunkt für eine solche Scheidung der Immunitäten und für den Begriff der „applicability“ findet; ebensowenig wie sie Anstoß daran genommen hatten, die der Verfassung vollkommen fremde Unterscheidung der „incorporation“ von einem bloßen Eigentumserwerb zu machen und für beide verschiedene Normen aufzustellen.

Merkwürdig muß es endlich berühren, daß White und Genossen sich nicht scheuen, das Prinzip der „Anwendbarkeit“ zu einem von der Justiz zu handhabenden Kriterium zu machen. Muß es doch nach den eigenen Ausführungen dieser Richter auf genaueste Kenntnis der zu beurteilenden Kulturverhältnisse der Einwohner und des Landes ankommen, wie sie eigentlich nur ein langjähriger und persönlicher Aufenthalt auf verantwortlichem Posten an Ort und Stelle zu gewähren vermag, wenn man zu einem begründeten Urteil darüber gelangen will. Wir pflegen in der Erkenntnis dieser Notwendigkeit so weit zu gehen, daß wir die Regelung der Verhältnisse in solchen Gebieten nicht einmal der Gesetzgebung übertragen, sondern der anpassungsfähigen und mit den lokalen Zuständen vertrauten Exekutive weitesten Spielraum lassen. Wie tief muß das Vertrauen zu den Fähigkeiten der Justiz und der Glaube an die rationale Beherrschbarkeit der individuellsten Verhältnisse durch den abstrakten nach Vernunft und Logik gefundenen Richterspruch im amerikanischen Volke wurzeln, wenn eine solche Theorie von Praktikern der Rechtsprechung bei der Entscheidung eines konkreten Falles aufgestellt werden kann!

4. Bei diesen prinzipiellen Halbheiten sowohl der Concurring Opinion als auch des Attorney und Sollicitor General haben es die in der Hauptsache mit den Klägern übereinstimmenden Richter Fuller und Genossen als Dissenting Opinion des Downes-Falles nicht schwer, von ihrem in sich geschlossenen Standpunkte aus zutreffende Bedenken gegen diese Argumentationen ins Feld zu führen.

Zunächst weisen sie mit vollem Recht darauf hin, daß sich in der Verfassung kein Anhaltspunkt für eine Verschiedenwertigkeit der Immunitäten findet: sie kann von der behaupteten „clear distinction between such prohibitions as go to the very root of the powers of Congress to act at all, irrespective for time and place, and such as are operative only throughout the United States or among the several States" in der Verfassung keine Spur finden[1]. „I cannot accept this reasoning — sagt Mr. Justice Harlan — as consistent with the Constitution or with sound rules of interpretation." — Sodann richten sie sich gegen das von der Concurring Opinion aufgestellte Kriterium der „Applikabilität". Mit vollem Recht werfen sie die Frage auf, warum denn bei der Zollgesetzgebung Porto Ricos der Grundsatz der Gleichmäßigkeit keine Anwendung finden könne: „how is it that the rule which qualifies the power does not apply to its exercise in respect of commerce with that territory"[2]. — Endlich scheint ihnen die ganze Unterscheidung absolute Untersagungen enthaltender Immunitäten von bloß regulativen nicht bloß verfassungswidrig, sondern auch unlogisch zu sein: „it is idle to discuss the distinction between a total want of power and a defective exercise of it". —

Fuller und Genossen halten eben den ganzen Standpunkt, von dem aus man zu jener Scheidung zwischen einer an alle Immunitäten und einer nur an die letzten und wichtigsten gebundenen Regierung gelangen kann, für falsch: sie bestreiten — und wiederum nicht mit Unrecht — sowohl die Theorie des Attorney und des Sollicitor, nach der die Verfassung nur von Staaten und für Staaten geschaffen sei, sondern auch die Zulässigkeit der den Argumentationen von White und Genossen zugrunde liegenden Methode, welche sich überall auf Analogien aus den europäischen Rechtsanschauungen stütze.

Der Attorney General hatte seine These darauf gestützt, daß die Verfassung von souveränen Staaten ge-

[1] 182 U. S. 383.
[2] 182 U. S. 373.

schaffen sei, und daß darum wohl Immunitäten für die Völker der Einzelstaaten, Reservationen der konstituierenden Subjekte möglich seien, daß dies aber bezüglich der Territorien, die bloße Objekte dieser Subjekte sind, gerade umgekehrt liegen müsse: „there are no residuary powers". Harlan stellt diesem Argument seine auf zahlreiche Gerichtsentscheidungen, politische Autoritäten und auf die Präambel der Verfassung gestützte Ansicht gegenüber, daß die Verfassung nicht dem Vertrage der Einzelstaaten, sondern dem Gesamtvolk selbst ihre Entstehung verdanke. Z. B. Justice Story habe im Falle Martin v. Hunter entschieden: „The Constitution of the United States was ordained and established, not by the States in their sovereign capacities but emphatically, as the preamble of the Constitution declares, by the people of the United States!" — Webster deute die Präambel ähnlich: „So far from saying that it is established by the government of the several States, it does not even say, that it is established by the people of the several States. But it pronounces that it was established by the people of the United States in the aggregate. Doubtless, the people of the several States, taken collectively, constitute the people of the United States. But it is in this their collective capacity, it is all the people of the United States, that they established the Constitution[1]." Damit werde die Begründung des Attorney General hinfällig, daß eine aus dem Entstehungsakt der Verfassung folgende Unmöglichkeit von Immunitäten in den Territorien vorliege. Denn wenn das ganze Volk, und nicht nur die Gesamtheit der einzelstaatlichen Aktivbürger, als Schöpfer der Verfassung anzusehen sei, so sei es keineswegs durch die Natur der Constitution ausgeschlossen, daß die individuellen Freiheiten für jeden der Unionsregierung Unterworfenen, für jeden „national" gelten. „If the National

[1] 182 U. S. 376.

Government — sagt Harlan — is, in any sense, a compact, it is a compact between the people of the United States among themselves .... The Constitution speaks not simply to the States in their organized capacities, but to all peoples, whether of States or territories, who are subject to the authority of the United States." Die Dissenting Opinion leugnet daher auch die Richtigkeit des Satzes, daß der Ausdruck „throughout the United States" in der Verfassung nur die „Staaten", die „united states in Congress assembled", bedeute, und daß nur das 13th amendment, welches ausdrücklich den Worten „within the United States" hinzufügt „or any place subject to their jurisdiction", die Territorien mit umfasse. Nach ihrer Meinung begreift der Ausdruck „throughout the United States" vielmehr „the whole American Empire": so im Art. I sect. 8 cl. 4 bezüglich der Naturalisations- und der Bankrottgesetzgebung, im Artikel V sect. 1 cl. 5 bezüglich des zum Präsidenten passiv Wahlberechtigten, und im 14th sowie 15th amendment. Und endlich will Harlan die Geltung der Gesamtverfassung mit allen Immunitäten aus der Formulierung und der Entstehungsgeschichte des Artikel VI cl. 2 schließen: nach ihm sollen die Verfassung sowie alle unter ihrer Autorität zustande gekommenen Gesetze und Verträge „be the supreme law of the land". Die ursprüngliche Fassung dieser Klausel habe statt „land" gesagt: „of the several States and of their citizen and inhabitants"; aus dieser Änderung müsse man daher folgern, daß eben nicht nur die Staaten, sondern „all the people and all the territory whether within or without the States", das gesamte „Land", von der Verfassung und allen in ihr enthaltenen Freiheitsrechten betroffen werden sollte [1].

Der Sollicitor General hatte gegenüber der Inkorporationstheorie der Concurring Opinion die Frage aufgeworfen, ob denn der Präsident, bevor er neue Länder erwirbt, immer

---

[1] 182 U. S. 357, 358.

erst vorher beim Kongreß anfragen müsse, ob ihm der Erwerb auch genehm sei, da eine sofortige Inkorporation häufig die Zwecke, denen der ganze Erwerb dienen solle, vereiteln würde. Die Dissenting Opinion geht noch viel weiter als diese Forderung der Concurring Opinion: die Regierung soll und muß bei jedem Erwerb selbst wissen, ob die Verfassung eine ersprießliche Beherrschung dieser Gebiete zuläßt, denn ihre Meinung geht ja sogar dahin, daß der Erwerb auch ohne den Kongreß die sofortige Inkorporation in sich schließt. Die Verfassung könne nicht je nach Belieben und Umständen außer Kurs gesetzt werden[1].

Auf ein solches zeitweises und willkürliches Außerkurssetzen der Verfassung kommt nach der Ansicht der Dissenting Opinion auch der Vermittelungsversuch der Richter White und Genossen heraus. Denn es gehe nicht an, die von europäischen Rechtsanschauungen abstrahierten Prinzipien auf die Union zu übertragen. Das tue die Concurring Opinion aber, wenn sie aus der Notwendigkeit gewisser weltpolitischer Handlungen auf ihre Unterscheidung ewiger und nur regulativer Immunitäten schließe. Damit machen Fuller und Genossen der Methode der Concurring Opinion denselben Vorwurf, den wir bereits oben gegen sie erhoben haben, als wir feststellten, daß alle ihre Ausführungen auf einer bloßen Antizipation beruhen, indem sie nichts sind als Deduktionen aus einem einfach postulierten Souveränitätsbegriff, den es eben als den der Union zu erweisen gilt. Gerade den aber leugnet die Dissenting Opinion. Wenn jemals dieser Begriff und mit ihm jene Weltpolitik eine Majorität dieses Gerichtshofes finden sollte, so weissagt Harlan: „we will, in that event, pass from the era of constitutional liberty guarded and protected by a written constitution into an era of legislative absolutism". „It is — sagt er weiter — concede that Congress may engraft upon our republican in-

---

[1] 182 U. S. 383 f.

stitutions a colonial system such as exist under monarchical governments[1]." Das einzige, was er zugeben könne, sei natürlich die Zulässigkeit einer Verfassungsänderung: niemals aber könne, „by mere judicial interpretation" ein so prinzipieller Systemwechsel geschaffen werden, wie diese neue Welt- und Kolonialpolitik ihn inaugurieren wolle[2].

Man wird dieser Konstruktion den Ruhm strikter Konsequenz, wenigstens bis zu diesem Punkte, nicht versagen können.

Es befindet sich jedoch die bisherige Territorialgesetzgebung mit ihren abgestuften, vorsichtig erwägenden und nur langsam fortschreitenden Einführungen der einzelnen Verfassungsklauseln in die einzelnen Territorien in einem so schroffen Gegensatz zu der Lehre von der notwendigen und sofortigen Selbstausdehnung der Verfassung, daß es als eine höchst gewaltsame Erklärung empfunden werden muß, wenn Fuller und Genossen diese ganze Gesetzgebung trotzdem als Stütze für diese Lehre in Anspruch nehmen und einfach sagen: „all legislative bodies have often made enactments that in effect merely declared existing law. In such cases they declare a preexisting truth to cease the doubts of casuists"[3]. Muß diese Konstruktion jener ganz allmählichen Einführungen als bloßer Deklarationen bereits bestehender Notwendigkeiten zwar als unmöglich empfunden werden, so hält sie sich doch noch in den Grenzen formaler Widerspruchslosigkeit. Völlig machtlos aber sind die Richter der Dissenting Opinion gegenüber den Tatsachen, daß die „territorial courts" niemals den Normen des Artikel III entsprochen haben[4]. Wenn sie dies damit zu erklären versuchen, daß die „territorial courts" lediglich „legislative courts" seien, die der Kongreß nicht auf Grund des Artikel III, sondern auf Grund der

[1] 182 U. S. 380.
[2] 182 U. S. 386, 387.
[3] 182 U. S. 362.
[4] 182 U. S. 362—65.

Territorialklausel geschaffen habe, so sind sie damit bereits von ihrem eigenen Prinzip abgewichen, welches ja gerade den Kongreß auch in seiner Territorialkompetenz an alle Normen der Verfassung gebunden wissen will. Und es ist schlechthin nicht einzusehen und auch mit keinem Wort begründet, warum die Normen des Artikel III eine andere Bedeutung haben sollen wie alle anderen. Die gleichmäßige Geltung aller Verfassungsklauseln im ganzen „American Empire" sollte doch der Grundsatz des amerikanischen Konstitutionalismus sein, dessen Verletzung sofort eine Ära des legislativen Despotismus und Absolutismus heraufbeschwören müßte. Alle Berufungen auf noch so alte und ehrwürdige Entscheidungen des Supreme Court, welche die „legislative courts" für zulässig erklärten, können den Widerspruch mit ihren Prinzipien zwar forensisch verschleiern, aber nicht aufheben.

Die „territorial courts" bereiten der Dissenting Opinion eine so große Verlegenheit, daß sie ihre Zuflucht zu jenem Zitat aus dem Mormon Church-Case nehmen muß, in dem schon der Sollicitor General sein ultimum refugium sah, zu jenem Satz, der in der ersten Hälfte die Geltung der Immunitäten als „doubtless" hinstellt, um sie in der zweiten ihres spezifischen justizmäßigen Charakters wieder zu berauben und lediglich indirekt durch den Kongreß „by inference and the general spirit of the Constitution" wirken zu lassen. — Diese Strandung am irrationalistischen Ufer ist etwas kläglich, wenn man bedenkt, mit wie stolzem rationalistischen Selbstbewußtsein das Schifflein der Dissenting Opinion in See gegangen war.

5. In dies bereits ziemlich bunte und krause Bild haben wir nun noch die Ansicht des Richters Brown, der die „Opinion of the Court" darlegt, einzuzeichnen. Im De Lima-Fall hatte er diese Immunitätenfrage ganz ausgeschaltet, während er nunmehr auch zu ihr Stellung zu nehmen hat. Seine Ansicht dürfte zwischen denen des Sollicitor General und der Richter White und Genossen stehen, wenn sie auch hier wieder nicht ganz prinzipiell und mit aller Schärfe zum Ausdruck kommt, weil Brown sich wieder tunlichst auf den konkreten Downes-Fall und die „uniformity clause“ zu beschränken bemüht.

Mit dem Sollicitor und dem Attorney General legt er Wert auf die Entstehung der Unionsverfassung aus einem Vertrage von souveränen Staaten[1] und zieht mit ihnen daraus den Schluß, daß die Verfassung prinzipiell, jedenfalls wo sie von „throughout the United States“ spreche, nur an die Staaten denke. Er betont ebenso wie sie die Fassung der die Territorien betreffenden Klausel, die auch er bezeichnet als „absolute in its terms and suggestive of no limitations upon Congress in dealing with them“, woraus auch er folgert, daß der Kongreß in seiner Territorialgewalt „not hampered by the constitutional limitations“ sei[2]. Und auch er führt hierfür eine Reihe von Entscheidungen des Supreme Court an[3] und verfehlt es namentlich nicht, die „territorial courts“ gegen die Richter Fuller und Genossen auszuspielen[4], sowie auf die ausgesprochen monarchische Art hinzuweisen, in der man die ganze Geschichte hindurch die Territorien, namentlich in der ersten Zeit nach ihrer Erwerbung, ohne Widerspruch regiert habe[5].

Dagegen nähert er sich den Richtern White und Genossen mit seinem Bestreben unter den Grundrechten notwendig und überall geltende, von den lediglich in den Staaten und inkorporierten Territorien zur Anwendung kommenden zu unterscheiden, ein Versuch, den der Sollicitor von sich gewiesen hatte. „We suggest — sagt er — without intending to decide, that there may be a distinction between certain natural rights ... and what may be called artificial or remedial rights“[6].

---

[1] 182 U. S. 249—256.
[2] 182 U. S. 285, 286.
[3] 182 U. S. 268.
[4] 182 U. S. 263 f.
[5] 182 U. S. 279.
[6] 182 U. S. 282.

Jedenfalls gehört ihm die „uniformity clause“ zu den letzteren. Er empfiehlt hier große Vorsicht und zwar gerade mit Rücksicht auf das, was Marshall das „American Empire“ genannt hat: ganz im Sinne des von White und Genossen zur Konstruktion verwendeten Souveränitätsbegriffes, interpretiert er hier jenen Begriff Marshalls, den die Kläger und die Dissenting Opinion umgekehrt als Argument für die durchgängige Geltung aller Grundrechte verwendet hatten, gerade im imperialistischen Sinne. Und in seiner Schlußformulierung deutet er, trotzdem er seine Hauptargumente mit dem Sollicitor ganz anderen Gedankenreihen entnommen hatte, auf die Inkorporations- und Eigentumstheorie der Concurring Opinion hin, wenn er Porto Rico als „not a part of the United States within revenue clauses“, sondern als ein „territory appartenant and belonging to the United States“ bezeichnet[1].

Endlich fehlt auch bei ihm nicht das doppelzüngige Zitat aus dem Mormon Church-Falle[2], das bei dem Problem der Kolonialgewalt eine ähnliche Rolle spielt wie jener proteusartige Satz aus dem Canter-Fall bei dem Problem der Gebietsverträge.

6. Im Mankichi-Prozeß wiederholt sich im wesentlichen das uns vom Downes-Fall her bekannte Bild, daß sich auf der Seite der dissentierenden Richter die größere Konsequenz und Geschlossenheit der Deduktionen findet, während die Regierungsvertreter, Brown und White und Genossen ihre Ansicht nicht stringent darzulegen vermögen.

Der Sollicitor von Hawaii und Brown gehen zwar zunächst von dem ganz richtigen Gedanken aus, daß es auf eine Interpretation der Worte „not contrary to the Constitution“ ankomme: auf das, was der Gesetzgeber mit der Einfügung dieser Klausel in die Newland Resolution beabsichtigt habe. Brown erinnert hierfür an den vom

---

[1] 182 U. S. 285/6.
[2] 182 U. S. 268.

Supreme Court selbst aufgestellten Auslegungsgrundsatz: „a thing may be within the letter of a statute and not within its meaning, and within its meaning though not within its letter; the intention of the lawmaker is the law“ [1]. Und beide stimmen darin überein, daß diese Worte nur die Bedeutung hätten, „that there are certain fundamental rights which the Constitution protects wherever the sovereignty of the United States extends“ [2]. Die Jury-Bestimmungen aber „concern merely a method of procedure“; sie seien so wenig fundamental, daß die Verfassung sie nur auf die Bundesgerichte beschränke, dagegen in den Einzelstaaten anders eingerichtete Jurys zulasse [3]. Als völlig unmöglich muß es erscheinen, wenn Brown sodann die Rechtsstellung Hawaiis zwischen der Newland Resolution und dem Organisationsgesetz von 1900 als bloßes de facto-government zu konstruieren versucht [4]: aber ein Erwerb von Gebieten durch Kongreßakte schließt doch gerade ein de facto-government begrifflich aus! Und es ist ebensowenig haltbar, wenn der Sollicitor die Gerichte, die über Mankichi Recht gesprochen haben, nicht als Unionsgerichte, sondern als hawaiische Gerichte angesehen wissen will [5]: denn die Autorität dieser Gerichte beruht nicht mehr auf den Gesetzen der hawaiischen Republik, sondern auf der der Joint Resolution der Vereinigten Staaten, welche die vorläufige Fortgeltung dieser Gesetze als ihrer Gesetze ausspricht.

In ähnlicher Weise argumentieren auch White und Genossen. Da die Erwerbung Hawaiis durch Kongreßakt stattgefunden hat, müßten wir nach ihren bisherigen Konstruktionen eigentlich vermuten, daß gerade sie die volle Inkorporation der Inseln für erfolgt halten. Aber sie „distingieren“, um dieser Konsequenz zu entgehen, von Neuem: die Newland Resolution habe „a mere annexation“, keine

---

[1] 190 U. S. 212; vgl. 212—214.
[2] 190 U. S. 201.
[3] 190 U. S. 217, 218, 201.
[4] 190 U. S. 215, 216.
[5] 190 U. S. 202.

„incorporation" herbeigeführt[1]. Für ihre bisherige Unterscheidung bestand wenigstens das Kriterium, daß in dem einen Falle nur die Vertragsgewalt, im andern die Legislative in Aktion zu treten habe; auch dies fällt nunmehr weg, um der reinen Willkür Platz zu machen. — Daneben findet sich auch hier die Abstellung auf das Prinzip der Applikabilität[2] und die Unterscheidung wesentlicher und unwesentlicher Grundrechte[3].

Im Dorr-Falle wird von Day die ganze Opinion of the Court auf diese Whiteschen Sätze gegründet. Es sei nun mehrfach vom Supreme Court festgestellt, daß die Union Gebiete souverän beherrschen könne, ohne sie zu inkorporieren, daß auf sie nur solche Restriktionen Anwendung finden, „as are applicable to the situation" und daß dies „must depend upon the relation of the particular territory of the United States"[4]. Die Grundrechte, die „fundamental in their nature" seien, kämen auch hier alle zur Anwendung; aber unter denjenigen, welche „concern merely a method of procedure", seien nur die „passenden" unbedingt in Geltung. Da nun „the uncivilized parts of the Archipelago were wholly unfitted to exercise the right of trial by jury", so sei die Verurteilung von Dorr und O'Brien auch ohne Jury zu Recht erfolgt[5]. Auch Day findet seine letzte Zuflucht bei jenem Mormon Church-Case-Zitat[6].

Gegenüber allen diesen Argumentationen der Regierungsvertreter und der Majorität des Gerichtshofes haben es denn Fuller und Genossen im Hawaii-Prozeß und der zuletzt allein noch dissentierende Harlan im Dorr-Fall wiederum leicht Gegenargumente vorzubringen. Sie führen mit Recht an, daß eine „Inkorporation" stattgefunden

[1] 190 U. S. 219, 220.
[2] 190 U. S. 219.
[3] 190 U. S. 221.
[4] 195 U. S. 142, 143.
[5] 195 U. S. 144, 145.
[6] 195 U. S. 146.

habe[1]: gerade bei Hawaii, welches durch einen Kongreßakt erworben sei, könne dies nicht zweifelhaft sein. Die Behauptung des Sollicitor, daß bis zum Erlasse des organisierenden Kongreßaktes die Gerichtshöfe hawaiische Gerichte, nicht solche der Union gewesen seien, wird ebenso treffend zurückgewiesen wie jene Konstruktion der Zeit zwischen Newland Resolution und Organisationsgesetz als de facto-government von Seiten des Sollicitor: „While temporary under the resolution it was nevertheless a system of government", und zwar einer auf der Souveränität der Union beruhenden Regierung[2]. Es wird dann auch völlig zutreffend gegen die Unterscheidung innerhalb der Immunitäten polemisiert[3]; insbesondere Harlan leugnet, daß die Jury-Normen weniger fundamental und bedeutsam seien als die anderen; er führt Entscheidungen des Supreme Court an, in denen der prinzipielle und fundamentale Wert gerade dieser Grundrechte anerkannt ist[4], und führt aus, daß er in der Tat keine wichtigeren Grundrechte kenne als diese, die zum Schutze von Leben, Freiheit und Eigentum bestimmt seien[5].

V.

Kritik, Lösung und Schluß.

1. Ein Rückblick auf die Argumentationen und Gegenargumentationen unserer Inselfälle ergibt das interessante Bild, daß jede Ansicht mit feinem Gefühl die schwachen Punkte in den gegnerischen Beweisführungen herausgefunden hat, daß es aber keiner gelungen ist, einen festgegründeten

---

[1] 190 U. S. 228, 229, 243.

[2] 190 U. S. 225. In der Tat wird denn auch in der Sektion 2 des Organisationsgesetzes von 1900 der vollständige Erwerb seit der Joint Resolution anerkannt: „the islands acquired by the United States of America under an Act of Congress entitled Joint Resolution to provide for annexing shall be known as the Territory of Hawaii". (31 Stat. 141.)

[3] 190 U. S. 225, 226, 244, 245, 246 f.; 195 U. S. 154.

[4] 190 U. S. 245 f.

[5] 195 U. S. 154 f. Vgl. auch Stevens a. a. O. S. 237, 238.

Eigenbau zu schaffen. Wenn wir uns nunmehr zum Schluß dem Versuche, einen solchen zu errichten, zuwenden wollen, so soll dies in der Weise geschehen, daß wir zunächst die Bausteine hierfür durch eine kritische Erwägung jener Kritiken und Antikritiken herbeischaffen und bereitstellen.

Mit Recht haben Fuller und Genossen als Dissenting Opinion das Argument der Regierungsvertreter und des Justice Brown, daß die von Staaten und für Staaten gegeschaffene Bundesverfassung den Bewohnern der Territorien keine „residuary powers" habe verleihen können, und daß, wo solche tatsächlich gewährt seien, sie ihren Ursprung nur in einer legislativen Ausdehnung der Grundrechte zu finden vermögen, als unzutreffend zurückgewiesen. Aber es geht ebensowenig an, wenn sie diese Konstruktion dadurch ersetzen wollen, daß sie die Verfassung als vom Gesamtvolk inklusive den Territorialvölkern emaniert fingieren, um aus dieser Entstehung die Geltung der Immunitäten auch in den Territorien zu deduzieren. Denn es entspricht allerdings der historischen Wirklichkeit, daß die Bundesgewalt durch Vereinigungs- und Unterwerfungsverträge bis dahin souveräner Staaten geschaffen ist. Aber aus dieser Tatsache der Entstehung der Union folgt nichts über den sachlichen Gehalt der so geschaffenen Verfassung[1]: es hätte ebensogut eine absolute wie eine immunitätengebundene Territorialgewalt in den Verträgen ausgemacht werden können. Diesen wahren Grund der Nichtschlüssigkeit der gegnerischen Deduktion aber haben Fuller und Genossen nicht gesehen: im Gegenteil, sie begehen denselben methodischen Fehler einer Einbeziehung genetischer Gesichtspunkte in die sachlich-systematische Konstruktion. Denn auch die vom Gesamtvolk ihre Genesis herleitende Verfassung hätte die Territorialgewalt so oder so normieren können. Fuller und Genossen waren freilich von dem richtigen Gefühl

[1] Vgl. hierzu bereits Haenel, D. vertragsmäß. Elemente d. Reichsverf. S. 38, 39, 68.

geleitet, daß die fertige Verfassung als ein Gesetz des Gesamtstaates angesehen werden muß: aber ihre Umdeutung des sachlichen Geltungscharakters der Verfassung in eine bloß fiktive Genesis derselben stellt sie methodisch auf keine höhere Stufe als ihre Gegner.

Und ferner: die amerikanische Staatslehre hatte doch gelernt, daß die Grund- und Freiheitsrechte staatlichen Ursprungs sind und von der Verfassung aufgestellt werden, und daß ihnen nicht die Bedeutung vorstaatlicher unveräußerbarer Residua der staatsgründenden Individuen zukommt. Auch gegen diese Einsicht fehlen die Argumente sowohl der Regierungsvertreter als die der Dissenting Opinion: denn beide wollen die Geltung der Immunitäten abhängig machen von dem vorverfassungsmäßigen Zustande der verfassungssetzenden Mächte. — Die Frage nach der Geltung der Immunitäten in den Territorien kann daher allein aus der Verfassung selbst beantwortet werden: sie muß völlig unabhängig sein sowohl von dem vorverfassungsmäßigen Rechtszustande als auch von der Art der Entstehung der Verfassung.

Als berechtigt haben wir ferner den Einwand der Kläger und der Dissenting Opinion anzuerkennen, daß die Unterscheidung zwischen absoluten resp. regulativen und natürlichen resp. künstlichen Grundrechten unzulässig sei und in der Verfassung keine Unterlage habe. Der Gegensatz natürlicher und künstlicher Immunitäten ist schon darum unhaltbar, weil ja, wie wir sahen, alle Grundrechte auf positiver und der verfassungsgemäßen Änderung unterworfener Satzung beruhen, und keines „natürlicher" ist als das andere. Ebenso verfehlt ist der andere Gegensatz. Da es der Sinn der Immunitäten ist, der Regierungsgewalt unübersteigbare Schranken zu ziehen, jenseits derer sie keine rechtlich begründete Tätigkeit ausüben kann, so müssen eben alle Immunitäten jenen „absoluten" Charakter haben. Mit Recht erklären es Fuller und Genossen für unmöglich, zwischen dem Versagtsein einer Gewalt und dem bloßen Versagtsein ihrer

Ausübung zu unterscheiden. Besteht doch das ganze Wesen einer Gewalt in deren Ausübung; und wenn die Ausübung verboten ist, so ist eben die ganze Gewalt nicht verliehen: in geistigen Dingen gibt es keine von der Aktivität unterschiedene „Substanz“: ihre ganze „Substanz“ — wenn man diesen Ausdruck hier schon anwenden will — erschöpft sich in Aktivität. — Ist also zwar jede solche Unterscheidung in sich unmöglich, so folgt aber daraus nicht, wie die Kläger und die Richter der Dissenting Opinion glauben, daß die Grundrechte notwendig überall gelten müssen, sondern nur, daß, wo immer sie gelten, sie auch absolut gelten: jenes „Wo“ aber kann durch keine abstrakte Deduktion, sondern allein durch eine Interpretation der Verfassung gewonnen werden.

Im Recht sind sodann auch Kläger und Dissenting Opinion mit ihrer Polemik gegen den Grundsatz der Applikabilität, den die Concurring Opinion des Downes-Falles zuerst aufstellt. Es ist in der Tat unzulässig Prinzipien und Unterscheidungen in die Verfassung hineinzutragen, von denen diese nichts enthält. Und es ist durchaus konsequent und richtig, wenn die Kläger und Fuller fordern, daß entweder keine Gebiete erworben werden sollen, auf die jene Grundrechte nicht Anwendung finden können, oder daß eine ausdrückliche Verfassungsänderung von der Geltung einzelner Immunitäten dispensiert. Läßt sich nicht der interpretative Nachweis führen, daß die Territorialgewalt an keine Immunitäten gebunden ist, so wird sich gegen die Notwendigkeit dieses Resultates nichts einwenden lassen.

Dieser Grundsatz der Applikabilität der einzelnen Verfassungsnormen darf nicht verwechselt werden mit jenen oben von uns als kritisch berechtigt und notwendig geforderten Interpretationsregeln, die ein jemaliges Zurückgehen auf die „ratio legis“ verlangen. Denn bei der Frage der „Anwendbarkeit“ handelt es sich garnicht um eine Prüfung der ratio legis, sondern um eine Prüfung der Qualität des zu subsumierenden Gegenstandes. In dem einen Falle handelt es sich um die Auslegung eines in seiner Interpretation zweifelhaften Rechtsbegriffes; in dem anderen aber ist der Inhalt der Rechtsbegriffe garnicht zweifelhaft, sondern es wird nur die Eigenart der zu beurteilenden Verhältnisse diskutiert. Die Interpretation eines Gesetzes ist aber wohl ein richterliches Geschäft, nicht aber jene Untersuchung, ob eine geordnete Kolonialpolitik unter Anwendung bestimmter Rechtssätze möglich oder nicht möglich ist[1].

Gewiß, auch ein Gerichtshof kann sich durch Vernehmung von Sachverständigen und Erfordern von Lokalgutachten ebenso über alles informieren wie ein Parlament, welches Gesetze erlassen will. Aber er würde aufhören ein Gerichtshof zu sein, sobald der dabei vorzunehmenden Subsumtion jener Charakter unmittelbarer Evidenz abgehen muß, der nun einmal das Wesen der Justiz ausmacht. Nur wer, wie z. B. Stammler, den Glauben hat, daß eine Anwendung der Rechtsidee auf jeden Einzelfall in unmittelbar einleuchtender Weise erfolgen kann, wird sich hiergegen sträuben müssen: der muß aber auch die Konsequenz ziehen, daß alle Rechtsfragen, sowohl der Exekutive als auch der Legislative, reine Justizfragen sind. — Darüber wollen wir hier nicht rechten! Aber, solange und wo der Gegensatz von Legislative und Justiz positivrechtlich besteht, darf das Prinzip, auf dem jener Gegensatz beruht, nicht verdunkelt werden, so interessant und wertvoll es auch ist, einmal auf die Gesichtspunkte hingewiesen zu sein, welche allen Funktionen der Staatsgewalt gemeinsam

---

[1] Bei der Frage, ob das in der Verfassung häufig vorkommende „throughout the United States" nur die Staaten oder „the whole American Empire" umfaßt, handelt es sich wieder um eine reine Interpretationsfrage, bei der es weder angeht, mit dem Sollicitor einen unbedingten Ausschluß aller Territorien, noch mit der Dissenting Opinion eine unbedingte Einbeziehung derselben vorzunehmen. Hier hat die ratio der einzelnen Normen zu entscheiden: so dürfte z. B. zweifellos ein Unionsbürger, der eine Zeitlang nicht in den „united States", sondern in einem Territorium gewohnt hat, nicht dadurch zum Präsidenten disqualifiziert sein (Art. II sect. 1 cl. 4).

sind. Was jeweils Justiz- oder Gesetzgebungsfrage ist, unterliegt freilich dem historischen Wandel: wir selbst wiesen vorhin auf eine besonders geartete Gesellschaft hin, in der bei uns zweifellose Gesetzgebungsfragen, berechtigter Weise der Justiz zugewiesen werden können. In diesem Wechsel aber bleiben die Methode und die Prinzipien, nach denen die jeweilige Entscheidung zu erfolgen und nach denen sich eine sachliche Diskussion hierüber zu vollziehen hat, konstant dieselben. Nach ihnen haben wir die von der Concurring Opinion aufgestellten Thesen zu beurteilen versucht, und halten auf Grund dieser Prüfung die Ablehnung des neuen Kriteriums mit dem bis zuletzt dissentierenden Richter Harlan für begründet.

Aber wir können wiederum Harlan und seinen Genossen nicht in den Konsequenzen Recht geben, die sie daraus ziehen. Denn so gut die Verfassung eine von den Immunitäten entbundene Kriegsgewalt schaffen kann, kann sie zur Regierung der Territorien eine solche absolute Gewalt auch für Friedenszeiten festsetzen, ohne ihrem Wesen zu widersprechen: ist doch der Verfassungsgesetzgeber nach den eigenen Ausführungen der Dissenting Opinion und der Kläger souverän; und so gut er durch spätere amendments die Geltung der Grundrechte in den Territorien ausschließen kann, hat er auch die Territorialgewalt von Hause aus als absolute Gewalt einrichten können. Wenn sich die Kläger und Fuller und Genossen gegen diese Einsicht sperren, so begehen sie wiederum denselben Fehler, den sie bei ihrem Gegner bekämpfen. Denn es findet sich in der Verfassung die von ihnen überall zugrunde gelegte Unterscheidung von Kriegsgewalt und Friedensgewalt ebensowenig, wie jene von White und Genossen vorgenommenen Unterscheidungen. Und wenn sie überall von dem Satze ausgehen, daß jede von dem government der Union geübte Gewalt notwendig eine immunitätengebundene sein muß, so sind alle ihre weiteren Deduktionen nichts als notwendige Konsequenzen aus diesem einen antizipierten

Prinzip, wie alle Deduktionen von White und Genossen mit ihrem imperialistischen Souveränitätsbegriffe bereits antizipiert waren.

So spitzt sich denn die ganze Diskussion auf die Interpretation der Territorialklausel zu: hat hier die Verfassung eine absolute und souveräne Gewalt des Kongresses statuieren wollen oder nicht?

2. Es dürfte zunächst feststehen, daß eine solche absolute und souveräne Gewalt nicht zur Voraussetzung hätte, daß die von ihr ergriffenen Gebiete von der Inkorporation ausgeschlossen sind: denn wenn die Verfassung selbst die Territorialgewalt als absolute normiert hat, ist ihr Platzgreifen hier geradezu abhängig von der Einverleibung und Verfassungsunterstellung der fraglichen Gebiete. In der Zuständigkeit des Kongresses liegt die Inkorporation notwendig implicite eingeschlossen: ohne sie müßte nicht der Kongreß, sondern die auswärtige Gewalt zuständig sein.

Und es steht ferner fest, daß bis zum Erwerbe von Kalifornien und den damit zusammenhängenden Diskussionen über die Sklavenfrage in Theorie und Praxis kein Zweifel über die Unbeschränktheit der Territorialgewalt bestanden hat. Kent und Story bestätigen in ihren Commentaries vollkommen die Regierungspraxis. „Exclusive and unlimited power of legislative is given to Congress by the constitution, and sanctioned by judicial decisions" — sagt jener: die Territorien seien daher nicht „entitled to claim the privileges secured to the members of the Union". Die ganze Territorialgesetzgebung sei der „sound discretion" des Kongresses anheimgegeben und sei nur auf Grund dieser „sound discretion" ausgeübt worden „in wisdom and good faith, and with an anxious regard for the security of the rights and privileges of the inhabitants". Kent sieht ein, daß damit die Territorien in eine Lage vollständigster Subordination von den Willen des Kongresses kämen, wie sie „not congenial with the free and independent spirit of our native institutions" sei; aber er hält diese Auslegung der Verfassung für nötig und zieht keinen Schluß auf irgendwelche Einschränkung der Territorialgewalt[1]. Und ebenso erklärt Story: „The power of Congress over the public territory is exclusive and universal; and their legislation is subject to no control, but is absolute and unlimited“ [2].

Es war erst der große Konflikt in der Sklavenfrage, bei dem diese Prinzipien in Zweifel gezogen wurden. Calhoun und seine Freunde behaupteten, daß der Kongreß nicht das Recht habe, wie die Sklavengegner beabsichtigten, ein Gesetz zu erlassen, welches die Sklaverei in den neuerworbenen Gebieten verböte: denn die Geltung aller Immunitäten in den Territorien schließe es aus, daß das Eigentum amerikanischer Bürger irgendwo des Schutzes entbehren könne. Man forderte also die Selbstausdehnung der Verfassung mit allen Immunitäten auf die neuerworbenen Territorien „with the expectation of extending the area of slavery“. Dagegen verteidigte Webster die alte Lehre von der Unbeschränktheit der territorial clause: Die Grundrechte „do not exist in Territories till introduced by the authority of Congress“; dieser habe „full control over the subject“ und dürfe gegen die Anerkennung der Sklaverei in den Territorien Gesetze erlassen, „which should preclude its extention into them“ [3]. Seitdem ist die Auslegung der Territorialklausel strittig geblieben, und die Anhänger der „self-extention theory“ sind imstande den von Kent und Story angeführten Entscheidungen über die Unbeschränktheit der Territorialgewalt entgegengesetzte Meinungen des Supreme Court gegenüberzustellen[4].

In den Revised Statutes von 1873—1874 wurde der bisher nur jeweils für die einzelnen Territorien ausgesprochene Satz, daß die Verfassung und die Gesetze „not locally

[1] Kent a. a. O. S. 430, 432, 433.
[2] Story a. a. O. § 1328.
[3] Randolph a. a. O. S. 31, 37; Story a. a. O. Anm. a.
[4] Randolph a. a. O. S. 38—40. Entscheidungen für die Absolutheit der Klausel: vgl. auch Bump a. a. O. S. 300; 303 Absatz 6, 8; 304 Absatz 3.

inapplicable" in den Territorien Anwendung finden sollen, generell für alle „organisierten" Territorien formuliert[1]. Aber auch daraus lassen sich keine Schlüsse ziehen. Es spricht daraus nur das Bestreben, welches schon die Ordinance von 1787 beseelte, auch den Territorien möglichst bald und viel von den Freiheiten der Union zukommen zu lassen; aber ob man damit nur „existing law" deklarieren wollte, „to cease the doubts of casuists", oder ob mit diesem Satze die Verfassung erst eingeführt werden sollte, ist nicht zu ersehen. Im übrigen handelt es sich in jener Norm nur um „organisierte" Territorien, und die Frage nach der Rechtsstellung der unorganisierten ist von ihr garnicht berührt. Und gerade mit solchen haben wir es bezüglich Porto Ricos und der Philippinen zu tun: Foraker und Spooner Act wollen „temporarily provide for revenues and a civil government for Porto Rico" resp. „temporarily provide the administration of the affairs of civil government in the Philippine Islands".

So bleibt uns nichts übrig, als selbst von neuem eine Interpretation der Territorialklausel zu versuchen. — Sie geht, wie wir bereits mehrfach sahen, von der patrimonialen Vorstellung aus, daß die Territorien den zur Union vereinigten „Staaten" als „Eigentum" „gehören". Diese Konstruktion ist für uns und unsere modernen publizistischen Begriffe eine Unmöglichkeit[2]: wir wissen, daß jede staatliche Regierungsgewalt öffentlich-rechtlichen Charakters und vom privatrechtlichen Eigentum wesensverschiedene Herrschaftsgewalt ist. Auch unsere öffentlich-rechtlichen Begriffe haben sich erst allmählich aus den privatrechtlichen Begriffen einer patrimonialen Staatsauffassung entwickeln müssen: insbesondere haben unsere deutschen Begriffe lange

[1] Rev. Stat. 333; sect. 1891: „The Constitution and all laws of the United States which are not locally inapplicable shall have the same force and effect in all organized Territories and in every Territory thereafter organized, as elsewhere within the United States."

[2] Und doch hat sie in den modernsten Konstruktionen der Schutzgewalt eine verschämte Auferstehung gefeiert: s. o. S. 144.

an jenen alten Vorstellungen festgehalten. Auch der moderne Souveränitätsbegriff entstammt den patrimonialen und seigneurialen, alle Herrschaft auf das Eigentum am Grund und Boden zurückführenden Gedankenkreisen des ausgehenden Mittelalters und hat erst allmählich den ihm heute wesentlichen öffentlich-rechtlichen Charakter angenommen[1]. Und so hat sich denn auch in der Union die Vorstellung Bahn gebrochen, daß trotz des privatrechtlichen Ausdrucks die Herrschaft über die Territorien publizistischen Charakters, öffentliche und souveräne Herrschaft ist[2].

Es ist in der allgemeinen Staats- und Rechtslehre im Prinzip allgemein anerkannt, wenn auch noch immer nicht überall praktisch bewährt, daß die theoretischen Konstruktionen des Gesetzgebers für unsere Interpretation und Konstruktion keine verbindliche Autorität besitzen: in seinen Theorien und Konstruktionen hat sich der Gesetzgeber unsere Kritik und Korrektur gefallen zu lassen. Sie bilden aber darum natürlich keinen einfach als nichtgeschrieben anzusehenden oder schlechthin „unverbindlichen Gesetzesinhalt"[3]: sondern sie sind nur qua Theorie für unsere Theorie unverbindlich. Für die Interpretation des vom Gesetzgeber Gewollten, für die Ermittlung seines Willens sind sie jedoch stets von höchster Bedeutung. Denn nur aus dem Ganzen des Gesetzes, aus seinem Aufbau zu einer in sich geschlossenen Totalität, aus dem Zusammenhang jedes einzelnen Satzes mit der Gesamtheit aller läßt sich der gesetzgeberische Wille ermitteln. Interpretation ist kein logisches Geschäft, keine logische Analyse von Einzelbegriffen und Einzelsätzen, sondern ein im höchsten Sinne psychologisches und historisches

---

[1] Vgl. Jellinek a. a. O. S. 433, 434; Rehm a. a. O. S. 41; G. Meyer a. a. O. S. 20.

[2] Schlief a. a. O. S. 316f.; Blumenthal a. a. O. S. 78.

[3] Vgl. einerseits Anschütz, Kritische Studien z. Lehre v. Rechtssatz u. formellen Gesetz S. 40f. und anderseits Haenel, Das Gesetz im formellen und materiellen Sinne S. 65f.

Geschäft, eine Deutung des Ganzen als lebendiger Einheit durch Zusammenschauen aller Einzelsätze.

Sind wir danach also berechtigt von der patrimonialen Konstruktion der Territorien abzusehen, so fragt es sich jetzt, ob der Herrschaftsbegriff, den wir an die Stelle jenes Eigentumsbegriffes zu setzen haben, das Merkmal der Unbeschränktheit nach dem Vorbilde des zivilistischen Eigentums zu erhalten hat, oder ob wir berechtigt und verpflichtet sind ihn nach dem Vorbilde des für die Staatensphäre bestehenden spezifisch amerikanischen Herrschaftsbegriffes mit dem Merkmal der Beschränktheit und Immunitätengebundenheit auszustatten.

Die Antwort kann meines Erachtens nicht zweifelhaft sein, wenn wir uns darauf besinnen, daß in einem Gesetze voll verbindlich jedenfalls die vom Gesetzgeber erstrebte Regelung der Herrschafts- und Willensverhältnisse ist: um ihretwillen ist das Gesetz überhaupt erlassen, und ihrer Darlegung sollen alle theoretischen und konstruktiven Ausführungen des Gesetzgebers dienen. Indem die Verfassung den Staaten das „Eigentum“ an den Territorien zusprach, hat sie aber die Willens- und Herrschaftsverhältnisse so ordnen wollen, daß die im Kongreß vereinigten Staaten nach freiem „Eigentümerbelieben“ die zur Regierung notwendigen Maßnahmen treffen sollten. Auch in Europa hat sich der patrimonial-seigneuriale Eigentumsbegriff zu dem der unbeschränkten öffentlichen Souveränität ausgebildet. Eine Ersetzung des Eigentumsbegriffes in der Territorialklausel durch den modernen amerikanischen Regierungsbegriff würde nicht nur die theoretische Konstruktion des Verfassungsgesetzgebers durch eine andere Theorie ersetzen, sondern würde auch die von ihm beabsichtigte Regelung der Willensverhältnisse umändern, was niemals zulässig sein kann. Dem Wortlaute nach kennt die Verfassung allerdings keine unbeschränkte Friedensherrschaft; aber nur darum, weil sie diese theoretisch nicht als „Herrschaft", sondern als „Eigentum" konstruiert: tatsächlich aber erstrebt sie in ihrer Territorialklausel die unbedingte und unbeschränkte Maßgeblichkeit des Kongreßwillens. Und nur hierauf kommt es an, mit welchen theoretischen Begriffen der Gesetzgeber auch diese Maßgeblichkeiten von Willen ausdrücken und konstruieren mag. Da diese Begriffe nur dem Zwecke einer Darlegung der legislatorischen Absichten bezüglich der Willens- und Herrschaftsverhältnisse dienen sollen, wäre es ein unberechtigtes Vorgehen, aus ihnen mehr entnehmen zu wollen. Aber es muß auch alles für diese Willensmaßgeblichkeiten Entnehmbare wirklich aus ihnen entnommen werden: denn jedes Weniger bedeutet hier in anderer Richtung ein Mehr, und damit eine Abweichung von verbindlichem Gesetzesinhalt.

Kann hiernach also auf Grund einer methodisch zielbewußten und klaren Interpretation die Territorialgewalt des Kongresses nur als eine unbeschränkte und absolute ausgelegt werden, so läßt sich m. E. allerdings doch die Frage diskutieren, ob nicht das Verbot von „ex post-facto laws" und von „bills of attainder" auch auf diese Kompetenz des Kongresses anzuwenden sind. Wir haben den Sinn dieser Grundrechte in einer Sicherung der Gewalten gegeneinander und als den eigentlichen Abschluß der Gewaltentrennung gefunden. Es handelt sich bei ihnen, ebenso wie bei der unter diesem Gesichtspunkt verwandten Norm über die Vetobefugnisse des Präsidenten, nicht um eine bloß materielle Einschränkung des Inhalts von Gesetzen, sondern um die Abgrenzung der Gesetzgebung als Form staatlicher Willensäußerungen von anderen koordinierten Formen. Von praktischer Bedeutung sind diese Einschränkungen der Legislative, die ihre Formulierungen als Gegensatz zu den Mißbräuchen parlamentarischer Omnipotenz in dem England des 17. Jahrhunderts und auf Anregung der Lockeschen Treatises hin erfahren haben, für das heutige Staatsleben kaum noch. Denn das Gefühl für das, was die Legislative sich selbst und den andern Zweigen des government schuldet, ist heute so festgewurzelt, daß Verstöße gegen diese Verbote ebensowenig zu befürchten sind wie die nicht ausdrücklich untersagten, aber nicht minder nichtigen „treaties of attainder“. Der Kongreß bleibt eben auch in seiner Territorialgewalt — so ließe sich sagen — immer Organ der Legislative, seine Beschlüsse unterliegen daher auch hier dem Veto der Exekutive, und dürfen daher auch hier keine Übergriffe in das Gebiet der Justiz vornehmen: er wäre also souverän und unbeschränkt, und die gesamte Regierung der Territorien mit ihren gesetzgeberischen, Vollziehungs- und richterlichen Funktionen beruhte, im Gegensatz zu der des Staatenstaates, auf seinen legislativen Anordnungen und nicht auf unmittelbaren Verfassungsnormen; er müßte aber gerade deshalb den für die Gesetzgebung als formelles Hoheitsrecht vorgesehenen Verfassungssätzen unterworfen bleiben, so absolut er auch in der Behandlung seiner Gegenstände vorgehen dürfte. — Nur diese Konzession an die strikt amerikanische Staatslehre dürfte sich zur Not rechtfertigen lassen, während jeder weitere Schritt dem deutlichen Sinne der Territorialklausel mit ihrem „Eigentumsbegriff“ widersprechen muß.

Wir haben bei der Auslegung dieser Verfassungsnorm vielleicht noch mehr als sonst auf die Prinzipien, welche unserer Interpretation zugrunde liegen, hingewiesen, um zu zeigen, wie auch bei diesen Problemen, die unmittelbar politische Konsequenzen haben und deren Lösung von den politischen Tendenzen mit beeinflußt wird, eine leidenschaftslose und objektive Behandlung möglich, ja allein zulässig ist. Wie wir bei unserem ersten Problem zu zeigen versuchten, daß die Konstruktion des Völkerrechtsvertrages der Staatenrechtler die Grundlage für eine gesunde Expansions- und Weltpolitik bilden kann und muß, so ist auch hier das Resultat, daß der Imperialismus der Republikaner ruhen muß auf der Inkorporationstheorie der Demokraten:

daß also die Rechtfertigung des imperialistischen Vorgehens in beiden Fällen ebenso unrichtig war wie die aus zutreffenden Prämissen gezogenen anti-imperialistischen Konsequenzen ihrer Gegner.

Das ingeniöse Verfassungswerk von 1787 kann mit seinen Begriffen auch der Weltpolitik des 20. Jahrhunderts als Grundlage dienen!

3. So hat sich denn bezüglich der Geltung der Grund- und Freiheitsrechte für die veränderten Verhältnisse der modernen Staatsgesellschaft aus der Verfassung selbst ergeben, daß sie auf die „Kolonien" und ihre Bewohner keine Anwendung finden. Es soll zum Schlusse noch ein kurzer Blick geworfen werden auf ihre Beziehungen zu der sozial differenzierten modernen Gesellschaft, für welche sie nach dem Willen der Verfassung zweifellos bestimmt sind. Mit feinem Verständnis hat Merriam im Hinblick auf die Kolonialgewalt gegen Ende seines Buches über die Geschichte der politischen Theorien in Amerika gesagt: „Doubtless this doctrine may be reverted to despotic uses, but it is not so near despotism as is the opposite doctrine to anarchy" [1]. Gilt dieser Satz auch bezüglich der Fortgeltung der Grund- und Freiheitsrechte für die sozial differenzierte moderne Gesellschaft? Muß auch hier die Anwendung jener für eine homogene und aus gleichartigen Individuen bestehende Gesellschaft geschaffenen Rechte die anarchischen Zustände einer atomistischen Auflösung herbeiführen?

In den Vereinigten Staaten selbst hat Professor Freund in Chicago gegen die unbedingte Wertschätzung der Grundrechte und der justizmäßigen Kontrolle der Gesetzgebung schwerwiegende Bedenken angeführt. Trotzdem er anerkennt, daß „selbst große außergesetzliche Akte einer revolutionären Reform, welche festbegründete Eigentumsrechte wegraffen, nicht unmöglich gemacht wurden", ja

---

[1] Merriam a. a. O. S. 347.

daß häufig ohne Entschädigung bedeutsame und tief eingreifende Gesetze Platz greifen durften, schätzt er doch „den reinen Nutzen der gerichtlichen Geltendmachung begründeter Rechte für die amerikanische Jurisprudenz gering ein". Er glaubt sogar, daß es „eine Anzahl unwiderleglicher Einwände gegen diese Methode, die Schäden der Gesetzgebung durch gerichtliche Tätigkeit zu heben", gäbe. Vor allem scheint ihm die „spezifische gerichtliche Methode" nicht für diesen Beruf zu genügen: die Tatsachen liegen hier ganz anders als „in einem gewöhnlichen Rechtshandel, da sie einen großen Bereich sozialer und ökonomischer Phänomene und Erfahrungen betreffen, für deren Bestimmung und Würdigung die Maschinerie der Gerichtshöfe völlig ungeeignet ist". Sodann fürchtet er, daß die Gerichtshöfe durch ihre Stellungnahme in diesen Fragen den Ruf der Unparteilichkeit und das Ansehen im Volke verlieren müßten, was in einem demokratischen Staatswesen eine ganz besondere Gefahr bedeuten würde. Ja, er geht so weit, das europäische System, welches der Exekutive einen weiten Spielraum in allen diesen Fragen läßt und diese einer verwaltungsgerichtlichen Kontrolle unterwirft, zu empfehlen, da es „Ständigkeit des Prinzipes mit Biegsamkeit im einzelnen" zu verbinden vermöge[1].

Diese modernste Äußerung eines Amerikaners stimmt in ihrer skeptischen Haltung gegenüber den Grundrechten merkwürdig überein mit der Stellung, die bereits Kent zu ihnen eingenommen hat. Er empfahl den Katalog der Grundrechte auf wenige „plain and unexceptionable principles" zu beschränken. „We weaken greatly the force of them if we incumber the constitution, and perhaps embarrass the future operations and more enlarged experience of the legislature, with a catalogue of ethical and political aphorisms". Und er schließt mit den Worten: „experience teaches, that the most

[1] Freund, Jurisprudenz u. Gesetzgebung im Jahrbuch d. öffentl. R. Bd. I S. 143, 144; 147—149.

solid basis of public safety, and the most certain assurance of the uninterrupted enjoyment of our personal rights and liberties, consist not so much in bills of rights, as in the skilful organization of the government, and its aptitude, by means of its structure and genious, and the spirit of the people, which prevades it, to produce wise laws, and a pure, firm and intelligent administration of justice" [1].

Gegenüber den neuen Problemen der modernen Gesellschaft fragt es sich allerdings, ob diesen irrationalistischen Gedankengängen von Kent und den Zweifeln von Freund nicht ein mehr denn je berechtigter Gedanke zugrunde liegt, und ob die amerikanischen Freiheitsrechte ihren bisherigen justizmäßigen Charakter werden bewahren können. Seit 1895 haben in der Tat die Obersten Gerichte verschiedener Einzelstaaten, und dann auch der Supreme Court der Union in immer steigendem Maße ihren bis dahin ablehnenden Standpunkt verlassen und zahlreiche Arbeiterschutzgesetze aufrecht erhalten [2]. Man besann sich darauf, daß auch bei den sogenannten politischen Gesetzen irrationale Gesichtspunkte die letztlich maßgebenden bleiben, daß die justizmäßige Nachprüfung bei ihnen daher versagen muß, und daß Einwände gegen sie an der Wahlurne und nicht im Gerichtssaale geltend zu machen seien. Und man sah ferner ein, daß der Gesichtspunkt der Gesundheitspolizei [3] bei den Pflichten des „police power" zum Schutze des „Publikums" nicht genügen könne, und daß man schon mit zahlreichen anderen Gesetzen über diesen Gesichtspunkt hinausgegangen sei. So kam man schließlich dazu, sich damit zu begnügen, den Legislativakt nur noch darauf hin zu prüfen, ob er „in the exercise of a reasonable discretion" ergangen sei, und ob er nicht etwa nur den Vorwand bilde

---

[1] Kent a. a. O. S. 617–621.

[2] Loewy a. a. O. S. 63 f.

[3] Vgl. Freund, The police power (Chicago 1904) §§ 310, 314, 317 usw.

für die Unterdrückung einer bestimmten Klasse. Bei dieser Prüfung versagten es sich die Richter dann sogar, die Gesetze auf ihre „objektive Vernünftigkeit" hin zu betrachten: sie erklärten, Gesetze aufrecht zu erhalten, welche sie „as a political economist" verurteilen würden, wofern nur „an honest difference of opinion" zu ihren Gunsten möglich sei[1].

Dieser Ausweg der Gerichte dürfte höchst lehrreich und bezeichnend für die Stellung der Justiz zur Legislative sein. Die Richter empfinden mit Recht deutlich, daß es einen Unterschied zwischen „judicial" und „legislative questions" gibt; sie sehen den aber nicht in einer Verschiedenheit des Gegenstandes, — was in der Union ja schon wegen der richterlichen Prüfung der Gesetze nicht möglich wäre — sondern in einer Verschiedenheit der Methode, diese Gegenstände zu behandeln. Man kann sagen, daß die Gerichte sich mit fast automatischer Präzission sofort auf die Frage zurückgezogen haben, die ihnen ihrem Wesen gemäß allein zugänglich ist. Die objektive Vernünftigkeit und Richtigkeit der in den Arbeiterschutzgesetzen enthaltenen Freiheitsbeschränkungen läßt sich nun einmal mit der der Justiz eigentümlichen unmittelbaren Evidenz nicht entscheiden; und so haben sich die Gerichte auf die Frage beschränkt, ob der Gesetzgeber in seinen „Motiven" vernünftig war, ob er „ehrenhaft" gehandelt hat.

Es ist aber ohne weiteres einleuchtend, daß ein solcher Zustand für die Legislative im höchsten Grade erniedrigend und zuletzt unhaltbar ist: er würde zum mindesten jedes Verantwortlichkeitsgefühl in ihr ertöten müssen. Nur bei einer vollständigen moralischen Depravation der Legislative könnte er eine gewisse Berechtigung besitzen. Es muß jedoch u. E. noch zweifelhaft sein, ob in einer Gesellschaft, die so verdorben ist, daß sie unmittelbar und justizmäßig evident unvernünftige Gesetze zu befürchten hat, Richter

[1] Loewy a. a. O. S. 74 f.; vgl. dagegen Stammler a. a. O. S. 47.

von so vollendeter Sachlichkeit denkbar sind, daß sie dies auszugleichen imstande sind. Vermutlich würde es nur darauf hinauskommen, daß sich der Kampf der politischen Parteien mehr um die Majorität im Obersten Gerichtshof als um die in der Legislative zu bemühen hätte, und daß sich so lediglich der Schwerpunkt des politischen Lebens, und zwar nicht zum Vorteil des Ganzen, verschieben würde. Wir glauben daher, daß Freund vollkommen auf dem richtigen Wege ist, wenn er in den Grundrechten und ihrem justizmäßigen Schutz nicht mehr der Weisheit letzten Schluß sieht, sondern fordert, daß die Gesetzgebung selbst veredelt und auf ein Niveau gehoben wird, welches eine Nachprüfung durch die Gerichte unnötig macht[1].

Daß damit den Freiheitsrechten ihr ursprünglicher Sinn genommen wäre, ist freilich zuzugeben. Aber dieser dürfte auch in den neuen Gerichtsentscheidungen nicht mehr zu finden sein. Jene Prüfung der Gesetze auf Vernünftigkeit und Ehrlichkeit der legislatorischen Motive ist durch eine Welt geschieden von einer Prüfung des Gesetzes, ob die in ihm enthaltene Beschränkung der persönlichen Freiheit objektiv richtig und vernünftig ist. Einen Ausweg vor dieser Abblassung der amerikanischen Freiheitsrechte aber kann es nicht geben, sobald, infolge der Schichtung der sozialen Verhältnisse in den Vereinigten Staaten, Klassen vorhanden sind, die eines „Schutzes" bedürfen. Nur solange die Gesetzgebung zugeschnitten sein kann auf das starke, auf sich selbst ruhende und mit unendlicher Initiative für den Kampf ums Dasein begabte Individuum, kann und darf auch den Grundrechten jener justizmäßige Charakter verbleiben.

Gerade hierin aber dürfte sich seit etwa dem letzten Jahrzehnt ein Wandel vollzogen haben[2]. Seitdem die Einwanderung ihren Charakter verändert hat und nicht mehr

---

[1] Freund im Jahrbuch d. ö. R. S. 149f.

[2] Auf die weitgehende und tiefe Bedeutung dieses Wandels für das gesamte Kultur- und Wirtschaftsleben der Union bin ich durch

vorwiegend germanische und protestantische „Individuen“, sondern slavische, magyarische und romanische Proletarier mit katholischer Konfession über den Ozean kommen und einen Grundstock der Arbeiterschaft bilden, können die Gerichte nicht mehr die Frage nach der Schutzbedürftigkeit der Arbeiter mit der stolzen Begründung verneinen, daß man es weder mit Kindern noch mit Schwachsinnigen zu tun habe. Bis vor kurzem konnte es daher freilich den Anschein erwecken, als ob uns die Geschichte in den Vereinigten Staaten das interessante Experiment einer Lösung der sozialen Probleme auf dem Boden des Individualismus und Liberalismus vorführen wollte, indem die ganz auf sich selbst gestellten und von keiner Gesetzgebung „bevormundeten“ Arbeitergruppen sich auf Grund ihres freien Vereins- und Versammlungsrechtes selbst die ihnen gebührenden Lebensbedingungen zu schaffen wissen[1]. Und die ganze Schwere, mit der das Einwanderungsproblem in der Union empfunden wird[2], dürfte nicht zuletzt damit zusammenhängen, daß man auch im Interesse einer Fortgeltung der Grundrechte Elemente fern halten müßte, welche den Anforderungen der freien amerikanischen Verfassung an das Selbständigkeitsstreben der Individuen nicht genügen und eines fürsorgenden staatlichen Schutzes bedürfen.

In welcher Weise die tiefen hierin liegenden Probleme gelöst werden können, läßt sich natürlich nicht voraussagen. — Sollte es gelingen, auch die heterogenen Einwanderer zu erziehen und so weit zu amalgamieren, daß sie in absehbarer Zeit für die freiheitlichen und auf starke Individuen zugeschnittenen Institutionen der Vereinigten Staaten reif werden? Oder werden wir tatsächlich eine weitere Abblassung der Freiheitsrechte zu bloßen „Forderungen an den Gesetzgeber“ im europäischen Sinne erleben? Ist

---

die interessanten Vorträge von Herrn Professor Schumacher (Bonn) über „den Umschwung im nordamerikanischen Wirtschaftsleben“ aufmerksam geworden.

[1] Vgl. z. B. Münsterberg a. a. O. Bd. I S. 459 f.

[2] Münsterberg a. a. O. Bd. I S. 251 f.

die starke Betonung der irrationalistischen Gedankengänge, die wir in unseren Inselfällen gefunden haben, etwas Typisches? und ist in den von der Gerichtsmajorität gebilligten Unterscheidungen innerhalb der Immunitäten der Beginn einer Zersetzung ihrer absoluten und uneingeschränkten Geltung zu sehen? Und wird dann die Legislative imstande sein, die ihr zufallende größere Verantwortung zu tragen? wird es dem „congressional government" und dem „presidentical system" gelingen, neue Formen zu finden, um diesen neuen Aufgaben gerecht zu werden? Oder aber wird allen diesen unzweifelhaften Annäherungen der amerikanischen Anschauungen an die Europas lediglich die Bedeutung einer Episode zukommen? —

Nur die von unübersehbaren Faktoren gestaltete Zukunft kann auf alle diese Fragen die Antwort erteilen. Der Wissenschaft ziemt es bei der Aufrollung dieser bloßen Möglichkeiten und Perspektiven Halt zu machen.

Namen- und Sachregister.